中小学家庭学科学习
——中日比较研究

李文文／著

群言出版社

QUNYAN PRESS

·北京·

图书在版编目（CIP）数据

中小学家庭学科学习：中日比较研究 / 李文文著 .
北京：群言出版社，2024. 7. -- ISBN 978-7-5193
-0972-5

Ⅰ . G782

中国国家版本馆 CIP 数据核字第 2024ZS0261 号

责任编辑：陈　芳
封面设计：七星博纳

出版发行：群言出版社
地　　址：北京市东城区东厂胡同北巷1号（100006）
网　　址：www.qypublish.com（官网书城）
电子信箱：qunyancbs@126.com
联系电话：010-65267783　65263836
法律顾问：北京法政安邦律师事务所
经　　销：全国新华书店

印　　刷：三河市同力彩印有限公司
版　　次：2024年7月第1版
印　　次：2024年7月第1次印刷
开　　本：710mm×1000mm　1/16
印　　张：20
字　　数：296千字
书　　号：ISBN 978-7-5193-0972-5
定　　价：78.00元

序

　　2009 年，我在日本九州女子大学做客座教授，李文文老师在日本鸣门教育大学读研究生，主修中日家庭教育比较、儿童发展与支援，我们经常在一起讨论中日家庭学科的异同，发现培养一个人的家庭意识和人文素养是非常重要的。日本的家庭学科有自成体系的规律，从家庭基础、衣、食、住、行和环境等方面把生活与科学联系在一起，包含细小的生活技能，如生活用具的用法、餐巾的叠法、园艺的美感等，特别是帮助学生感悟生活、体会家庭生活的乐趣和过程。李文文老师在做研究生毕业论文时，就特别认真研究日本各个出版社出版的各种家庭学科教材。2017 年，我主持了北京市社会科学基金"基于北京市家庭精神文明建设的家庭学科发展研究"课题，李文文老师负责日本大中小学有关家庭学科的资料翻译工作，随后深入进行中日两国家庭教育比较研究，最后形成了《中小学家庭学科学习——中日比较研究》这本书。

　　该书研究了日本家庭学科的发展和历史，同中国的家庭教育教学内容进行比较；阐述了日本新编家庭学科的教材与中国家庭教育教材的各自优点以及两国课程设置的不同之处。这对于我们开展家庭文明建设、实施科学家教和弘扬优良家

1

风提供了可以借鉴的措施与方法。

党的十八大以来，以习近平同志为核心的党中央高度重视家庭建设，习近平总书记多次发表重要讲话，作出重要指示，就注重家庭、注重家教、注重家风提出一系列带有根本性、方向性、引领性的新理念新思想新要求。《中国妇女发展纲要（2021—2030年）》和《中国儿童发展纲要（2021—2030年）》把"妇女与家庭建设"和"儿童与家庭"纳入重点目标。经济、社会和文化的不断发展与家庭建设之间有着密切联系，人们自身需求的不断变化与家庭结构的变迁，对家庭精神文明的建设提出了新要求和新期盼。当人们通过教育走向社会，发现没有接受家庭学科系统培训，对如生存、生活、发展、合作、交流、创造、关爱等家庭建设所需的诸多方面的知识、技能掌握不足，就会影响家庭家教家风建设的高质量发展。

家庭学科是在学校教育中开设的一门专门科目，教学活动的开展主要围绕衣食住、家庭建设、保育教育、家庭经营、家庭消费、家庭环境创设等家庭生活所必需的知识、技能，以系统、科学、实践的方式，让学生通过课程学习，掌握作为一名家庭、社会的构成成员应具备的基本生活素养，同时指导学生健全人格培养，提升自我服务能力、提升家庭服务能力、提升社会服务能力的教育实践课程。

本书注重对中日两国中小学家庭学科教育活动开展中的目标定位、内容选择、学习方法、师资培养、发展趋势等方面进行比较研究，探讨如何将家庭学科课程设计好，如何更好地将家庭学科知识带入中小学课堂，如何通过家庭学科教育推进形成广大未成年人爱国爱家、向上向善、共建共享的社会主义家庭文明新风尚。

中国的家政学在改革开放时期重新建立，有些学校设有家政课，但是多数家政课目的是培养家庭服务员，与人人懂得生活科学的理念截然不同。我推荐《中小学家庭学科学习——中日比较研究》的目的：一是为学校提供家庭学课程的教学内容和教学大纲；二是为编写本土化的中小学家庭学科的教材提供理论依据；三是为学校和社会有关家庭学科的教师，提供中外生活科学或家庭学科的研究资料；四是为建立家庭学科的实验室和实习基地提供操作方法。

我认为《中小学家庭学科学习——中日比较研究》一书，是目前我所知道的第一部详细介绍日本家庭学科的著作，一部把中国小学、中学、高中等教育阶段的家庭学科教育内容进行系统归纳的著作。我相信需要学习家庭学科内容和教学方法的人们会感悟书中精华。我希望通过大家的共同努力，建立一个富有中国特色的家庭学科专业，也希望家庭学科受到社会的广泛欢迎。

中华女子学院家庭建设研究院执行院长　孙晓梅

2023 年 3 月

　　2015 年春节团拜会上，习近平总书记提出"家庭是社会的基本细胞，是人生的第一所学校。不论时代发生多大变化，不论生活格局发生多大变化，我们都要重视家庭建设，注重家庭、注重家教、注重家风，紧密结合培育和弘扬社会主义核心价值观，发扬光大中华民族传统家庭美德，促进家庭和睦，促进亲人相亲相爱，促进下一代健康成长，促进老年人老有所养，使千千万万个家庭成为国家发展、民族进步、社会和谐的重要基点"。[①]习近平总书记的话明确了家庭、家教、家风的发展关系及其对于国家发展、民族进步、社会和谐具有的重要意义。2019 年，《关于深化教育教学改革全面提高义务教育质量的意见》中提到，要"坚持'五育'并举，全面发展素质教育""培养德智体美劳全面发展的社会主义建设者和接班人"。"五育"并举，突出德育实效、强调劳动教育，意在为学生的终身发展奠基，让学生成为生活和学习的主人。2022 年，《中华人民共和国家庭教育促进法》的实施将家庭教育由旧时期的传统"家事"上升为新时代的重要"国事"。

　　随着开启第二个百年奋斗目标的新征程，培养未成年人

---

　　① 引文出自：《在二〇一五年春节团拜会上的讲话》（2015 年 2 月 17 日），《人民日报》2015 年 2 月 18 日。

掌握科学、现代化的生活方式，树立起对家庭、对社会的责任意识，是贯彻习近平总书记关于注重家庭、注重家教、注重家风建设重要指示精神，形成学校、家庭、社会协同育人合力，提高育人水平，提升家庭生活文明程度，培养合格的社会主义建设者和接班人的核心任务。在学校教育的各个阶段，科学、系统、专业地指导学生去认识生活、热爱生活、创造生活、积极参与家庭建设，是让良好的家教家风在家庭中得到涵养，是让德行教育、行为习惯在家庭教育中得到升华，是让"五育"并举的教育举措在家庭教育中得以实现的重要方法。

家庭教育中的家庭学科教育主要是通过教授衣食住、家庭生活、家庭保育、家庭经营、家庭消费、家庭环境等家庭生活必备的知识、技能，以系统、科学、实践的方式，让学生理解并掌握作为家庭、社会的构成成员应具备的基本素养和基本能力。家庭学科是促进学生树立家庭意识、理解家庭责任、掌握生活技能、健全人格培养的具有教育实践意义的重要课程。

由于日本的家庭学科学习属于专业课程学习，其在学校教育的各个阶段均专门开设家庭学科课程，因此本书在进行中小学家庭学科学习的中日比较中，将首先介绍日本对中小学家庭学科学习体系、学习内容等的设计。如日本小学、初中、高中的家庭学科在教学过程中，主要根据学生的年龄水平、学习特点，从课程学习内容、指导方法、指导计划的制订与实施、学习结果的评价、对应措施的改进等一系列教育活动的开展，来完成所属各阶段的教学目标，帮助学生树立正确、理想的家庭意识观念，形成对家庭和社会生活的科学理解。

在我国，教育部制定的《义务教育道德与法治新课程标准》（2022 版）中明确提出：义务教育小学至初中各学段要根据学生的身心发展特点，以学生实际生活为基础，逐步培养学生的责任意识，要求从小学一年级开始学生要能够感知父母的辛劳；要学会自己的事情自己做，减轻父母的负担；要主动参与力所能及的家务学会承担家庭责任；要学习参与家庭决策，为父母分忧，自觉分担家庭责任，体会敬业精神的重要性，能够结合家庭、学校和社会生活理性思考，平等待人，主动分担家务劳动，积极服务社会，做一名家庭好成员和社会好公民，具有较强的责任感。

中日两国在教学中都围绕着人的生活及成长发展需要，从"我的健康成长""我的家庭生活""我的学校生活""我的社区生活""我们的国家""我们共同的世界"等方面进行了家庭学科相关学习内容的设计。日本将家庭学科学习作为专门的课程教学从小学开设至高中，我国将家庭学科的学习内容，融入小学至高中多门课程的教育教学中，围绕家庭学科教育，两国从教育内容的把握、教学方法的使用、教学活动的延伸等方面存在着一定的差异。为贯彻落实习近平总书记注重家庭、注重家教、注重家风建设重要指示精神以及更好服务我国家庭教育活动的开展，本书通过对中日两国在青少年教育的不同阶段对家庭学科学习目标的设定、内容的选择、教学重点的设计、教学方法的使用、教学过程的开展、学习效果的评价等进行全面阐述，对两国在学校教育活动开展中如何培养学生认识生活、热爱生活、创造生活，如何帮助学生树立正确、理想的家庭意识观念，如何形成对家庭和社会生活的科学理解等方面进行系统介绍。本研究旨在促进中小学教育活动开展中能更加科学、系统、全面地对学生进行家庭建设能力的培养，把家庭学科教育纳入人才培养的全过程，推进形成广大未成年人爱国爱家、向上向善、共建共享的社会主义家庭文明新风尚。

本书在编写过程中特别感谢中华女子学院家庭建设研究院执行院长孙晓梅教授、民政职业大学党委书记邹文开教授及各位领导、同事给予的大力支持和有益指导。

本书在写作过程中参考了许多公开发表的研究成果，引用了部分的案例材料和文献，在此对原作者表示诚挚的谢意。限于编者的学识和经验，书中出现的问题和不足，敬请专家、读者朋友提出修正意见。

李文文

2023 年 3 月

第一篇　日本的家庭学科教育

第三篇　中日两国家庭学科教师培养及发展趋势

第九章　中国家庭学科的指导教师

第十章　中日家庭学科教育的发展趋势

附　录

第一篇

日本的家庭学科教育

第一章

日本家庭学科教育的意义

第一节　家庭学科教育的概念

一、主要概念

（一）家庭学科

家庭学科是日本在学校教育中开设的一门专门科目，其教学活动的开展主要是围绕衣食住、家庭建设、保育教育、家庭经营、家庭消费、家庭环境创设等家庭生活中所必需的知识、技能，以系统、科学、实践的方式，让学生通过课程学习，理解并掌握作为家庭、社会的一名构成成员应具备的基本生活素养。这是一门指导学生健全人格培养，提升自我服务能力、社会服务能力的教育实践课程。

日本的家庭学科根据学校教育的不同阶段，在小学课程学习中被称为"家庭学科"，初中被称为"技术·家庭学科"，高中被称为"家庭学科"。而在大学教育阶段，部分综合类、教育类大学设有家庭学科教育学专业，目的是培养专门的家庭学科教师。家庭学科教育贯穿日本教育的各个阶段，凸显了其在教育中的重要价值。

（二）家庭学科教育

学校教育是以各学科为中心的教育。家庭学科的学习属于家庭学科教育。小学、初中、高中的家庭学科在教学过程中，主要通过对各自学习内容、指导方法的研究，指导计划的制订、实施以及结果的评价、对应措施的改善等一系列教育活动开展，来完成所属阶段的教学目标，并在此基础上帮助学生树立正确、理想的家庭意识观念，形成对家庭和社会生活的科学理解。

（三）家庭学科教育学

"二战"后，日本在大学设立家政学或生活科学系，规定从小学到大学的男女学生都必须学习家庭学科。开设家庭管理、房屋布置、家庭关系、婚姻教育、家庭卫生、婴儿教育、食物营养、园艺、家庭工艺、饲养等课程。1947 年，日本文部省《学习指导要领·家庭篇（试行）》中将家庭学科学习内容设定为：家务经济、家庭看护、饮食、被服、育儿 5 个方面。此后，日本的各高等学校都相继设立家政学部，课程设置方面除了学习哲学、伦理学、物理、化学等一般性学科外，还加入了家务经济、家庭看护、家政理论等家庭学科专业方面的学习内容；部分高校开始设有家庭学科的研究所。此时的家庭学科教育更偏向于家政教育方面。直到1969 年日本教育大学协会关东地区家庭学科专门会议，才正式将家庭学科教育学界定为："家庭学科教育学以家政学和教育科学为基础，是对家庭教育的本质研究和教授，是对学习过程的分析和构成理论实践研究的科学。"在知识体系上具备涵盖家政学和教育科学的相关知识。家庭学科教育学应将需要获取家庭科学知识的对象作为家庭学科教育的核心，根据学校不同阶段教育课程设置的基本形式、学习任务，在教育实践的基础上，研究家庭学科的教材、学科目标、学科特点，设置与学生发展需要相符的学习内容、指导方法、评价体系，研究家庭学科专业教师的培养，学科运营以及设施设备、教材教具使用等的最佳方式；通过与其他国家的家庭学科教育进行研究对比等多种途径，让家庭学科教育学成为在科学体系中探索追求人的思想意识、社会行为形成过程的专门学科。

家庭学科教育在日本全国范围内的深入开展，将现代化社会需要的科学的生活方式渗透进千家万户。有调查显示，88% 的日本高中生认为家庭学科学习，让自己的生活方式和思维方式发生了改变，认为自己在"男女共同承担家庭生活和家务劳动的意识"方面发生了改变。

在我国，从晚清维新派开始以救国为目标提倡兴女学，到 1922 年壬戌学制规定男女单轨教育，女子由无学变有学。民国时期，我国曾从美国引入家政学教学体系，并培养"家事课"师资。家政教育被视为培养贤妻良母的教育，是民族、国家需要的产物，有助于构建幸福的家庭生活。由此可见，中日两国的家庭学科教育之初都是以家政学为基础，注重专业学习对改善家庭生活、提高居民家庭生活文明程度、推动社会发展进步的影响。

二、家庭学科教育的性质

家庭学科教育在学校教育中的作用，是通过家庭学科的学习来培养学生的家庭思想意识形成及社会行为发展。1977 年，日本家庭学科教育学会把家庭学科教育的目标定为：涵盖一切以家庭生活为中心的生活学习，其教学目标是培养学生具备理解生活、追求生活、创造生活、热爱生活、热爱家庭的良好意识和实践能力。同时，设定了家庭学科教育的具体内容：

（一）家庭学科教育是涵盖以家庭生活为中心的人类的一切生活活动

人的生活，不单指以家庭为单位的生活共同体中每个人的生活，而是以各个家庭为单位形成的人类社会生活，其中包含单身家庭生活的人群。生活是人与物、与环境的互相作用，其中人的资源、物的资源应被灵活、科学地全面设计、相互作用、相互促进。

（二）家庭学科教育是对生活的综合经营

在家庭生活中，家庭关系、服装、饮食、居住、家庭经营、保育能力等这些家庭生活所涉及的内容是密切相关、综合作用的。健康幸福的家庭生活需要家庭成员具备综合经营家庭生活的能力。以家庭日常饮食为例，准备一餐可口的饭菜，首先要从家庭成员的构成、每个人的口味嗜好，制作者对营养、食品、烹饪知识、烹调技术的掌握以及自身精力、家庭经济情况等多角度出发来全面计划；其次还需进行食品的选择、购入、保管、搭配、制作。一日三餐就是对生活的综合经营。对于家庭成员来说，无论是否在学校学习过相关的家庭生活知识、是否受过专门的教育培训，家庭生活都需要生活者具备综合经营家庭生活的能力。

（三）家庭学科教育不仅是对家庭知识的传授，更是对家庭生活所需实践技能的培养

家庭学科的学习要注重通过实践、体验、操作的方法来实现对知识的理解和对技能的掌握。同时，家庭学科教育是对家庭生活创造力的培养，提高家庭成员改善生活、热爱生活、创造生活的能力。尤其大学教育阶段的家庭学科教育需要从职业教育角度出发，培养从事家庭生活产业相关的专业工作者。

第二节　家庭学科教育的培养目标

一、培养目标的确立

学科教学一般是将理论学习放在课程学习的前半段，把对学生实践能力的培养放在课程学习的后半段。而家庭学科教学打破了这一规律，从课程学习内容方面进行分类实施，教学过程关注"对学生实践能力的培养，即从课程开始就对学生进行实践能力掌握的训练"，教学目标突出强调家庭学科教育中能力目标的培养实现。基于以上要求，家庭学科在教学中强调对教学内容、教学方法的合理设计与运用。

如果将家庭学科教育定位为对人"生存能力"的培养，它则包含了以下三个目标。目标一：学生通过学习能理解个人从出生到死亡，包括新的家庭成员出现，需要经历复杂的家庭发展变化，能对生活变化具备敏锐捕捉力与适应力，并形成良好的家庭经营创造能力。目标二：学生能根据生活的不同阶段，对生活需求和生活价值进行正确判断和规划，具备将计划付诸实践的能力。目标三：学生能理解地球是一个共生的存在，具备对可持续发展的生活环境和生活文化进行创造的能力。

生存能力指能理解个人与家庭的发展关系，关注家庭生活方式；在日常生活中具有良好的判断力与实践力；具备对未来家庭生活、生活环境、生活文化进行创造的素养与能力。

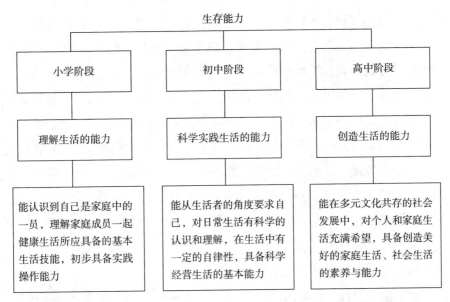

图1-1　家庭学科教育中对生存能力培养的构思方案[①]

为完成上述学习目标，家庭学科教学在小学阶段的教学重点是学生能够正确认识并分析支撑和维持家庭生活的因素有哪些，进而理解生活的基本构成；初中阶段，学生能够将自己作为生活者，积极学习并掌握生活中应具备的生活知识和生活技术，形成科学地发现生活、实践生活的能力；高中阶段的学习要求学生在生活中不仅要有作为个体和家庭成员存在的意识，更要有作为一名社会人的自律和觉悟，能意识到无论是作为独立的个体还是家庭成员，要实现人生目标，就应具备较强的劳动能力和创造生活的能力。家庭学科从对学生进行专业生活教育的视角出发，从小学至高中帮助学生从认识家庭、理解生活，到认识自己、学会生活，再到创造生活、服务社会，为学生成为一名合格的社会人奠定了良好的基础。

二、培养目标的要点

由于家庭学科强调从小培养学生对生活的理解，小学阶段的学习要包

①资料来源：日本家庭学科教育学会编：《21世纪家庭学科计划》，家政教育出版社，1998年。

含对生活基础知识、传统文化、传统习俗等与生活环境、生活地域密切相关的知识，以帮助学生发现了解生活的本源，获得生活必备的基本技能；初中阶段开始强调对学生经营生活的能力的培养，学习内容会从生活的社会性、自然性视角出发，设计实践性、综合性较强的学习内容，帮助学生掌握经营生活所需的基本技术；高中阶段强调学生从全社会、全世界、全人类发展的角度来认识生活与个人、与家庭与社会与国家与人类发展的关系，学习内容进一步强调实践性、综合性、创造性、全面性以提升学生作为社会成员经营生活、建设创造理想家庭生活、服务社会的能力。因此，家庭学科根据自身的学科特点、学习内容、学习目标设计了家庭学科学习的培养目标，要点如下：

- 对生活中自然科学的认识。
- 对生活中社会科学的认识。
- 掌握在服装、饮食、居住方面自立的生活技术。
- 生活问题中批判性能力的养成。
- 解决生活问题的实践能力。
- 生活中的决策能力。
- 调整人际关系的能力。
- 经营家庭的能力。
- 创造生活文化的能力。
- 自我管理生活的能力。
- 创造美好生活环境的能力。
- 生活中动手创造的能力。
- 注重生活价值观的养成。

第三节 家庭学科教育的设定

一、家庭学科教育的目的

人以自我实现为目标而奋斗，支持并伴随这一奋斗旅程的正是日常生活，日常生活则需要每个人作为生活者亲自去创造和经营。因而，家庭学科教育的目标是帮助学生掌握日常生活与发展所需的基础知识和基本技能，促进学生较好地适应社会生活，形成较强的生活能力。对生活基础知识和基本技能的掌握，不单指对生活知识和技能的学习掌握，还应包括对生活的科学认识和对生活的情感态度，如日常生活中是否有创造生活的热情、能否体验到生活的乐趣、能否保持愉悦的心情等都与对生活的认识和态度息息相关。在创造生活的过程中，能否自然地关注到地球的共生性及可持续发展性，将爱护地球、保护家园的意识深植于日常生活中，从而具备对生活问题的全面判断力。因此，家庭学科教育更强调立足于事物的根源进行学习研究。

家庭学科教学的根本任务，不仅是对生活技能重要性认识的培养，更是对灵活运用生活技能、解决生活问题的讲授。生活技能学习也不仅指吃饭、穿衣等生活技能的培养，更多的是对人在社会生活中应必备的自理、生存能力的学习训练。具体内容包括人际关系调整的技能，衣、食、住的基本技能，正确决策的技能，作为生活者对生活经营消费的技能等，因此生活技能内涵是广泛而深刻的。这就要求家庭学科教师首先能明确掌握不同发展阶段需具有的生活必备技能，并且具有较强的指导能力。其次，教师要能正确地归纳生活各发展阶段的特点，并能对教学内容、教学方法进行合理设计，帮助学生在不同阶段掌握所需的生活技能，完成指导任务。

最后，家庭学科教师在对学生进行生活基础和基本技能掌握训练时，要正确并深入地理解"指导"的意义。就学习方法而言，每一位学生都有独特的学习方法和学习态度。但作为生活者，面对共同要掌握的生活基础和基本内容时，教师应对全体学生进行认真严格的要求与指导。部分教师会在指导中存在认识误区，认为学生在生活中所必须具备的知识、技能、思考问题的方法、对生活的认识理解、对生活难题的解决方式等不需要通过统一的学习来获得。这种错误的思想就会导致教师课前准备不足、课堂教学不完整，学生在学习中无法达成完整的、高质量的学习目标，结果违背了家庭学科的教学要求。家庭学科的学习强调要满足学生对掌握生活技能学习的期待，帮助学生通过专业学习建立科学的生活习惯，形成良好的生活意识与生活方式。

二、教学任务的落实

落实家庭学科学习任务，需要教师在明确认识家庭学科重要性的基础上对学生进行学习指导，在教学中能够让学生体会到学习的意义与实践的喜悦，能注重激发学生自身的学习欲望，积极引导学生对家庭学科基础知识和基本技能的获得保持浓厚的兴趣。

教师在落实教学任务时，要以每一位学生都能进行相应的生活实践为目标来设计、评价，要重视对学生在生活中决策力、批判性思考力的培养，这对学生在生活中自信心的建立、生活质量的发展提高都有着积极的作用。

教师对家庭学科教育基础和基本内容的掌握程度，决定并影响着教育课程中基础知识、基本内容的落实与实施。因此，教师在教育指导实施前，应首先对指导内容的理解进行自我检测评价，以保证教学内容的准确实施和落实。

表1-2 教师对"家庭学科""技术·家庭学科"的理解和指导力测评表[①]

项 目	掌握很好	一般掌握	掌握不足	没有掌握
①是否能准确把握家庭学科教育培养目标中的核心能力	5分	3分	2分	0分
②能否掌握小学阶段家庭学科学习、初中阶段技术·家庭学科、高中阶段家庭学科,三者在培养目标、培养能力上的区别	5分	3分	2分	0分
③对家庭学科教育中提到的"基础·基本"的理解	5分	3分	2分	0分
④是否编写过本校使用的家庭学科教材、有无制订年级指导计划及每日授课计划	5分	3分	2分	0分
⑤能否把握教学活动中学生的学习状态,能否评价学生对知识、技能的掌握程度	5分	3分	2分	0分
⑥能否掌握学生学习的个体差异性,并灵活运用恰当的学习辅导方法	5分	3分	2分	0分
⑦学习活动中能否了解学生实际家庭情况,并对学生的实践生活技能进行合理评估	5分	3分	2分	0分
⑧能否选择适应学生能力发展需要的学习内容	5分	3分	2分	0分
⑨能否以满足学生愉快学习、实现教学目标为前提,对教学内容选择、指导方法的运用进行详细设计	5分	3分	2分	0分
⑩在兼顾学生作为学习主体的同时,能否对学生的学习进行严格的指导	5分	3分	2分	0分
⑪能否在关注社会需求的基础上,灵活设计教学方法,对教学内容进行社会适应需要的再构成	5分	3分	2分	0分
⑫能否对实验、实践的学习内容进行详细设计,能否完善学习场所、学习环境和实验设备	5分	3分	2分	0分
⑬能否敏锐观察到学生日常生活中出现的问题	5分	3分	2分	0分
⑭能否在解决问题的过程中引导学生发现解决问题的方法	5分	3分	2分	0分
⑮能否为学生作出正确的价值判断,能否对相关学习资料进行课前的整理收集	5分	3分	2分	0分

①资料来源:高部和子编:《家庭学科教育的理论与实践——家庭学科教育法》,现代教育出版社,2000年。

（续表）

项　目	掌握很好	一般掌握	掌握不足	没有掌握
⑯课后对学生在家庭生活实践中的表现分析总结	5分	3分	2分	0分
⑰能否正确地使用课堂教学评价表对"家庭学科"与"技术·家庭学科"的学习内容作出准确评价	5分	3分	2分	0分

第二章

日本小学的家庭学科

第一节 小学家庭学科的定位和特点

一、日本小学的教学定位

根据日本学校教育法，日本的小学是根据儿童身心发展需要，以初等普通教育为目的，招收满 6 ~ 12 岁的儿童，培养人在生存发展中需要具备的基本知识、基本能力和基本行为态度。

日本小学教育的培养目标如下：

• 以学生的社会生活经验为基础，培养学生对人际关系的正确理解，形成初步的合作意识，促进学生自主、自律精神的提升。

• 帮助学生掌握祖国、家乡的传统文化与未来的发展趋势，增强学生的国际合作意识。

• 培养学生对日常生活中衣、食、住等生活相关产业中基础知识和基本技能的掌握。

• 培养学生对日常生活中所用语言的正确理解与使用。

• 培养学生对日常生活中所需数量关系的正确理解与处理能力。

• 培养学生能科学地观察、解决生活中出现的与自然现象相关的问题。

• 培养学生养成良好的习惯，能身心协调发展，健康、安全地生活。

• 培养学生掌握音乐、美术、文艺等方面的基础知识和基本技能，实现多姿多彩的生活。

为达成上述培养目标，日本小学教育由语言、社会、数学、理科、生活、音乐、美术、家庭及体育等 9 门教育课程，以及品德、特别活动、综合学习时间（一门综合的学习性课程，由学校开展发挥各自创意的有特色的教学活动，进行国际局势理解、信息、环境、福利、健康等方面横向的、综合性的学习）等相关课程组成。小学各年级可根据各科教育课程安排，综合考虑品德、特别活动、综合学习时间等课程，来确定各门课程的课时量。对于特别活动的课时数量要根据日本文部科学省 2008 年制定的《小学校学习指导要领》来设计，各班级活动（学校供餐活动除外）可涵盖兴趣班活动。

表 2 - 1　日本小学的教育课程课时数 ①

区别	各类教科的授课课时									品德课时	特别活动课时	综合学习时间课时	总授课课时
	语言	社会	数学	理科	生活	音乐	美术	家庭	体育				
第一学年	272	—	114	—	102	68	68	—	90	34	34	—	782
第二学年	280	—	155	—	105	70	70	—	90	35	35	—	840
第三学年	235	70	150	70	—	60	60	—	90	35	35	105	910
第四学年	235	85	150	90	—	60	60	—	90	35	35	105	945
第五学年	180	90	150	95	—	50	50	60	90	35	35	110	945
第六学年	175	100	150	95	—	50	50	55	90	35	35	110	945

注：

1. 表中的授课课时 1 个单位为 45 分钟。

2. 特别活动的授课时间是根据《小学校学习指导要领》规定的班级活动（非学校供餐活动）或兴趣小组活动课时设计的。

3. 宗教学校可以利用宗教授课时数来抵消部分品德课程。

特别活动是通过集体活动的有效开展，在关注学生身心健康发展与个

① 资料来源：日本文部科学省制订编写：《小学校学习指导要领解说》，东洋馆，2008 年。

性表达释放的基础上，加深学生作为集体成员的责任意识，培养学生树立集体合作意识，增强动手实践创造美好生活的责任感与劳动态度。作为培养目标，其具体形式可采取班级活动、儿童会活动、兴趣小组活动、学校活动来进行。在学校活动中建议可通过传统仪式活动、文艺活动、体育活动、远足、露营等集体住宿活动、劳动生产等相关活动来作为特殊教育活动。

此外，综合学习时间课程的学习目标为：（1）培养学生在学习生活中发现问题、研究问题、主动判断、积极思考、解决问题的能力；（2）培养学生掌握正确的学习方法和思维方式，能从探索问题、发现问题、解决问题中总结思考科学的日常生活方式。以上是综合学习时间这一课程的学习目标，也是学习方法论的培养目标。从现有的家庭学科教育来看，方法论的学习一直在运用，今后在推进学习方法论运用的同时，家庭学科教育作为教育科目中的基础知识和基本技能的掌握，学习内容不应仅局限在家庭学科的课堂学习中，在综合学习时间的课堂上也可对家庭学科的相关学习内容进行运用、实践，各科目之间贯通的学习能更好拓展家庭学科教育的学习内容，更好检验学生对技能的掌握。

（一）综合学习时间的安排

对于综合学习时间，各学校根据所在地区、学校学生的实际情况等可进行综合学习活动的开展，内容可包括学生感兴趣、关心的创意性教育活动。

对于综合学习时间，可根据以下学习目标进行指导：

● 鼓励学生主动寻找自己感兴趣的课题，通过自主的学习、思考、判断，来培养提高学生发现、解决问题的素养和能力。

● 培养学生掌握思考问题的方法，提升解决问题的能力，并养成主动探究、创新思维、认真专注的良好学习习惯与学习态度，能及时反思自身的生活方式。

各学校可在目标（2）的基础上，增加设置如国际局势理解、信息、环境、福利、健康等领域横向的、综合课题，基于学生关心、感兴趣的课题，以及地方特色、学校特色的课题等可根据本校实际情况来设计组织相应的学习活动。

各学校综合学习时间的名称，可由学校自行进行合理的设定。在进行综合的学习时间活动时，要注意以下事项：

● 关注学生的自然体验以及在志愿服务等活动中的社会体验，鼓励学生利用观察、实验、参观、调查、讨论等多种方式积极参加生产活动，并在活动中认真学习、掌握解决问题的方法。

● 采用小组学习、不同年龄段学习、集体学习等多种多样的学习方式。在社区的协助下，采用全体教师为一体的指导体制，积极灵活地运用地区资源和学习环境。

● 对于国际理解的教育学习，重要的是对外语会话的运用与掌握，学校可根据实际情况为学生提供接触外语、接近外国生活与文化等符合小学阶段进行的学习体验活动。

（二）综合学习时间的学习注意事项

● 各学校综合学习时间的名称，可由各学校自行进行合理的设定。
● 在进行综合学习时间活动时，要注意学习方法、学习方式的使用。

二、小学家庭学科的改进要点

家庭学科教育在立足生存能力培养理念的基础上，应继续完善落实对学生生活所需基础知识、基本技能掌握的培养，包括对学生思考力、判断力、表现力等方面培养目标的实现。

2005 年 4 月，日本中央教育审议会议上提议对家庭学科教育进行修订，调整完善了以下内容：①家庭学科要以能将学习中掌握的生活知识和技术在生活中充分实施运用为目标来开展。②学生能够从自己与家庭、家庭与社会之间的关系来思考对未来生活的展望和规划，掌握能创造美好生活的实践能力。③由于少子化、高龄化，家庭功能作用发挥欠缺情况的产生，家庭现有成员状态、各成员间的关系、对育儿知识的理解、生活中的自理能力与他人的配合程度等，这些家庭成员共同生活必备的知识、技术应通过专业学习获得。④由于饮食生活混乱现象的产生和消费问题的增加，应加大饮食教育、消费教育的学习力度。⑤从可持续的社会发展角度出发，应建立人与资源、环境相互作用的科学生活方式。

基于上述课题的修订，学生在学习过程中可将自身发展阶段与社会化成长中所需的空间轴、时间轴相对应，以更好地掌握面对社会、生活变化所应具备的实践技能。为此，小学阶段开设的家庭学科课程、初中阶段开设的"技术·家庭"学科、高中阶段开设的家庭学科改善的基本方针和具体修订要点如下。

（一）家庭学科改进的基本遵循

对于家庭学科、技术·家庭学科此类课程，要通过实践、体验的学习活动，了解家族、家庭所承担的社会作用，培养学生对生活中必要的衣、食、住等相关基础知识、基本技能的理解与掌握，尤其要重视培养学生在生活中能灵活运用所学，用心创造、思考解决问题的能力和勇于实践的态度。这也是家庭学科与其他学科相关联的要点，即重视培养学生在社会中的自理与生存能力。

从日本中小学学校教育各阶段开设家庭学科、技术·家庭学科课程的学科领域来看，在重视自我与家庭、家庭与社会相互关联的基础上，学校应从培养学生对未来生活规划、创造美好生活能力和勇于实践的态度养成等角度出发，依据学生各发展阶段的特点和需要来制订相应的学习体系、学习目标和学习内容。

一直以来，家庭学科、技术·家庭学科课程学习主要是通过实践的、体验的学习活动来进行教学，这也成为家庭学科教学的独特之处。在修订中强调，仅在学校和课堂进行学习难以让学生充分掌握生活中所需的实践技能，应明确采用多种形式，将学习与生活更加紧密地结合起来进行实践，帮助学生掌握运用的能力，这是家庭学科未来发展的方向。

这次修订的基本方针中还提到，重视以空间轴和时间轴为视角的发展新方向。在新的教育课程中要求，将"生存能力"培养拓展为"人的能力"培养，即重视"自我与社会的关系"。因此，家庭学科的教育并不能停留在个人和家庭范围内，要重视在社会关系中捕捉生活的核心；要将对生活空间轴的认识不断扩大，培养学生关心社会、关爱他人，与人合作的能力。

从时间轴视点出发也是在家庭学科教育改革强调的内容，关注时间轴不仅指让学生关注现在的生活，更是帮助学生关注对未来生活的规划，从现在到未来是对创造美好生活积极的态度，是对美好生活的规划、向往和追求。只有具备这种思想和意愿，学生才能不断地、主动地提升自己的生活实践力，获得生活技能的掌握和提高。

（二）应对社会变化的家庭学科内容

对于少子化、高龄化，家庭功能作用不能充分发挥的状况，要加大对家族、家庭教育、育儿的理解体验，重视与高龄者交流等方面学习内容的设计。

对于饮食，由于当下健康饮食生活紊乱已经成为社会问题，虽然有为健康饮食而专门开设的饮食教育，但在家庭学科、技术·家庭学科的学习中依然要以此为中心继续推进相关教育。人的身心健康发展需要以安全科学的饮食为基础，因此家庭学科教育中要求加强对食物的作用、营养、烹饪方法等内容的学习。

从培养生活中消费者的视角来看，要以建立科学合理的消费理念、促进消费者对保护资源环境的积极思考为基础，帮助学生树立正确的生活观。

（三）以家庭与地区社会相互联系的视点为基础，学校要充实与实践相关的学习内容，强化学习过程与家庭、社会实践的密切结合

家庭学科、技术·家庭学科的学习，是以"家庭＋地区"的相互合作为基础进行的，在学生学习实践的过程中，要充分利用在家庭、地区、社会中的实践体验，提升学习效果。学生作为社区、社会的成员，通过参与学校组织的主题学习活动，不仅能实现了解生活所在地的历史文化、风土

人情、食物特产等情况，还能加强自身与社会的关联。

小学阶段家庭学科的内容组成现在有 8 个内容，其中新增的内容包含：家庭生活与家族、日常饮食和烹饪的基础、舒适的衣物与住所、身边的消费生活与环境。这四点内容促进了同框架体系下初中阶段技术·家庭学科的课程学习及家庭学科领域整体教学内容的完整化，教学脉络更加清晰化。其中舒适的衣物与住所，在小学、中学阶段家庭学科"衣""住"两部分教学内容中都是围绕着关键词"环境与人"来开展。衣是与人体密切接触的环境，是与我们最近距离的环境，而"住"当中的环境概念包含着较为广泛的意义。具体问题将在后续内容中进行表述。

三、小学家庭学科的特点

小学阶段的家庭学科与其他教学科目相同，分别承担着人类教育的相关重要领域。家庭学科是人类教育中不可或缺的重要部分，其特点是通过对家庭生活中以衣、食、住为中心的日常生活学习来完成。

家庭学科教育指导内容中，不仅包括对日常生活所需技能的学习，更有对日常家庭生活状态的理解掌握。要求学生能在以创造美好生活为目标的过程中，掌握对日常生活经营、创造的能力，并形成良好的生活态度。如对于如何做饭、煮汤的学习不能简单地从完成教学任务的角度来进行设计实施，而是要从培养学生提升综合能力，丰富实践学习活动开展的角度来实施教学。明确烹饪的学习目标不仅是对烹饪方法的掌握，而是要求学生通过学习获得对饮食生活的全面思考和理解，包括对饮食生活中蕴含的地区特色、传统文化的思考讨论，对健康饮食、营养搭配的认识掌握等。

家庭学科教育的独特性体现在是通过实践、体验活动来完成教育过程的。学生在学习后，只有通过家庭生活实践，才能获得学习成绩评价。家庭学科教育要求学生获得的技能是以家庭生活为中心，人类生活所需的基础的、初步的技能。基础，指的是不管什么样的人作为家庭成员，或者社会成员在生活中所必须掌握的，也可理解为是获得其他一切技能的基础。初步，指的是学习程度要符合小学生的身心发展特点。实践的含义不仅是要求学生动手、动脑具体完成某项任务，或是在实践中完成某项作品，又或是在教室中进行的操作练习，而是包含学生在实际生活及日常活动中所进行的一切事项。体验也不是简单地让学生通过看一看、问一问、读一读所获得的信息，而是通过在综合活动中的实践和感悟获得的经验、感受。

日本小学在五年级和六年级开设了家庭学科的课程，但没有明确规定家庭学科在这一阶段学科教学中的位置，由于此阶段是学生在社会伦理道德、思考力、行动力等方面迅速发展的时期，也可以理解为在此时开设家庭学科课程是学生技能学习获得的最佳时期。

第二节　小学家庭学科的教学目标和内容

一、教学目标

学生通过对衣、食、住等的"实践＋体验"活动，掌握日常生活必需的基础知识和基本技能，形成对家庭生活的丰富情感以及作为家庭成员积极创造美好生活勇于实践的态度。基于上述目标的实现，需要重视并完善以下学习内容。

● 在衣、食、住等"实践＋体验"活动的开展中，要加强重视学习过程的真实性和体验性。

● 提高学生对支持家庭生活的家族、家庭成员、家庭工作、家庭周围事物等的关心，还有对衣、食、住在生活经营中重要性的认识，培养学生对家庭生活基础的理解。

● 帮助学生在掌握烹饪制作等生活基础技能的同时，感受生活带来的喜悦，并能以创造美好生活为目标，培养学生作为家庭成员热爱生活、关

注生活的积极态度

由此可见，家庭学科教育是通过"实践＋体验"的活动，帮助学生掌握日常生活所必需的基础知识和基本技能，了解问题解决的基本方法，促进学生自我成长意识的发展与热爱家庭生活的积极情感。同时，帮助学生形成交流合作、创造生活、发现生活、关注生活、感受生活的良好生活素养。

基于此，小学家庭学科教学目标的要点如下：关于衣、食、住等"实践＋体验"学习活动，要遵循家庭学科的学习方法特点；以衣、食、住、家庭等与生活相关的问题为主要学习内容，通过对食品制作、烹饪技术、营养搭配等学习过程中一系列实践、体验活动的开展，让学生通过学习、观察、调查、实验、操作获得对相关生活基本技能的掌握。

日常生活基础知识和基本技能的学习就是指对衣、食、住、家庭生活等内容的学习掌握，学习过程要注重实践性、体验性。教学中还要尊重和鼓励每位学生在学习过程中展示出自我个性和学习特长。同时，小学阶段家庭学科中关于基础知识和基本技能的学习，要与初中阶段技术·家庭学科中所设计的学习内容保持系统性、连贯性；尤其是日常生活所需的基本技能、经营生活所需的基本知识、创造生活环境、制作生活小物品等关联性较强的学习内容，在小学至中学的学习设计中要体现出学习过程的关联性和系统性发展。

在相同的学习体系框架下，小学、中学的家庭学科学习中家庭生活与家族、日常饮食与烹饪、舒适的衣物与住所、身边的消费生活与环境这四类学习的内容应保持一致。因此，小学家庭学科教育要立足培养学生对生活基础和基本内容的学习掌握，中学则要从促进学生对所学知识、技能进行实践运用的角度，来培养提升学生动手实践生活、创造生活的能力。

重视对学生家庭生活责任意识培养，指注重提高学生对家庭生活的关心，重视对学生以衣食住为中心的生活经营意识培养，激发学生热爱生活、积极生活的态度。学生通过学习能够关注到家庭生活中最为基础的"人"、"物"（衣物、食物等）、"时间"、"金钱"等要素与家庭生活的密切关系，了解其对家庭生活发展的影响。并在此基础上，理解家庭生活需要家庭成员的共同经营，形成以衣、食、住为中心的生活经营意识和积极向上的生活态度。培养学生重视家庭生活，不能片面地理解为就是帮助学生树立起为家庭尽义务的责任意识，而是要培养学生养成从内心重视生活、热爱生活、专注生活、创造生活的良好生活态度。

作为家庭生活中的一员，具备热爱生活、创造生活的积极态度，也是家庭学科学习目标中对学生综合性、实践性能力培养的体现。学生作为家庭成员，发现、改变、创造生活的技能掌握具体表现在：能发现自己在生活中存在的问题，将掌握的知识和技术灵活运用于生活中，愿意花费时间、精力去解决生活中的问题，有应对日常生活的实践操作能力。此外，学生还要能认识到不仅家庭生活中需要家庭成员间相互的支持合作，与生活周围的人、环境之间良好的合作也是创造美好生活的基础。

以下是根据学科目标、家庭学科教育的培养目标来设置的小学阶段五、六年级两学年目标。[①]

● 通过对衣、食、住和与家庭生活相关的实践性、体验性活动的开展，促进学生自我成长意识的发展，帮助学生养成珍爱家庭生活、关心家庭生活的积极态度。

● 能掌握日常生活所需的基础知识和基本技能，并能灵活运用于生活。

● 能够在家庭生活中尽己所能地贡献自己的力量并能享受生活劳动带来的喜悦，形成热爱生活、创造生活的基本能力。

上述目标体现出：对生活的兴趣和关注；对日常生活所必需的基础知识和基本技能的掌握；对生活基础知识、技能掌握的灵活运用，对创造生活所需能力、态度、实践力的养成。而各目标的达成也不是孤立实现的，需通过相互联系、相互作用来完成。

日本小学的家庭学科教育不单指在小学五年级、六年级的阶段，指导者要在充分把握学生的实际生活状态及所处教育环境的基础上进行课程的设计与教授。

---

① 资料来源：日本文部科学省：《小学校学习指导要领解说（家庭编）》，2008 年。

二、关于教学内容

表 2-2　小学家庭学科的内容构成改进 [①]

1998 年	2008 年
（1）家庭生活与家族	
（2）对衣服的关心	
（3）生活小物品的制作	（1）家庭生活与家族
（4）对饮食的关心	（2）日常饮食与烹饪基础
（5）简单的烹饪	（3）舒适的衣物与居住
（6）对"住"生活的关心	（4）周围的消费生活与环境
（7）物品、金钱的使用方法与购物	
（8）家庭生活的方法	

2008 年，日本小学阶段、中学阶段学习指导要领改革，强调家庭学科的学习内容要从人一生成长发展所需家庭生活的基础能力与实践态度养成的视角出发，以小学、中学的家庭学科学习内容一体化为目标，因此将原有的 8 个学习模块，整合为四大学习框架。具体学习内容涵盖了对"家族＋家庭""衣、食、住""消费＋环境"的学习。各部分的内容设计均以家庭生活为中心，突出生活中必须掌握的技能，强调无论是适应时代变化还是应对社会发展，作为人在社会生存发展中应具备的基本生活能力。

在教学中要求教师关注学生的实际生活情况，结合家庭、地区、学校等多方面因素，从上述四大学习框架内容出发，进行为期两年的教学设计。在教学内容的选择上要求符合学生实际发展需要，学习内容要关联性强，教学活动要形式丰富，教学时间要分配合理。因此，各学校可根据自身所在地区和教育的实际情况自行制订指导方案。

这四部分内容在教学活动的开展中是相互联系、相互渗透的。如在"周围的消费生活与环境"的学习中，部分学习内容同"舒适的衣服与居住"中的学习内容有所重合，但在教学中各部分的学习仍是作为独立的学

---

① 资料来源：日本文部科学省：《关于小学、中学学习指导要领的修订（家庭篇）》，2008 年。

习模块，各模块可从自身的教学重点出发，对学习内容进行合理的设计和讲解。

在小学四年级第二个学期，一般会在教学活动中设计并渗透部分与家庭学科相关的学习项目，目的是为五六年级即将开设的家庭学科专业课程学习进行前期铺垫，以利于提高学习效果。

与此同时，少子化、高龄化的出现，饮食教育的推进、可持续社会的发展建设等社会现象、社会问题的产生，也都要求在家庭学科的教学中根据社会生活实际情况的需要，进行教学内容的合理调整与再构成。

由于各学科都有着丰富的学科语言，重视培养学生理论与实践相结合的运用能力和解决问题的能力。因此，家庭学科也要注重把握教科自身的独特性，教师要重点关注授课方法的使用、学习内容的选择和学习效果的评价。

第三节　小学家庭学科的指导计划

一、指导计划的制订与各年级学习内容的实施

日本《小学学习指导要领》中明确提出了各年级的学习目标和内容，对于如何有效地进行指导，可参考下述指导计划设计注意事项中的内容进行设计实施。

（一）小学指导计划设计的注意事项

各学校要在考虑以下事项的基础上，充分发挥学校的优势、特色，以学校为整体，制订协调具体的指导计划。

①以各学科、各学年之间的相互关联为目标，形成系统性、发展性的指导。

②对于学年的目标和内容，尤其是制订以两个学年为周期的教学科目及外语活动时，要从学年整体学习要求出发，根据地区、学校、学生的实际情况，兼顾学生的不同发展阶段，进行有效的阶段性指导。

③对于各学科的各年级指导内容，要注重方法的总结及核心内容的选择，达到有效指导的目标。

④可从学生实际情况出发，进行课程内容合并或课程内容的延伸指导，以提升指导效果。

除以上之外，还应注意以下事项。

①各学科在指导时，要从培养学生的思考力、判断力、表现力出发，重点培养学生对基础知识、基本技能的掌握和灵活使用的能力。同时要注重创设良好的语言环境，丰富学生的语言活动，促进学生语言能力的发展，提升学生对语言使用的关注和理解。

②在教学中要重视学习过程的体验性，重点培养学生对基础知识、基本技能的掌握与使用，要注重从学生的兴趣需要出发，促进学生养成自主、自发学习的良好习惯。

③要以建立并营造良好的班级生活氛围为目标，形成班级师生之间、同学之间的相互信赖与良好互动。

④在各学科的指导下，学生能有意识地完成课前预习、课后复习等相关学习活动要求。

⑤各学科在学习中，应为学生提供自主选择学习课题、学习活动的机会，帮助学生找到未来的发展方向。

⑥各学科在指导中，要关注学生对学习内容的掌握，能根据学校的教学资源和学生学习的实际情况，积极开展个别指导、小组指导、单项技能指导、主题学习指导、兴趣活动指导等类型丰富的学习活动。教师在活动开展中可通过合作指导，完善指导方法和指导体系，实现指导目标的高效达成。

⑦对于有特殊障碍的学生，要充分利用特殊学校的建议与帮助，制订

随班就读计划或需要家庭、医疗、社会福祉等机构合作完成的个别支援计划，要能根据特殊障碍学生的个体差异性进行指导内容、指导方法的合理选择与实施。对于各年级、各班级的学习指导，教师间只有保持高度的合作，才能达到指导效果更优。

⑧对于海外归国的学生，要以适应学校生活为目标，在兼顾学生海外生活经验的基础上进行适当的指导。

⑨在各学科的指导中，要注重培养学生对电脑、网络通信等信息化手段的运用，掌握电脑文字输入等的基本操作，具备良好的信息道德。教师在利用信息化手段充实学习活动的同时，要对视听教材、教育设备等相关教学资源、教学方法进行合理的设计与使用。

⑩要充分、灵活地发挥学校图书馆的作用，开展以学生为主体，丰富多样的学习活动、读书活动。

⑪在对学生学习中的优点、进步给予积极评价的同时，也要注重通过教学过程、指导方法，教学评价的改进提升，提高学生的学习兴趣。

⑫各学校达成学校教育的目标，应根据所在地区和学校的实际情况，与家庭、社区、社会组织保持密切合作，加强与其他小学、中学、特殊学校、养老院等之间的活动开展，在学习活动开展中增进与特殊儿童、老年人等的交流互动。

二、日本小学家庭学科的学年指导计划

学年指导计划的制订要基本具体学习指导内容确立的基础，将学习内容分配的学年、顺序、课时量等相关内容制订成学年指导计划表。为保证学生学习的主体性，要在对学生生活课题实际状况掌握的基础上，进行单元构成设计。通过学生感兴趣、关心的学习内容和学习方法，从简单易懂的生活常识开始分层、分阶段地设计学习内容，制订指导计划、提升学习效果。

表2-3 "对家庭生活的关心"学年指导计划案例 小学第5学年①

学期	单元	题材	课时数
第一学期 （共22课时）	我与家庭生活1	发现家庭生活	共6课时
		·更多地了解家人	①
		·发现家庭生活，调查家庭成员所从事的工作	③
		·制订家庭学科的学习计划	②
	我们的生活与食物	试着做一做	共8课时
		·关于食物的调查	②
		·鸡蛋和蔬菜的简单制作烹饪	④
		·为什么要吃呢	②
	我们的生活与衣服	舒适的生活	共8课时
		·穿什么样的衣服	①
		·思考衣服的穿着和穿法	②
		·衣服的整理	①
		·用毡子制作名牌和徽章	④
第二学期 （共22课时）	生活小物品的制作1	布的制作使用	共14课时
		·生活小物品的调查	①
		·计划的制订	①
		·缝纫机的使用	④
		·制作	⑧
	思考健康的饮食1	制作早餐	共8课时
		·重新认识饮食	①
		·烹饪方法的调查	②
		·早餐的制作	③
		·健康为目标的饮食	②
第三学期 （共16课时）	舒适的居住方式	家庭清洁	共10课时
		·重新审视生活环境	②
		·参与家庭清洁整理	⑥
		·进行劳动成果的分享展示	②
	和家人一起共度快乐时光	家人一起饮茶	共6课时
		·温馨家庭氛围营造	②
		·泡茶	②
		·愉快地交流	②

注：每年4月，是日本小学新学年的开始。与中国不同，日本的小学共有3个假期，除了寒假和暑假，还有一个春假，因而在设计学年教学活动指导计划时会分为3个学期。

———————

① 资料来源：日本文部科学省：《小学校学习指导要领解说（家庭编）》，2008年。

表 2-4　"对家庭生活的关心"学年指导计划案例　小学第 6 学年①

学期	单元	题材	课时数
第一学期 （共 20 课时）	我与家庭生活 2	发现家庭生活	共 4 课时
		·重新认识与家人的交流	①
		·思考讨论自己能为家庭做的 　事情	②
		·制订家庭学科的学习计划	①
	生活小物品的制作 2	布的制作	共 10 课时
		·生活所需小物品的调查	①
		·计划的制订	①
		·按计划进行制作	⑧
	为家人做饭	全家一起开心吃饭	共 6 课时
		·看一看每日的饮食	①
		·米饭和汤的制作	④
		·思考设计自己想要做的食物	①
第二学期 （共 22 课时）	环境保护考虑下的 生活 1	我家的生态生活	共 8 课时
		·审视自身所在的家庭生活状 　态、家人与周围邻居的关系	②
		·思考在爱护地球、保护环境 　下的生活方式	⑥
	愉快生活的创造	日常穿着的维护	共 8 课时
		·衣服的收拾、整理	②
		·认识服装与生活	⑥
	健康的饮食生活 2	家庭午餐的制作	共 10 课时
		·食品使用方法调查	②
		·日常食品烹饪制作	⑧
第三学期 （共 13 课时）	加深心灵的联系	生活中的交往	共 10 课时
		·如何与人进行沟通交流	②
		·礼物的思考制作	⑧
	家庭生活与社	对今后生活的思考	共 3 课时
		·实践后的感想发言	②
		·对今后生活的思考	①

① 资料来源：日本文部科学省：《小学校学习指导要领解说（家庭编）》，2008 年。

第四节 小学家庭学科的教学注意点

一、男女问题

现代社会发展是男女共同参与创造的，日本小学家庭学科的建立为男女共同参与社会创造奠定了稳定的基础。

1947年，日本家庭学科教育诞生后，就宣布家庭学科不仅女生需要学习，男生也需要学习了解。家庭学科在教学中面向所有学生，不再考虑性别差异，转而关注每个学生的个性差异，即便使用教材，也是以贴近学生生活需要的、感兴趣的、关心的事物来进行选择或编写。

日本家庭学科是小学、中学、高等学校男女共学共修的课程。小学家庭学科的学习在提高和充实以家庭生活为中心的人类生活的同时，更加注重培养男女合作的学习基础。

二、家庭学科的教学负责人

小学实施班主任制，家庭学科教学负责人原则上最好由各班的班主任来担任。对于教学负责人的性别不过多考虑，不论是男教师、女教师，作为一名社会成员、一名生活者，都完全有能力胜任家庭学科教学负责人。只是根据学校情况，对于高年级儿童，出于教师专业性指导等的考虑，可由班主任以外的家庭学科专任教师来担任科目教授，或是具有相关特长的教师来进行兼职授课。这种情况下，班主任要明确自己的责任，给予授课教师必要的协助。

此外，日本小学阶段的家庭学科专任老师，要与班主任进行充分联系，保证家庭学科的学习指导与其他科目的学习同步进行。

三、家庭学科与生活学科的关系

2008 年版《日本小学学习指导要领》确立的生活学科目标是"通过具体活动与体验，能关注自己与周围的人，关心社会与自然的关系；能在思考自身成长与未来生活的同时，在学习过程中掌握生活必需的基本知识与技能，养成自理的基础"。作为家庭学科教育与之相关联的内容则是"思考家庭生活是如何开展的，以及自身能够做的事，在积极发挥作用的同时，能够正确掌握健康、规律的生活""能怀着感恩的心对待生活中支持并帮助自己成长的人，懂得只有在同伴的支持帮助下自身才能变得强大，明确自己要做的事，能意识到在不断地成长中自身责任的增加，能对生活充满热情和希望"。由此可见，生活学科主要从社会的、自然的角度进行与生活有关的学习活动；家庭学科是以家庭生活为中心，以个人对生活的经营创造为目标，进行科学、系统的知识与技能学习。两者间可以相互补充和完善。日本小学家庭学科五、六年级的学习，可在对生活学科学习活动掌握的基础上，进行与家庭学科内容相关的设计与实施。

四、家庭学科与道德培养的关系

道德不属于教学科目，但小学期间的教育对儿童品德的培养、形成有着重要作用。家庭生活中很多与道德养成的相关指导都涵盖在小学教育中。

2008 年版《日本小学学习指导要领》中提到，道德培养的目标是"通过学校所有的教育活动，培养学生的道德心、判断力、实践力与健康向上的社会生活态度，实现人的道德性的育成"。

因此，家庭学科作为一门教育课程，需要在教育过程中涵盖道德教育的相关要求，并通过对教育计划、教学内容、学习指导方法的进一步补充完善，更好地促进家庭学科学习与道德培养的有机融合。

五、家庭学科与综合学习时间的关系

综合学习时间作为新设置的一门课程，包含了两方面学习内容：一是帮助学生将已经获得的知识和技能对接网络学习，通过模拟运用，让学生检验自己对学习内容的理解；二是将学生学习中难以理解的环境、信息、国际化等内容进行集中讲解，达到提高学生对学习方法的掌握运用，提升认识问题、解决问题的能力。

家庭学科教学中针对学生运用网络（生活的综合化）和解决问题方面的能力培养，早在综合学习时间开设前，就进行了相关学习内容的设置。由于家庭学科内容的综合性涵盖了以家庭生活为中心的人的基本生活内容，教学中就要求不仅要注重培养学生掌握解决问题的方法，更注重培养学生对生活创造体系中的基础知识基本技能进行学习积累。如果说生活学科的教学要与道德培养密切联系，那么家庭学科的学习也要积极与综合学习时间的教学相互融合，尤其综合学习时间中对学生综合能力、问题解决能力的培养也是家庭学科教学中的重要内容，因此二者在教学中应相互补充完善。

六、学校供餐与家庭学科

根据 1954 年，由日本文部、厚生劳动、农林三省参与制订，日本政府颁布的学校供餐法开始实施，全国小学完善的营养午餐制度得到确立。学校供餐为学生的身心健康发展提供了保障，为改善国民的饮食生活作出了贡献，因此，学校供餐作为教育计划的一个重要环节而实施。学校供餐的目标如下。

- 培养学生对日常生活饮食的正确认识，养成良好的饮食习惯；
- 丰富学校生活，为学生创造社交机会，培养学生良好的社交能力；
- 促进学生饮食生活的合理化，实现营养改善、健康提升的目标要求；
- 帮助学生了解粮食的生产、分配、制作，树立科学的消费意识。

学校供餐为家庭学科的学习指导提供了一个实践操作的场所。对于四年级以下的学生，也可以利用供餐活动的开展，对学生进行饮食生活的指导。由于学校供餐涵盖的只是生活中的一小部分内容，因此在专业的家庭学科教学中还是要从生活的综合性、整体性角度出发，发挥好供餐活动在教学实践中的作用。

七、其他学科、教材与初中家庭学科、高中家庭学科的关系

日本小学阶段其他科目中，除上述生活学科以外，还关注家庭学科与社会、理科、图画、体育等科目的联系，尤其是在同一学年教学中，各科目在指导计划的制订与实施中要综合考虑各科目之间的关联性进行合理的教学设计。对四年级以下的学生，各学科之间的学年学习内容也要注意教学过程的连贯性、全面性。

在中学阶段，为更充分地对家庭学科的教学目标和内容进行理解，学校会创造更多学习实践机会，学生需要通过学习实践获得技能。与小学相比，中学的学习程度和学习内容的范围更加清晰明确。

目前，日本文部科学省对小学、中学、高中家庭学科教学内容在进行修订后，形成了4个相同的学习框架，家庭学科教育更加注重学习的系统性，在教学中进一步要求在全面理解学校教育整体目标的基础上实施。教师在实施小学家庭学科教育时，也要对初中、高中的家庭学科教育目标进行全面理解掌握，只有这样才能更加明确作为基础的小学家庭学科在教学中的定位与作用。

八、家庭学科与家庭的联系

与家庭生活相关的学习，不是仅通过家庭学科的课堂学习就能完成的，而是要在家庭和日常生活的实践中进行掌握。因此，家庭学科的学习与家庭之间保持高度密切的联系尤为重要。

家庭学科教育要在尊重学生性格特点的基础上，掌握学生成长的家庭

环境，了解学生的家庭构成和家庭教育的实际情况，充分发挥家庭在家庭学科教学中的重要作用。让学生通过家庭实践丰富生活经验、发现生活问题、检验生活技能，灵活、充分地发挥家庭在学习中的作用。

家庭学科教师在教学中既可以通过定期与家庭保持通信联系，也可以通过家长来校访问、教师家访、家长会、社区活动等与家长保持密切联系，获取家长的支持帮助。同时，在教学活动开展时，教师应注意准备好充足的学习材料，保证学生的学习热情，及时听取家长对学生的学习反馈，提升家庭实践学习的效果。

九、家庭学科的教科书和学习用书

家庭学科的指导内容，根据地区情况的不同而有所差异。教科书虽然为日本全国共通使用，但根据《日本小学学习指导要领》，教学过程中要重视地区差别的方针，各地区可依据所在地的实际情况对教材内容进行灵活使用，各学校也可根据学校实际情况进行学习内容的补充完善。在教材使用过程中，教师要通过教学实践，及时记录并总结教材使用中遇到的问题。作为教材的学习补充，也可配合使用各地编制的学习用书和资料集等。

第五节　小学家庭学科的教材研究

一、教材的关联性

（一）小学、初中、高中的联系

选择小学家庭学科教材时，要从能与初中、高中的学习进行有效衔接的视角出发，立足小学生的年龄特点、发展要求，对教学设计、教学内容进行深入研究。重视教材中的目标重点、技能水平、内容难易度和实用价值，严禁出现超越小学生学习理解范围的内容。同时要关注教材中与应用性、发展性相关的知识内容。

此外，家庭学科教材也需精选出与时代要求相符合、适应社会发展需要的学习内容。不单从基本知识和技术方面，也可从生活文化（如饮食文化等）的角度出发，进行学习内容的系统化梳理。因而，各学校根据自身发展情况进行深入、全面的家庭学科教育教学开展是必要的。

（二）与其他学科的关系

就同一所学校而言，家庭学科教师要研究各年级、各科目的学习，活用各科目的学习经验，明确不同学习科目内容存在的差异等，需要整合考虑知识内容间的联系。在制订指导计划时，要兼顾科目计划间的相互关联，这就要求教师进行集体备课，对教学的顺序、教材的内容、时间的分配、指导计划的完善、修改计划的形成进行深入的研究探讨。

二、教材中的相关主题内容

（一）家族与家庭相关的教学内容

家族是培养儿童自立并成为社会人的基本集团，家庭是家族成员生活的重要寓所。家庭学科教育注重人类生活的基本，主要目的是将家庭生活对象培养成自立、合格的社会人。因此，与家族、家庭生活的相关内容是家庭学科教育的核心内容。

小学对家族与家庭相关的学习内容要求根据学生的发展阶段，帮助学生理解并掌握家庭的重要性，即培养学生在生活中形成基本的生活自理能力，具有作为家庭成员的基本意识，有愿意在家庭生活中积极分担家务劳动、参与创造家庭生活的良好态度。

1. 家族的立场

对于家族的定义有多种多样，当前人们普遍认同对家族的定义是：具有血缘关系的人组成一个社会群体，通常有几代人。1994 年为联合国大会宣布的国际家庭年，对家族的多样性进行了认可。

在家庭中，各种各样的决策都是根据个人和家庭的需求而定的，生活也在各种判断中不断地取得进步和发展。家庭是由爱情、亲情连接起来的人际关系的组合，而家庭生活仅靠人际关系是不能成立的。家庭中的人为了经营生活而自然地推动了衣、食、住等物资的生产消费。因此，人应该考虑与物、环境的相互关系。家庭成员有着各自不同的需求和目标，家长会从自己的视角和责任出发形成父母的立场，孩子也会从自己的视角和需求出发形成孩子的立场。为了创造和提高家庭生活，家庭成员间应该相互理解各自的立场，更好的体谅照顾他人的情绪，进行生活中的密切合作。

在小学五、六年级，必须尽可能地让学生理解自己作为家庭成员应该具有的家庭责任意识和立场。而要达成此目标，如何有效地实施指导起着至关重要的作用。

2. 家庭的作用

家庭生活的提高在于男女间的相互合作，从祖辈那里继承生活知识和技术，以及对新知识、技术的掌握，对环境的良好适应、工作的顺利开展等都对丰富家庭生活、提高生活质量有着重要的影响。简单来说，只有家庭全体成员齐心协力共同合作才能创造出良好的家庭。

日复一日的家庭生活，人会自然地被家庭价值观念所影响。学生对于价值观念的认识学习应该首先是从各自出生成长的家庭中获得，其后在接触社会的过程中逐渐改变。因此，建立良好的家庭生活秩序，树立作为家庭成员相互合作的意识，明确自身在家庭中承担的角色、任务等都是家族生活的重要组成部分。

3. 家庭工作的分担与合作

当学生作为家庭成员有自我立场和自我价值体现的要求时，教师可根据实际情况将学生能够承担的家庭工作内容，作为指导重点，把家庭成员间相互合作的关系建立起来，合作是创造美好家庭生活的基本条件。家庭生活中的合作和分工会因家庭构成、家庭成员的职业、居住形式等不同而有所改变。也就是说，家庭的分工情况、学生的家庭任务都建立在各自所在家庭实际发展水平的基础上，因此家庭中的分工与合作要根据具体情况的差异进行设计指导。

（二）关于饮食生活的教学内容

在学校教育中进行的饮食教育，是要让小学、初中、高中不同阶段的学生了解各自所在不同年龄段的身体发育特点、所需的食物与营养配比，从而形成良好的健康饮食生活习惯、掌握科学的营养膳食搭配。因此，在饮食生活教育中要注重开展以"健康的饮食生活"为中心的学习活动。

对于饮食生活学习的主要目标是：立足小学生、初中生、高中生所处的不同成长发育阶段，学生能从食品营养和摄取量的角度出发制订合理的食谱计划，并能够依据计划正确烹饪，养成从饮食习惯、饮食分量、饮食管理三个角度出发来进行健康的自我饮食生活管理。

1. 食谱的制订

主要根据学生成长的需要和食品的营养含量进行食谱制订的指导。要求小学生、初中生、高中生能根据自身不同发展阶段的营养摄取需要来进行食谱的制订，制订中要求遵循以质和量为中心的原则，可以适当兼顾自身的饮食喜好和经济能力等方面的因素。

在小学阶段的学习中，学生不需要对专业营养知识、营养成分进行具体、细致的掌握，可在糖类、脂类、蛋白质、矿物质、维生素等五大营养素范围内进行学习。但对于小学生来说，这些缺乏具体感、真实感的事物是难以理解的，因此可以把有关营养成分的内容学习，放在后期均衡的饮食结构中来学习。

2. 烹饪

烹饪的学习要求学生对食品的认识从营养和烹饪两方面来理解，在此基础上对烹饪的基本原理进行系统的学习掌握。例如，在烹饪的基本操作中有"煮"的方法。"煮"的主要目的是对于较硬的食物，通过加水炖煮使其变得美味可口。煮饭就是利用煮的方法来进行的烹饪。煮汤是通过原材料加上调料、水进行煮后形成汤汁。如果在材料中加入酱油、砂糖等再通过煮制，让汤汁变少、变色成为红烧菜，这就形成了"煮"的另一种使用方法。正所谓"煮"是加热操作的基本方法，小学生是可以掌握这一基础烹饪方法的。

因此，日本小学家庭学科在对烹饪内容的选择和学习时，注重让小学生在理解的基础上，通过对生活中经常使用、便于操作的烹饪方法的系统学习和实践，来获得烹饪技能的提升。

3. 品尝

"品尝"这个词在家庭学科教学中经常被使用，但在教学中它的含义并不仅指吃好吃的食物。在小学、中学的学习中对于品尝是有要求的，需要教师专门指导，包括吃的方法、用餐的礼仪，用餐后的整理等方面的知识、技能。教师在指导时可以充分结合学生在校进餐环节，对学生进行"品尝"的学习指导。

4. 烹饪操作的管理

在进行烹饪的过程中，应将食品卫生、操作方式、燃料的合理使用、卫生整理、安全使用等，作为教学重点内容来进行指导。在指导方法的使用上，教师可以鼓励学生通过实践操作来获得相关的知识技能。在小学阶段，要求学生能掌握基本烹饪操作中的卫生管理和设备的安全使用。

5. 饮食习惯与饮食生活

饮食的方法，在不同场合有不同要求，其中蕴含着传统的文化习惯。在小学，教师对于饮食搭配、餐桌礼仪等方面的学习内容可以进行系统设计。在教学过程中也应加强指导学生作为一名消费者，从打造健康饮食生活的视角出发，对食品产地、质量、生产加工、流通等方面的知识进行掌握。

6. 衣生活、住生活的学习

对衣生活、住生活这两方面内容的学习，2008 年日本《小学校学习指导要领》已修订合并为一个学习领域"舒适的衣着与居住"。该学习模块由衣物的穿着与保养、舒适的居住方式、生活小物品的制作这三部分内容构成。围绕这些内容构成的关键词为"环境"，通过对着装与居住的整合学习，提高学生对着装与服饰搭配的理解，以及对居住环境的关心、创造良好生活环境的意欲。由于衣物是距离身体最近的内侧环境，居住则是较为外侧的环境，衣服与住所相互联系，形成了密切围绕着人生活的环境。

因此，对衣生活、住生活与环境的关系这部分内容的学习，也是教学中需要重点指导学生学习掌握的。

（1）衣生活

● 穿着。

在小学阶段，主要从卫生和温度的角度进行穿着搭配。小学和中学阶段在教育内容方面有着明确的划分，小学从保健卫生功能的视角来进行学习，中学则从社会功能的视角进行学习。

● 制作。

在小学阶段要掌握人生活中需要的、对衣物穿着的基础认识和基本技能。因此在制作、学习中，应立足于开发学生感兴趣、易于操作、成就感强的制作方面的学习内容。

● 服装的整理与管理。

为更好地使用、保护衣物需要掌握服装的去污、防虫、防霉等技术，教学内容在设计上可以有清洗、熨烫等。在小学阶段，可以设计学生清洗自己随身穿着的较小衣物（内衣、上衣），以直接手洗为主进行学习设计。

在清洗学习的过程中，教师要指导学生注意观察衣物标签中的材质、成分标注及洗涤方法要求，避免错误地选择洗涤剂、清洗方法与设备。

服装的妥善管理、穿着选择要与季节、使用目的相匹配，要将衣物充分的使用，在适当处置过程中进行衣物的更新。教学中要以掌握科学合理的穿搭为学习目标进行教学内容的组织。

（2）住生活

住生活的学习内容是整理、整顿、清扫等，通过对适应季节变化的居住生活内容的学习，提高学生对日常生活居住方式的关心、掌握居住的基础知识和基本技能，培养能够创造舒适居住环境的意识、方法和能力。

小学阶段家庭学科课程学习中，已将"温暖、通风、采光"的学习内容设计为"炎热·寒冷""通风·换气·采光"等更为具体细致的学习模块。

● 整理、整顿和清扫。

整理、整顿的学习可以让学生通过对身边的物品，如学习用品、书、杂志、衣服、盥洗用品等的整理、整顿进行学习实践。

清扫方法的学习可利用学生平常经常使用的地方，通过对污渍的调查、污渍种类的分析，掌握去污及清扫的方法。

- 舒适的居住方法。

通过学习掌握与季节变化相对应的生活和居住方法非常重要。当酷暑或严寒天气到来时，能否采取恰当的方式改善居住条件，能否对室内温度、湿度、空气流通等进行科学调节，让自身的居住环境在不同季节里都能保持舒适的状态。因此，掌握并理解舒适的居住方法、学会创造良好的生活环境是学习中应掌握的重要内容。

案例1　小学五年级家庭学科的学习指导方案 [①]

千叶大学附属小学校教师宇佐美、亚纪子

研究课题——怎样关注饮食生活周期中看不到的部分

一、主题：发现食物烹饪的全过程

二、关于教学内容

饮食生活中的各种要素是连续、复杂地构成在一起的，多以周期性存在。各要素之间有着深入的联系。只有注意到前后要素，才能从开阔的视角出发对眼前的事物进行分析理解，更全面地掌握事物的产生及发展变化。对于饮食生活，只有从人、物、环境的角度出发，全面考虑，才能创造更好的饮食生活。

学生对饮食生活的学习是充满期待的，但对于学生最期待的"烹饪"学习和"品尝"学习，也只是饮食生活学习要素中的一小部分内容。如果学习过程中只关注培养学生对简单烹饪操作技术的学习掌握，就会造成学生对饮食生活的片面理解，学生将不能从全面发展的视角来认识饮食生活。因此在教学中要明确烹饪学习只是涵盖在饮食生活学习周期中的一个学习环节。

饮食生活的学习是家庭学科面向小学五年级的学生设置的学习模块，是小学生正式开始家庭学科学习的首选启蒙学习内容，也

① 资料来源：冈阳子编著：《小学校新学习指导要领——家庭学科课程实践案例集》，小学馆出版，2020年。

是家庭学科的学习导入，在今后同类型的领域学习均可参照此学习框架。

1. 掌握烹饪的全部过程

食材经过烹饪加工变成可口的美食。而对烹饪的掌握并不只是眼睛看到的那短短一瞬间的食物制作过程，更应包含对食材产地来源的了解，对剩余食物、食材去向的掌握等，因此对烹饪的学习要立足对烹饪涵盖的所有内容的全面学习。

2. 以咖喱饭的制作为例，可指导学生思考并学习咖喱饭烹饪过程中食物所要经历的全部流程

由于学生受各自家庭饮食习惯的影响，在饮食生活周期中接触的食物不同、对食材的认识各有不同，因此在兼顾学生饮食结构差异的基础上，为了让学生能够更好地理解学习内容，达成学习共识，本次教学内容选择了无论在家庭，还是学校集体供餐时都会经常制作、食用的咖喱饭为例来进行教学设计。

三、目标

1. 掌握对食物制作所需材料的准备、制作、整理及操作区域的设计，了解饮食生活的全部流程

2. 经过烹饪和品尝的学习能初步了解营养摄取与健康生活

四、指导计划（1课时45分钟）

1. 以制作咖喱饭为例进行实践学习，思考烹饪的全过程与食物的经历（2课时）

2. 对自己所在家庭咖喱饭制作过程开展调查（课外）

3. 对学校咖喱饭制作过程和食用频率进行调查（课外）

4. 将家庭调查内容和学校学习实践观察内容进行总结发言（2课时）

5. 在学习营养专家对咖喱饭的制作过程、营养摄入介绍的基础上进行再次总结（2课时）

6. 预习下一单元学习内容——《对圆白菜烹饪制作的思考理解》

五、本次课的指导计划

1. 本次课的课程位置（本次课为第5、第6课时，对应目标5）

在此之前，学生已经以咖喱饭制作为例对烹饪进行了重点观摩和调查。本次课，邀请负责学校午餐的营养老师为学生进行介绍，包括营养午餐的菜单制作、食材的购买方法，以及难以通过观察直接掌握的烹饪过程，以上内容是对饮食生活环节全面掌握理解的重

要环节。

2. 本次课的目标和指导过程

饮食生活周期中难以观察和需要掌握的内容，通过对饮食生活周期表的学习制作进行掌握理解。

表2-5　饮食生活周期表示例

学生的活动	指导的方法	对学生的期待
○通过对两种不同场所咖喱饭制作的调查，就自己的认识、理解进行总结发言	○对家庭、学校两个场所咖喱饭制作过程的观察认识，分析总结二者间的差别 食材到达→做好准备→备齐烹饪工具→烹饪制作→烹饪器具清洗→品尝→整理餐具→餐具清洗摆放→剩饭的清理 ↔家 烹饪教室　　烹饪教室	○对家庭和学校制作咖喱饭的过程进行对比、调查，有利于学生学习理解
○营养老师的介绍	○在营养老师的介绍下，对咖喱制作过程的环节和注意事项进行记录 ○将咖喱制作过程中，听到的、看到的用较容易理解的图示表示出来	○从烹饪学习角度拓展对饮食生活认识
○咖喱制作全过程的总结	超市选购食材→食材冰箱保存→烹饪制作→品尝 ↓ 食器清洗 →吃过的食物 →剩下的食物	○总结饮食生活的全过程

六、对研究主题的调查

"老师，我什么菜都能做"，学生在学校经常这么说，是由于他们有一个强大的妈妈做助手。妈妈负责准备所有食材、说明步骤、收拾整理餐具。学生在经历烹饪中的任何一个场面后都会认为"自己可以做菜"，而烹饪过程仅向学生展示出了饮食生活的一小部分内容。

另外，很少有学生注意到烹饪制作过程中产生的食品垃圾去向，以及食物的来源和制作过程中包含的人力、物力、对环境的影响等相关要素。这些内容不是在家庭学科课堂上就能够全部解决的。

因此，为了能够在学习烹饪的过程中，让学生掌握饮食生活的全过程，了解眼睛不能直接看到的相关要素，可采取以下方法。

1. 以烹饪教室看不见的内容为重点，请专业营养老师进行讲解

通过营养老师的介绍，可以了解营养膳食均衡，食材丰收的季节、产地、价格，烹饪时的清洁保持方法，食物残留物的去向等相关内容。通过以上学习，学生可以开阔视野，全面了解饮食烹饪制作的要点。

2. 根据获得的所有信息，将饮食生活的全过程进行清晰易懂的总结整理

开展小组讨论，让学生将看到、听到、观察、体验到的饮食生活相关信息进行总结，用图表的形式表示出来，并标注出哪些内容是学习过程中能够直接观察并理解的，哪些内容是需要学习调查明确掌握的。

案例2　小学六年级家庭学科学习的指导案例 ①

筑波大学附属小学校教师町田、万里子

一、主题：重新审视家庭生活

二、研究的课题

对于小学六年级的学生来说，他们已经在五年级的家庭学习期间进行过为期一周的家庭工作实践。在六年级开学初，完成了假期参与家庭劳动、家庭工作研究的班级主题活动汇报。通过以上实践学习，学生已经开始作为家庭中的一员参与并了解家庭生活中每日所需的工作。而学生通过实践劳动和观察后进行的汇报发言，也在一定程度上体现了自身所在家庭的生活方式及价值取向。因此，学生只有通过家庭实践工作才能够得到成长和收获，

---

① 资料来源：冈阳子编著：《小学校新学习指导要领——家庭学科课程实践案例集》，小学馆出版，2010年。

才能了解自己所在家庭现状，并能够根据实际情况对自己今后的生活进行思考。

这与五年级时通过学习简单烹饪来接触并认识家庭生活有着本质区别。

然而在教学中也会存在部分学生不能很好地把握课程学习的实践意义、学习热情逐渐降低、无法完成在家庭中需要进行的实践体验学习任务的情况。这就需要教学中教师帮助家长意识到学生的家庭观念、生活理想是需要家庭教育来配合完成的，家庭中父母拥有的人生观、价值观、责任意识、生活方式都会潜移默化地影响着学生的成长，学生在家庭生活中无意识地学习、理解、吸收着对自身成长来说有益或无益的思想观念、行为方式。父母的疏忽、家庭教育的缺失，就会造成学生生活理想的缺失。例如，饮食教育中包含丰富内容的烹饪学习也只会变成游戏训练，失去了课程教育的价值和意义。

教师在教学设计与开展中要注重支持学生自己做，要充分考虑小学生身心发展阶段的基础，将学习活动重点放在有趣的家庭实践体验活动中，以更好地帮助学生在家庭劳动体验中发现并认识自我。

通过此前对家族的学习生活，教师已经展示了家庭生活的形象和理想的家庭模式。本次课程内容以启发学生内心的家庭意识为重点，帮助学生与同伴一起回顾并思考家庭生活中的点滴。

三、目标

1. 发现自己和家人的生活，认真地感受自己作为家庭一员的责任

2. 关注家庭生活，充分发挥自己的作用

四、指导计划（5课时）

1. 调查生活时间（2课时）

调查家庭的生活时间，思考家庭关系。

2. 我与家庭生活（1课时，本次课）

通过填写工作表来描绘自己的家庭，并思考自己在家庭生活中的作用。

3. 自己创造的家庭生活（2课时）

思考交流自己想过怎样的家庭生活。

五、本次课的指导

1. 学习目标

通过学习资料及同学间的讨论，感受不同家庭的生活方式，重新审视家庭生活中自己是否对家庭建设、家庭生活有所帮助。

表2-6　学习活动的开展

学习活动	指导上的注意点
（1）从自己的体验和收集的资料来思考家庭工作所需要的时间以及家人共聚时间的变化 ①我们变得忙碌起来 ②补习、培训班学习次数的增加 ③使用更多便捷的家用生活电器等 （2）思考并回答"家庭生活是由谁来创造"的问题 （3）对于和同学存在不同意见的问题，写明并阐述理由 ①家族的作用 ②自己的作用 ③与家人的关系 ④理想中的家庭	（1）调查家人的生活时间，对于不太清楚的地方，让学生通过采访的形式进行调查，可以此为契机与家人进行一次有趣的对话 （2）注意隐私保护，发言要尊重学生的自主性 （3）思考工作表中的项目，讨论家庭生活中出现的问题 预设问题如： ①妈妈的工作比较多 ②用餐时间较分散 ③家人聚在一起的时间很少 ④熬夜 （4）能意识到不同人对家庭的依赖度和自立度，以及拥有自主性生活的重要性

六、评价

1. 能否感受到不同家庭的存在
2. 在家庭生活中能否重新审视自己在家庭中的责任与作用

第三章

日本初中的技术·家庭学科

第一节　初中技术·家庭学科的定位和特点

一、初中学校的教育定位

初中学校的教育定位是在小学教育的基础上，根据学生身心发展需要，进一步推进完善普及性义务教育活动的开展，是基础教育的重要组成部分。为完成初中阶段的教育任务，在 3 年的学习中将通过对以下目标的达成来实施教育。

● 通过校内外社会活动的开展，促进学生自主、自律，形成良好的社会规范意识与合作精神，具备较高的判断能力，并愿意为社会发展作出积极的贡献。

● 通过学校内外的自然体验活动的开展，帮助学生懂得尊重生命、尊重自然，形成对环境保护的积极态度。

● 培养学生对祖国、家乡的现状和历史有正确的认识、理解；能够热爱尊重传统文化，热爱养育自己的祖国和家乡；愿意主动了解外国文化、尊重他国，有为世界和平和发展作出贡献的积极态度。

● 培养学生掌握家族和家庭的作用，具备生活所需的衣、食、住、信息、消费等方面的基础知识和基本技能。

● 培养学生养成热爱阅读的习惯，能正确理解生活中的语言，养成良好的语言运用能力。

● 能正确理解生活中所需的数量关系，具备数量处理使用的基本能力。

● 培养学生能通过观察、实验，科学地理解生活中自然现象产生的原因。

● 培养学生养成良好的生活习惯，具备健康、安全、幸福生活的基本能力；懂得积极参加体育运动，能通过运动增强体力，满足身心健康全面发展的需求。

- 为丰富日常生活，培养学生掌握音乐、美术、舞蹈等艺术素养方面的基础知识和基本技能。

- 培养学生理解与职业相关的基础知识和基本技能，在重视对学生劳动态度和个性培养的基础上，加强对学生职业认知与发展创新能力的培养。

二、初中学校的课程

根据日本教育基本法和学校教育法，在明确中学校教育目的和目标的基础上，2008 年 3 月日本文部科学省公布了新的《中学校学习指导要领》，对课程进行了新的调整。与此同时，在日本学校教育法执行规定上，也标明了课程基本构成和标准授课时间。

表 3-1 《中学校学习指导要领》各学年的授课时间 [①]

科 目		第 1 学年（课时）	第 2 学年（课时）	第 3 学年（课时）
各科授课时间	日语	140	140	105
	社会	105	105	140
	数学	140	105	140
	理科	105	140	140
	音乐	45	35	35
	美术	45	35	35
	保健体育	105	105	105
	技术·家庭	70	70	35
	外语	140	140	140
道德课的授课时间		35	35	35
综合学习时间的授课时间		50	70	70
特别活动的授课时间		35	35	35
总授课时间		1015	1015	1015

① 资料来源：日本文部科学省：《中学校学习指导要领》，2008 年。

注：

①表中授课时间 1 个课时为 50 分钟。

②家庭学科是在小学和高中阶段使用的教科名称，在中学校（初中）的各教科（日语、社会、数学、理科、音乐、美术、保健体育、技术·家庭、外语）的科目名称中，有一门课被定为"技术·家庭"，就是指家庭领域的相关学习内容。技术·家庭学科课程各学年的总授课时间和修改前一样为 175 小时。从技术领域配备的授课时间来看，中学校（初中）的家庭领域的授课时间比小学的家庭学科授课时间要有所减少。

为了确保选修科目技术·家庭学科的授课时间安排，要求各学校必须确保 175 小时以上的学习时间，也可根据实际情况增加家庭学科的授课时间。

教育课程改进的基本的思路有以下 3 项。

①贯彻执行教育基本法修改后确定的教育思路，对学生进行生存能力的培养。

②要强调学生对知识、技能的学习掌握，重视对学生思考力、判断力、表现力的培养。

③强化道德教育和体育教育，重视培养学生丰富的心灵与强健的体魄教育课程在改进过程中，将生存能力的培养作为教育活动开展的重要目标，为实现这一目标，对教育内容中的 6 个项目进行了修改。初中技术·家庭学科的学习正是围绕着这 6 个修订后的项目进行开展与实施。

- 充实语言教育活动。
- 丰富理科与数学教育活动。
- 充实与传统文化相关的文化教育活动。
- 充实道德教育活动。
- 充实学习体验活动。
- 充实外语教育活动。

从应对社会发展变化的角度来看：信息教育、环境教育、手工制作、职业教育、饮食教育、安全教育、身心发展的理解教育等内容，需要打破学科限制，进行相互关联、完善互补的学习。以上内容都与技术·家庭学科的学习内容密切关联。因此，技术·家庭学科教育内容涵盖面较为广泛。

三、初中技术·家庭学科的特点

日本初中的技术·家庭学科，主要根据初中生的年龄特点，进行与生活相关的理解教育，其中包含对生活所需的基础知识与基本技能的学习实践，是培养学生热爱生活、创造生活、提高动手实践能力形成的必修课。

因此，初中的技术·家庭学科在小学学习的基础上更加注重对学生创造性和实践性的培养，教学中以对生活中必备的基础知识和基本技能学习为目标来组织学习活动。并且，技术·家庭学科对生活基础知识与基本技能的学习要求，不是停留在对相关理论科学理解的基础上，而是要求学生能通过日常的学习、反复实践达到在生活中的灵活运用。

随着现代科学技术的进步，在初中阶段让学生去了解所有知识、技术，从学习时间分配和学生能力上来说都不可能实现。因此在众多技术中，初中技术·家庭学科的学习选择了适合学生年龄发展特点、学习兴趣并与日常生活密切相关的基础知识、基本技能作为教学内容。

与此同时，技术·家庭学科的学习也要兼顾到各地区、学校的实际情况与学生发展需要，注重男女生在学习间的相互理解与合作，要在尊重学生兴趣、爱好、能力、适应性的基础上开展学习活动。

1989年，日本家庭学科教育协会对家庭学科进行了修订，此次修订的目的是为更好地应对社会发展变化，从男女共同合作构筑家庭生活这一观点出发，将男女生学习内容进行了统一，并提出在促进个人自立发展的同时，更好参与经营今后的家庭和社会生活。明确家庭生活的经营不仅是对生活实用技术的学习掌握，健康生活观的建立、生活心态的保持、生活环境的创造等都是影响家庭生活的重要因素，也是技术·家庭学科学习的重要内容。

总的来说，技术·家庭学科的教学是通过综合各领域的学习内容，帮助学生在学习过程中形成良好的生活理念，树立以成为自立的生活者为目标的学习态度。

第二节　初中技术·家庭学科的教学目标与内容

在 2008 年公布的《中学校学习指导要领》基础上，2012 年日本文部科学省对《中学校学习指导要领》中初中阶段技术·家庭学科目标及内容进行了修订。其特点是：

首先，强调对学习系统性和学习连续性的重视，在学习内容结构上发生了很大变化。小学阶段和中学阶段统一设定了相同的 4 个学习模块，这使得小学与中学的学习系统变得顺畅。如果把小学和中学的义务教育建立在一个一致的框架里，将日常生活中所需的基础知识和基本技能的学习贯穿始终，通过小学 2 年、初中 3 年，共 5 年对生活基础知识和基本技能的学习实践积累，必定能够落实以培养自立能力为目标的学习要求。在新修订的《中学校学习指导要领》中，要求在教学中要及时回顾之前的学习内容，明确学校教育各阶段的贯通性，将小学、中学教学过程中的一贯性、连续性作为教育的目标来实施。

其次，选修方法的改订，之前的指导要领进行了选修模块和必修模块的设定。修订后，所有模块的内容都需要进行学习。此外，为帮助学生掌握所学知识、技术，并能灵活运用于日常生活，新增了"生活课题与实践"模块。在"生活课题与实践"模块可运用并检验学生学到的知识与技术，帮助学生树立生活的信心，培养热爱生活、创造生活、积极实践的态度。技术·家庭学科的学习主要以解决问题为主，因此它的学习内容会不断充实，学生也将从家族·家庭、衣、食、住等相关内容层面进行不断地学习与实践。

再次，丰富并充实了应对社会变化的内容。这一变化体现在：对家族、家庭相关功能及认识的进一步理解和完善，包含增加与不同年龄段人交流的机会，增进相互间的理解，将与幼儿接触体验作为必修课；充实完善饮食教育；以构建可持续社会发展为目标，加强对家庭生活、消费、环境等方面的教育重视力度。

对于饮食教育的推进，在《中学校学习指导要领》第一章《总则》中提到："饮食教育推进与增强体质能力发展的指导；安全与促进身心健康发展的指导；在保健体育科、技术·家庭学科、特别活动等的教学中要根据各自教学科目的特点，进行调整改进。"技术·家庭学科的学科名被明确提出，因此在饮食教育的推进方面，技术·家庭学科也将会持续发挥重要作用。

最后，对语言活动的重视。在技术·家庭学科的教学过程中，可以充分地体验并理解衣、食、住等生活中经常使用的语言，这也是对提高交流能力培养的一种学习。同时，在学习活动开展的过程中，学生需要用语言或图表将自己的问题、想法与同伴进行交流说明，并对学习中的问题进行总结探讨，进一步加强了学生在生活实践学习中对语言交流的掌握与使用。

一、教学目标

技术·家庭学科的教学目标包含技术领域和家庭领域这两方面。两个领域的目标中有通过实践的、体验的学习掌握基础的、基本的知识与技术。下表是家庭领域目标与技术领域目标的具体内容对比，是为培养面向未来，能适应社会发展，具备良好的生存能力、生活意识的合格社会人为目标而设置的。

表3-2　技术·家庭学科的教学目标 [①]

通过学习生活所需的基础知识和基本技能，加深对相关生活技术的理解，养成热爱生活、创造生活的能力与态度	
技术领域	家庭领域
开展动手制作等实践性、体验性的学习活动。 在学习材料加工、能量转换、培育生物、信息获取等方面的基础知识和基本技能的同时，加深对技术、社会、环境三者间相互关系的理解，养成能合理评价、灵活使用技术的能力和态度	开展衣、食、住等方面的学习实践与体验活动。 在获得生活自立所需基础知识和基本技能的同时，加深对家庭功能的认识与理解，能对生活充满热情与期望，养成积极探索生活、热爱生活、创造生活、经营生活的能力和态度

二、教学内容

（一）内容构成

经过修订，技术领域包含材料与加工、能源转换、生物培育、信息技术4个模块学习内容；家庭领域也包含家族、家庭与儿童的成长，饮食生活与自立，衣生活、住生活与自立，身边的消费生活环境4个模块的学习内容。家庭学科学习在中学阶段，这4个模块的学习内容与小学阶段的学习模块设置是保持一致的，以保障小学至中学教育教学内容的连续性。此外，在修订过程中将与自立培养目标密切相关的，涵盖衣、食、住等生活多方面的学习内容，整合调整为"饮食生活"与"衣生活、住生活"两大部分。目的是在适应社会发展需要、完善并充实饮食教育的同时，将衣生活、住生活的学习提升到对环境认识的层面，以利于今后更加科学地提高生活质量。由于人在生活中通常会关注创造舒适的生活环境，因此在学习中将距离人体最近的衣环境和居住环境进行关联性较强的学习，从而提升学生对衣生活、住生活的全面认识，开阔视野、激发创造力。

---

① 资料来源：日本文部科学省：《中学校学习指导要领（技术·家庭）》，2012年。

表 3-3 初中技术·家庭学科技术领域与家庭领域的具体学习内容模块 [1]

技术领域	家庭领域
A. 材料与加工的相关技术 B. 能源转换的相关技术 C. 生物培育的相关技术 D. 信息技术	A. 家族、家庭与儿童的成长 B. 饮食生活与自立 C. 衣生活、住生活与自立 D. 身边的消费生活环境

（二）授课安排

在《中学校学习指导要领》第三项"指导计划的制订与内容实施"中，技术领域与家庭领域的授课时间分布按照贯通初中 3 年的学习来制订与实施，二者的学习时间应平均分配。

对于家庭领域中的模块"家族、家庭与儿童的成长"中的第一项"自我成长与家族"的第一点思考自我成长与家族、家庭生活之间的相互关系，将在第一学年的初始部分开始学习。通过对过去的自己、现在的自己及身为家庭一员的自己所承担的角色应具有相应的认识等内容的学习讨论，会更好地实现教学目标与领域目标的双向达成。

此外，技术·家庭学科在教学中强调与相关课程的有效结合。在新增课程"生活课题与实践"的学习中，可以将技术·家庭学科中部分学习内容安排在"生活课题与实践"课程学习的后期来开展，即"家族、家庭与儿童的成长"中第三项"关注家族或幼儿的生活"，发现有关家庭关系或幼儿生活的相关课题，制订计划并付诸实践；"饮食生活与自立"中第三项"关注饮食生活"，观察确立日常饮食生活或者地方饮食中食材活用的特色烹饪活动，进行实践计划的制订与实施；"衣生活、住生活与自立"中第三项"关注服装与居住"，发现自己对生活中穿衣或居住方面感兴趣的问题。这些学习内容都适合在"生活课题与实践"课程学习中来开展。在学习过程中可以采用理论学习、技术实践、思考讨论等多种方法，目标是要以培养学生未来的生活能力和促进学生实践生活态度的养成来设计教学。

---

[1] 资料来源：日本文部科学省：《中学校学习指导要领（技术·家庭）》，2012 年。

如上所述，修订后的技术·家庭学科作为选择科目在学习时间上会存在一定的困难。因此，可利用综合学习时间或生活课题与实践等相关课程的学习来充实、完善学习内容，弥补有限的授课时间。从综合发展的角度，实现教学目标与领域目标的达成。

第三节　初中技术·家庭学科的指导计划

一、指导计划的准备

日本文部科学省在 2008 发布的《中学校学习指导要领》中首次提到教育内容的基准和标准。这只是针对全国中学进行的总括，教师在实际工作中仍要根据各地区、学校的情况制订适当的指导计划；以都、道、府、县、市、町、村为单位，各级教育委员会协助组织一线教师研究制订教育计划。但各学校最后还是要在综合考虑本校的实际发展、学生特点、所在地区等因素的基础上，进行指导计划的制订。以下事项是在制订指导计划之前先期进行调查的基础事项。

（一）地区调查

学校所在地区的产业及职业分布，地区的经济情况、未来的规划、地区传统与历史、现在面临的问题、家长们的希望等。

（二）学生调查

生活经验、学习必要性、兴趣、能力、未来的理想，毕业生的基本情况与发展。

（三）家庭调查

家庭住所情况，家庭成员及家族构成、经济情况、职业、生活习惯、教育理念、家庭成员的性格特点等。

（四）学校调查

学校的位置、班级数、学生数、学校条件、教师构成、学校活动、教育方针、学科的指导状况、指导教师的能力等。

调查方法可参考已经发布的相关最新统计资料，利用访谈、问卷调查等方法。调查要在充分注重隐私保护的前提下进行，调查中要注意方法、特点的把握。最后，在调查的基础上可进行教育指导计划的设计。

二、指导方针的制订

首先对收集到的资料进行参考分析，其次兼顾到所在地区特点、学校的实际状况、学校的教育方针、学生能力及家长的要求，最后，在此基础上进行学校技术·家庭学科教育指导方针、策略的制订。明确学校在技术·家庭学科教育中所期望的目标事项及学生的培养方向。

三、指导方向与教学内容构成

根据教育方针选定适当的指导事项，决定教学内容。可以根据项目选择1个教学素材如饮食生活中可以选择"食材的选择与制作"作为教学素材，也可选择1个项目（如饮食与健康）采用2个以上的教学素材（每日饮食、初中生每日所需营养素、健康饮食计划）等。如果2个项目选用1个教学素材，要注意素材的融合渗透及相互间的关联性使用。

四、各学年指导计划的制订

各学年指导计划的制订，要在确定指导事项和教学内容构成的基础上进行设计，要注意年度学习计划中内容项目的选择及学习时间数的合理分配，并在此基础上制订出完整的学年指导计划表。学年指导计划表在实施中可根据各学年的学习任务要求进行灵活适当的调整。

第四节　初中技术·家庭学科的教学重点

一、授课时间的减少

2008 年，日本文部科学省发布的《中学校学习指导要领》对技术·家庭学科的授课时间一直按原有的指导要领实施，并无明确调整。但为提高教育课程的共通性，2012 年新版《中学校学习指导要领》取消了选修科目的学习时间，并在《总则》中提出要减轻学生学习负担过重的问题。因此，只能在标准的授课时间框架内进行选修科目的开设，选修科目的学习时间应正确地理解为不是削减而是缩减。

技术·家庭学科要在 3 年的学习过程中完成 175 学时的学习时间，即家庭学科中家庭领域学习时间为 87.5 学时、技术领域的学习时间也为 87.5 学时。修订前，学校要在有限的授课时间内丰富教学内容，就要按照学生的需求和愿望，以基础发展为目标开设家庭学科的系列选修课，并依次完成课程的教学内容。而 2012 年版《中学校学习指导要领》对选修课的开设进行了严格限定，家庭学科作为选修课的授课时间被大幅度缩减，学生的学习时间和学习机会也存在明显不足的问题。

为补充作为选修科目开展的课程授课时间，各学校鼓励积极利用综合学习时间，在综合学习时间课程中进行家庭学科相关教学内容的设计，借此弥补学习时间不足的缺点，丰富学习内容，落实学习目标。

二、实践的地位与意义

技术·家庭学科的实验、实践主要采用调查、研究、观察、实操等方法，在开展与婴幼儿或老年人互动交流的学习活动时会经常使用以上方法。其中，技术·家庭学科的实践项目还包括烹饪实践与服装制作的实践等学习内容。

2008年《中学校学习指导要领》的修订中，对"服装的制作"实践进行了调整。"服装的制作"实践以往只作为选修课来学习，在改订后的"衣生活"模块学习中"服装的制作"部分要求所有学生都要进行学习。同时"服装的制作"这一模块变更为"布类物品的制作"。"布类物品的制作"中包含了服装制作的环节，其学习涵盖面更加广泛。这与技术·家庭学科以往专注学习制作衣物、短裤的时代相比，修订后的技术·家庭学科对服装制作的学习要求减少了，对生活中充满创意的"布类物品制作"的学习有了进一步的重视和提高。

随着学习内容的变化，学习意义也发生了明显改变。修订前"服装的制作"学习目标是通过学习掌握覆盖身体的衣物的基本构成，并在此基础上掌握衣物的简单制作。这意味着对"服装的制作"学习并非只是简单的手工艺学习。"掌握覆盖身体的衣物"包含了通过学习制作衣物来了解人的身体构造与行动特点。而"布类物品的制作"中提到：要掌握并学会使用各种服装补修和养护的技术，这就对日常服装的保养、保修技术的学习有了较高的要求。同样，烹饪实践的学习目标在修改后加强了对饮食教育中生活文化的理解与培养，更加侧重教育教学过程中的责任性与价值性的实现。

由于烹饪和服装制作的学习过程中，既要激发人的潜在能力，又要帮助学生开阔生活文化视野。而在有限的学习时间内，还要对学生进行制作技术能力的培养。因此，为了更好地实现以上学习目标，在教学中可以结合新增设的"生活课题与实践"课程，对学生进行实践能力的培养，也可利用综合学习时间进行制作技术能力的学习训练。

教师在教学设计中要能够充分意识到对学生进行制作技术能力培养的

重要性与教育实施过程中存在的问题，只有这样才能够准确把握技术·家庭学科教育的关键。

三、学习指导案例

案例1　初中第3学年技术·家庭学科学习指导[①]

授课教师：芳原庆子

班级：三年级二班

学生数：男生 17 名、女生 19 名，共计 36 名

这则学习指导案例是日本长野县中野市立平中学校的技术·家庭学科的公开研究课。保育领域的体验学习是本次课程的主要内容，要求学生在回顾自身成长的过程中，不能只将学习思路停留在狭义的保育学习领域，而是要能够全面分析自身成长与家族、社会三者之间的关系。

一、主题：与幼儿的接触交流（15 课时）

二、主题设定的理由

随着社会的发展，独生子女增多，在自身成长过程中完全没有接触过幼儿的学生人数在不断增加，社会及生活环境造成现阶段的学生在生活中多以自我为中心，无法理解自身的成长发展过程及家庭和社会的付出。通过去保育园观察学习，学生可以接触到幼儿，并从幼儿的成长过程中获得学习和启发。在与幼儿接触的过程中，学生会主动思考如何帮助幼儿选择合适的游戏、懂得关注幼儿在游戏过程中的安全，这些思考与转变都能更好地帮助学生认识成长与发展中自身、家庭和社会的作用。

通过与幼儿的互动学习，每一位学生都能获得属于自己的体会和感受，在没有标准答案的基础上，要求每一位学生都能认真对待，通过自己的实践学习，思考、体会人与人交流互动的恰当方式。尤其是在与幼儿的互动学习中，希望学生能回顾并结合自己的童年成长经历，思考自身作为家庭一员存在的重要性与价值，掌握与人交流过程中面对不同人群、不同场合需要的交流方法。

---

① 资料来源：东京学艺大学附属世田谷中学校，公开研究会资料，2012 年。

由于保育学习需要与幼儿直接接触，学习中不仅要求学生能理解幼儿的成长，更要求学生能够思考自己所处的位置、自身的成长经历、人的发展与家庭社会的关系等内容，这些都有利于促进学生掌握成长发展的过程。

三、教学目标

学生在保育园的第1次访问学习中，要根据各自设定的课题，通过相关资料的收集和访谈解决课题中的问题；在第2次访问学习中，要在兼顾幼儿发展阶段和个性特点的基础上，积极组织活动与幼儿进行互动交流。

表3-4 教学目标的设定

关心·热情·态度	创意·功夫	技能	知识·理解
愿意与幼儿积极互动交流，并能在理解幼儿的基础上关心、爱护幼儿	在兼顾幼儿发展阶段与个性特点的基础上能够设计适合幼儿的游戏	在兼顾幼儿发展阶段与个性特点的基础上能够与幼儿愉快地进行游戏	掌握幼儿的年龄特点和发展阶段，能以幼儿的成长和家庭为中心，思考并理解家人之间的关系及相处方式

四、具体教学内容的开展（共15课时）

表3-5 教学内容的开展

学习问题	学习活动	指导·评价（○）	课时
1. 对保育园进行访问学习的计划制订	观看进入保育园的观察录像，发现自己感兴趣的学习内容；观察小组的分配及注意事项的确认	通过观看录像能发现自己的关注点；注意与幼儿的接触方法掌握安全事项；○学生是否能独立制订出访问学习计划	1
2. 在与幼儿游戏过程中了解幼儿的情况	在与幼儿游戏的过程中观察幼儿的生活；进行观察总结，内容包含对幼儿的认识理解或对幼儿生活的相关发现	帮助交往不积极的学生创造交流契机；○能否与幼儿愉快地游戏	2
3. 对促进幼儿成长的方法进行总结	对观察实践中遇到的困难与发现的问题进行汇报发言；各小组对幼儿身心发展与游戏活动等相关内容进行总结发言	从困难与麻烦的事情中，找出解决问题的方法；○是否能在自己制订的课题中认真实践学习、并能发现问题、解决问题	4

（续表）

学习问题	学习活动	指导·评价（○）	课时
4. 为二次进入保育园实践学习做好准备工作	为幼儿制作喜欢的礼物；在调查实践的基础上再次进行访问计划的制订	在对访问学习进行反思与调查的基础上，进行第2次访问学习计划的制订；○游戏玩具的制作中能注意到幼儿的使用性与安全性	6
5. 与幼儿再次进行游戏活动	按照制订的计划再次与幼儿进行接触；对访问学习进行总结，回顾活动；总结通过实践学习，从幼儿成长中获得的知识感悟，以及在生活中的运用效果	在安全的基础上进行游戏活动的开展；○能否与幼儿进行愉快的游戏；○是否具有实践学习的热情	2（本次课）

五、本次课的学习指导方案

1. 本次课的位置（本次课的学习时间为第 15 课时）

前次课回顾：明确第 2 次实践学习的目标，并思考能够达成目标的具体操作方法。

下次课内容：对幼儿生活习惯与饮食生活特点的调查。

2. 主要目标

学生能带着关于幼儿发展的相关问题，进入保育园进行实践学习，并能在活动中及时反思总结，将遇到问题与园长进行积极交流，掌握恰当的解决方法，明确自我成长与幼儿发展的密切关系。

3. 自我拓展学习（明确认识）

（1）要求学生从自我成长与幼儿成长相关联的视角出发进行学习，促进学生学习拓展能力的提高。

（2）讨论实践学习中使用的方法，帮助学生了解健康成长的有效途径。

4. 指导上的注意点

（1）与幼儿游戏互动过程中，能注意安全性的把握（活动时幼儿重心的位置、高度等）。

（2）在明确实践学习目标、实践活动开展方法的基础上，能与幼儿积极进行互动游戏。

5. 开展过程

表3-6　教学开展过程

	学习活动	学生的状态 （预想）	指导·评价（○）	时间 （分）
课题把握	1. 实践学习中自我课题确定	·能大声地问好； ·能组织幼儿共同进行游戏活动； ·能合理设计并掌握活动的开展，不会让幼儿出现危险	·在第一次实践学习基础上，明确本次活动中值得借鉴的经验； ·对前次活动中表现不太积极的学生，在本次与幼儿游戏活动前给予相关的指导建议； ○能否独立完成课题的设计	根据个人需要，自行安排时间设计练习活动开始前的准备工作
开展	2. 保育园实践学习，与幼儿接触（组织幼儿进行有趣的游戏）	·学生紧张情绪有所缓解； ·能记得之前与自己一起游戏的幼儿； ·能尝试组织多种多样的游戏； ·能恰当文明地使用语言	·对游戏活动的安全性进行确认，关注活动过程中的各环节； ·对不能顺利融入游戏的学生给予语言指导，如可提示学生带领幼儿进入沙池开展游戏活动； ·及时认可学生的努力； ○在与幼儿进行游戏活动的过程中，能时刻关注幼儿的需求	90
		（告别）（离开）	（休息时间）	15
	3. 进行访问实践学习的总结	·从自己的观点出发对本次活动计划的实施情况进行总结； ·感到非常愉快； ·与前次相比能顺利地组织并进行多种游戏活动； ·能自己主动进行沟通交流； ·还不能与幼儿进行愉快的游戏	·对实践学习总结写不出来的学生，可要求他们按照活动流程如实记录下游戏过程及幼儿的游戏状态； ·通过与幼儿活动过程的具体记录描述，来回顾总结自己的活动开展效果； ·对没能融入游戏活动的学生，也要及时肯定学生的努力	10

（续表）

	学习活动	学生的状态 （预想）	指导·评价（○）	时间 （分）
开展	4.讨论与幼儿相关的问题，包括实践学习中的发现和感到困惑的难题。	·能主动寻找话题与幼儿交流； ·与幼儿牵手时能感受到愉悦； ·视线相平地与幼儿进行对话； ·能在与幼儿交流过程中，更好地理解幼儿的语言表达	·小组讨论本次实践学习的收获与困惑； ·学生们向园长请教解决不了的问题	20
	5.思考自己与幼儿的关系	·开心是与幼儿一起开怀大笑； ·开心是因为在和幼儿一起游戏的过程中感到自己如同回到了童年； ·倾听保育老师的建议； ·体会到让幼儿感到欢乐是一件值得高兴的事； ·能让自己与幼儿都感到愉快； ·能思考自我与家庭的发展	·通过与保育老师对话，了解幼儿与初中生游戏活动时的体验和感受； ·通过活动让学生和幼儿能够共同感受到快乐； ○能从成长发展的角度出发来思考、关注自身发展与家庭发展的关系	15
整理拓展	6.通过对本次活动的总结，了解后续活动的要点	·理解与自己开心相比让幼儿高兴快乐更有价值； ·能体会为他人着想的重要性	·总结保育实践学习活动中自己获得的体会和感悟； ·后续活动要注重对日常生活习惯和饮食习惯进行调查研究	5

六、相关案例参考——开展融合保育、家族与家庭生活的学习的案例

表 3-7　融合保育、家族与家庭生活教学过程

活动	课时安排
1. 对学习的预想 ・保育学习调查； ・学习预设； ・观看视频，回顾生命诞生与成长的过程	1 课时
2. 对自己幼儿期成长的调查 ・制作自我成长史的前半部分	2 课时
3. 准备对保育园进行访问学习 ・访问计划的制订； ・观看历届学生进入保育园访问学习的录像，掌握访问学习要点； ・完善访问计划； ・明确访问注意点； ・分小组进入不同年龄段班级与幼儿进行活动	4 课时
4. 对幼儿生活与成长进行相关调查 ・针对遇到的困难与想要调查的学习内容进行发言； ・各小组根据自己预先设定的访问学习课题，进行调查后相关内容的发言	4 课时
5. 再次进入保育园与幼儿进行游戏 ・第二次访问学习计划的制订； ・游戏玩具或礼物的制作； ・进入保育园按照自己设定的计划与幼儿进行游戏； ・通过学习活动的总结，加深对幼儿的理解	8 课时
6. 制作适合幼儿的点心 ・在回顾以往与幼儿接触发现的同时，对幼儿的生活习惯与饮食生活特点进行调查； ・思考适合幼儿的点心，制订实习计划； ・分组进行实习活动	4 课时
7. 对环境的思考 ・幼儿与环境； ・生活所在城市的环境； ・公共设施/福利设施/自然； ・地区与自我成长的关联	4 课时
8. 重新审视与家族相关的事物 ・重新审视自我与家庭的关系； ・如何让老年人生活得更好，探访养老院	5 课时

（续表）

活动	课时安排
9.学习总结 ·对保育方法·意义的思考； ·对保育学习的总结； ·为所参观的保育园、养老院书写感谢信； ·通过学习，总结完成自我成长史的后半部分	3 课时

案例 2　初中第 3 年技术·家庭学科

八丈町立富士中学校学习指导方案[①]

授课教师：堀木恭子

课时：共 20 课时

本案例是来自东京都教员研修中关于技术·家庭学科的学习指导方案，此方案有效结合了所在地区的传统手工技艺，以培养学生对传统文化、传统技艺的热爱为出发点，提升学生对家乡传统文化的认识与自信。

一、主题："服装的构成、浴衣的制作、对黄八丈[②]制作过程的纺织体验"

二、主题设定理由

本主题材以制作学生感兴趣的浴衣为例，实践、学习掌握服装的构成与制作方法。在学习过程中还包含了体验具有地方特色的传统工艺——黄八丈的纺织制作。学生通过对黄八丈纺织制作过程的学习体验，加深对地方传统生活、传统技艺的理解与思考，更好地认识自然界对人类生活的影响。

三、单元目标

1. 促进学生对日常服饰，尤其是传统和式服装构成要素的认识

2. 学生在体验学习、资料收集、机器使用的过程中，能提高学习的主动性和探索性

---

① 资料来源：东京学艺大学，公开研究会资料，2013 年。
② 黄八丈是日本八丈岛著名的机织丝绸布料，通常呈黄色、棕色和黑色，制作时采用岛上所产的天然染料将丝线染色后再用传统的脚踏织机、手动梭织机进行精细的编织。

四、指导计划（20 课时）

表 3-8　指导计划

	课时	○学习活动 学生的想法与思考	◇促进学生灵活思考、寻找窍门的方法与手段
1	10	○关于浴衣 ·能给自己制作一件浴衣吗； ·浴衣是由什么样的服饰配件构成； ·浴衣通过什么程序制作完成	◇提供样品，帮助学生建立作品完成后的大致形象； ◇将形状打印在布料上作为教材，用缝纫机缝制； ◇为激发学生学习热情，可让学生自由挑选喜欢的花纹图案； ◇学生可制作一张包含自己学习进度、学习完成度、自我学习评价的学习反思卡
2	3	○浴衣的穿法 ·我该怎么穿我做的浴衣； ·会不会穿出西装的感觉； ○腰带的系法 ·腰带要怎么系才好看； ○浴衣的叠法 ·浴衣是怎么折叠起来的； ·为什么要用这样的折叠方法	◇各自准备穿衣方法的相关资料； ◇和学生一起实践穿着浴衣； ◇介绍传统服装穿着时的注意要点和心态的保持； ◇为学生能理解服装的平面构成准备相关的学习资料
3	3	○对传统服装的调查 ·传统服装都有哪些； ○了解织布的方法 ·布的织法都有哪些； ○加深对地区传统染色制作工艺，黄八丈的思考 ·黄八丈是如何制作的	◇提供样品，帮助学生建立作品完成后的大致形象； ◇将形状打印在布料上作为教材，用缝纫机缝制； ◇为激发学生学习热情，可让学生自由挑选喜欢的花纹图案； ◇学生可制作一张包含自己学习进度、学习完成度、自我学习评价的学习反思卡
4	2 （本次课）	○体验织布 ·布是怎么做成的； ○关于黄八丈 ·黄八丈是如何制作的； ·岛外的人是如何看待的	◇去黄八丈的制作工坊，实践体验制作过程； ◇学习对黄八丈制作过程的讲解； ◇体验黄八丈的制作过程

（续表）

课时		○学习活动 学生的想法与思考	◇促进学生灵活思考、寻找窍门 的方法与手段
5	2	○学习总结 ·自己对浴衣的制作是否满意； ·通过对传统服装的学习制作和对黄八丈制作的织布体验取得的收获与感想； ○对自制浴衣开展校内鉴赏展示会的活动 ·作品该如何展示； ·欣赏同学的作品	◇用自己的语言将学习中获得的知识、感想，书写成文进行发言； ◇从作品自身的内在出发思考展示方法； ◇同学间对作品的互评讨论； ◇对作品的自我评价

五、本次课的学习（黄八丈的制作体验）

1. 时间：10 月 25 日（13：20 — 14：10）

2. 班级：初中三年级全体学生

3 目标

（1）在黄八丈制作体验的过程中，初步掌握纺织品的构成。

（2）加深对民间传统手工艺的理解。

4. 指导要点

（1）与传统手工艺人进行交流，加深对黄八丈制作工艺的了解、兴趣。

（2）通过对纺织技术的实践体验，思考布的由来与构成。

（3）愉快地体验制作布艺饰品。

5. 时间计划

13：00 从学校出发（1 辆车）

13：05 到达纺织工坊

13：20 授课开始，课堂导入

13：25 本次课的开展：纺织制作实践

14：05 总结

14：10 授课结束，纺织工坊出发（1 辆车）

14：15 到达学校

6. 教学设计

表3-9 教学设计

	学习活动	指导的注意点	评价要点
导入（5分钟）	·回顾前次课的内容； ·明确本次课纺织体验的学习目标	·对前次课的学习内容进行针对性的提问； ·对本次课纺织制作体验学习中的注意点进行强调	·携带学习材料，在学习过程中能专心致志地学习与体验
开展（40分钟）	·问好； ·听取对黄八丈制作工坊的介绍； ·通过对黄八丈的制作体验、问题的提出，加深对相关知识的理解和掌握； ·总结感谢	·对学习前的礼貌问好及学习礼仪的指导； ·对染色学习在实际过程中的注意事项进行实践学习前的说明指导； ·要求认真体验，仔细思考	·在本次课学习中能积极思考认真专注； ·能够理解纺织物品的构成； ·加深对地方传统手工艺的理解； ·能愉快地体验布艺品的制作
总结（5分钟）	·回顾本次课对黄八丈织物的体验学习； ·对本次课的学习内容进行总结确认	·明确体验学习内容； ·下次课将在本次课学习体验、基础上，对完成的实践学习报告进行汇报讨论	·能明确掌握本次课的学习内容； ·能明确下次课的学习目标

第四章

日本高中的家庭学科

第一节　高中家庭学科的定位和特点

一、教学定位

高中教育是在初中教育的基础上，根据学生身心发展特点和升学指导要求，以高等普通教育、专门教育为目标来开展实施。高中教育阶段的总目标可通过以下具体教育目标来实现。

- 发展和充实普通教育的成果，进一步培养学生健全的个性、创造性、健康的身体，形成作为国家和社会构成者应具备的必要资质。

- 培养学生在养成自觉承担社会使命意识的基础上，能充分考虑个人发展特点，为未来人生道路的选择进行专业知识、技术技能的学习，提升专业化素养。

- 在确立个性发展的同时，养成对社会广泛的理解与健全的批判性思维，培养愿意为社会发展作出积极贡献的态度。

二、教育课程

如下表，日本高中学习阶段各教科、科目以及综合学习时间的标准单位（学分）数所示，学生在高中对家庭学科的专业课程学习需要修满10个标准单位（学分）数，才能达到毕业要求。按照高中学习规定，1课时时间是50分钟，35课时可换取1个单位（学分）的学习要求，高中家庭学科学习将达到350个课时，学习内容涵盖：家庭基础（70课时）、家庭综合（140课时）、生活设计（140课时）三方面。

表 4-1　各教科、科目及综合的学习时间标准单位（学分）数 ①

教科	科目	标准单位（学分）数
国语	国语综合	4
	国语表现	3
	现代文 A	2
	现代文 B	4
	古典 A	2
	古典 B	4
地理、历史	世界史 A	2
	世界史 B	4
	日本史 A	2
	日本史 B	4
	地理 A	2
	地理 B	4
公民	现代社会	2
	伦理	2
	政治·经济	2
数学	数学 I	3
	数学 II	4
	数学 III	5
	数学 A	2
	数学 B	2
	数学活用	2
理科	科学与人类生活	2
	物理基础	2
	物理	4
	化学基础	2
	化学	4
	生物基础	2
	化学	4
	生物	2
	地理学基础	2
	地理学	4
	理科课题研究	1
保健、体育	体育	7 ~ 8
	保健	2

---

① 日本文部科学省：《高中学校学习指导要领》，东山书房出版社，2010 年。

（续表）

教科	科目	标准单位（学分）数
艺术	音乐Ⅰ	2
	音乐Ⅱ	2
	音乐Ⅲ	2
	美术Ⅰ	2
	美术Ⅱ	2
	美术Ⅲ	2
	工艺Ⅰ	2
	工艺Ⅱ	2
	工艺Ⅲ	2
	书道Ⅰ	2
	书道Ⅱ	2
	书道Ⅲ	2
外语	交流英语基础	2
	交流英语Ⅰ	3
	交流英语Ⅱ	4
	交流英语Ⅲ	4
	英语表现Ⅰ	2
	英语表现Ⅱ	4
	英语会话	2
家庭	家庭基础	2
	家庭综合	4
	生活设计	4
情报（信息）	社会与情报（信息）	2
	情报（信息）科学	2
综合学习时间		3～6

三、高中家庭学科的特点

2009 年，日本文部科学省新修订的《高中学习指导要领》中提到家庭学科的学习特点与之前相比有了较大的改变。根据 2006 年日本教育基本法和学校教育法的修订，家庭学科在教育中可适当加入道德教育和饮食教育等相关教学科目的内容。

家庭学科是以生活中为主体的个人生活方式及所在家庭状态为核心而

进行的学习研究，以谋求生活质量的提高。为此，要在明确家族成员（个人）尊重人权与责任的基础上对学生进行自立的培养，在学习中促进个人与家庭成员的共同成长，促进学生人际关系的形成。高中家庭学科的教学目的与小学、中学保持一致，只是在具体目标要求上有了进一步的提高。

在以往的《高中学习指导要领》中要求家庭学科注重专业教育，这使得家庭学科在教育中引入了职业教育的视点，即学生在对自身现有的生活状态与未来生存方式进行思考的基础上，可自主地选择与今后发展道路相关的学习内容。因此，教育实施过程中需联合地区与行业共同开展，而学生在行业中长期实习活动的开展，也促进了家庭学科学习体系中就业体验学习科目的编写。目前家庭学科在探讨现代人类基本生活状态的基础上，也支持培养出一批生活产业类专门人才，家庭学科教育已经承担起对家庭生活、家族、家庭观念培养的重要作用。

第二节　高中家庭学科的教学目标

家庭学科教育目标是通过对家庭生活中所涉及内容进行系统、综合的学习，培养学生掌握、理解家庭生活的意义与重要性，增强其责任意识与判断力，使其具备应对复杂家庭生活的能力，具备积极向上热爱生活、创造生活的实践能力。通过对人生的展望，将人的生存环境从家庭扩展到地区、社会，培养学生发现问题，并自主解决问题的实践能力。同时作为专门教育的家庭学科，在教育过程中也应注重学生对生活产业相关内容的理解与掌握。

一、高中家庭学科的教科目标 ①

表 4-2　家庭学科的教科目标

作为共通科目的家庭学科	作为专门学科的家庭学科
在综合把握人生发展与生活经营的基础上，理解关于家族、家庭意义、掌握家族、家庭与社会发展的关系，培养作为家庭主体的男女共同合作创造家庭生活、社会生活的能力和积极参与实践生活的态度	掌握与家庭生活息息相关的产业基础，包括对专业基础知识与基本技能的学习。在对生活产业的社会意义和作用理解的基础上，能以生活产业课题为核心，以提高生活质量、推进社会发展为目的，提升创造生活的能力和参与生活实践的积极态度

二、与家庭相关的科目

（一）科目构成

日本高中的家庭学科从高中学生身心发展特点和学习能力出发，要求学生更好地认识家庭，理解家庭的意义、家庭和社会的关系，明确男女合作创造家庭生活、社会生活的重要性，掌握相关的技术能力。因此，高中家庭学科的学习科目如表 4-3 所示共计 23 个。其中家庭基础、家庭综合、生活设计作为公共必修的 3 个科目。同时在此基础上，围绕 3 个必修科目，设置了从生活产业基础开始至公众卫生结束，共计 20 个专业学习科目。其中生活设计、生活产业情报、儿童的发展与保育、儿童文化、生活与福祉、时尚造型基础、时尚造型 7 个科目为新增科目。学生可按照学分要求学、习兴趣选择相应的课程，但生活产业基础、课题研究是所有学生必修的科目。

---

① 资料来源：日本文部科学省：《高中学校学习指导要领》，东山书房出版社，2010 年。

表 4-3 家庭相关科目的构成 [①]

各学科共通的家庭学科目（3 科目）		
家庭基础 2 单位（学分） 70 课时	家庭综合 4 单位（学分） 140 课时	生活设计 4 单位（学分） 140 课时

作为专门学科开设的家庭学科科目（20 科目）																			
生活产业基础	课题研究	生活产业情报	消费生活	儿童的发展与保育	儿童文化	生活与福祉	起居室设计	服饰文化	时尚造型基础	时尚造型	时尚设计	服饰手艺	饮食搭配	饮食文化	烹饪	营养	食品	食品卫生	公众卫生

三、科目实施要求

对与家庭相关的科目，《高中学习指导要领》中的《家庭》第 2 条中提到各科目的目标、内容、内容选择，第 3 条中提到所有科目的共通的指导计划的制订与内容的选择。

各科目的目标、指导项目、指导事项的详细解说，在日本文部科学省发行的《高等学校学习指导要领解说（家庭篇）》中进行了记录。

学习指导要领中列出的项目内容，原则上都要认真操作，在理解教育要领及教育要领解说中提到的最基础、最基本的学习宗旨基础上，可根据所在地区、学校、学生的实际情况给予灵活、适当的指导。

---

① 资料来源：日本文部科学省：《高中学校学习指导要领》，东山书房出版社，2010 年。

第三节　家庭基础、家庭综合、生活设计的目标与内容

一、家庭基础、家庭综合、生活设计的目标

家庭基础的目标是对人的一生与家族、家庭、社会福祉、衣食住、消费生活等相关基础、基本知识与技术的学习。在解决家庭和地区生活课题的同时，培养学生具备提高生活水平的技能，促进学生养成积极参与生活、热爱生活、创造生活的良好生活实践态度。

家庭综合的目标是对人的一生与家族、家庭，儿童、高龄者相关的社会福利、消费生活等相关知识与技术的综合学习。在解决家庭和地区生活课题的同时，培养学生具备提高生活水平的技能，促进学生养成积极参与生活、热爱生活、创造生活的良好生活实践态度。

生活设计的目标是对人的一生与家族、家庭、福祉、消费生活、衣食住等相关知识与技术的体验学习，在解决家庭和地区生活的同时，培养学生具备提高生活水平的技能，促进学生养成积极参与生活、热爱生活、创造生活的良好生活实践态度。

三个科目的共同点是都重视培养学生掌握以经营家庭生活为主的生活实践能力，重视培养学生热爱生活、创造生活的积极态度，重视培养学生掌握经营家族和家庭生活的综合技能，提升对学生社会适应性的培养和对消费生活的科学理解。同时，以上各科目都强调采用实践学习的方式，如要求学生通过日常的实习与实践活动来分析掌握所在家庭的生活状态、所在地区的生活模式，在实践中提高自身发现问题、探索问题、解决问题的

能力、和勇于参与生活实践的积极态度。

二、家庭基础、家庭综合、生活设计科目的内容

表 4-4 家庭基础、家庭综合、生活设计的指导项目

家庭基础	家庭综合	生活设计
（1）人的一生与家族、家庭及社会福利 （2）生活的自立与消费、环境 （3）家庭项目与学校家庭的小组活动	（1）人的一生与家族、家庭 （2）与儿童、老年人相关的社会福利 （3）对生活经济的计划与消费 （4）生活中的科学与环境 （5）人生的生活设计 （6）家庭项目与学校家庭的小组活动	（1）人的一生与家族、家庭及社会福利 （2）在考虑消费及环境因素的基础上对生活形态的确立 （3）饮食生活的设计与创造 （4）衣生活的设计与创造 （5）住生活的设计与创造 （6）家庭项目与学校家庭的小组活动

以上三个科目中的共通内容为：家庭项目与学校家庭的小组活动。家庭综合学习模块设有"人的一生与家族、家庭"的学习内容，家庭基础、生活设计模块设有"人生与家族、家庭及社会福祉"的相关学习内容。各模块虽部分内容有所差异，但"人的一生与家族、家庭"的相关内容都被定为指导项目的首选。

从共通的学习内容中可以明确，家庭学科学习过程中应掌握的基本思路与内容即理解家族、家庭生活的本质与构造的相关学习内容，与消费教育、环境教育相关的学习内容，衣、食、住等促进生活自立的相关学习内容，面对少子化、高龄化社会到来的准备教育、福祉教育等相关内容。以上各部分学习设计相互关联性强，是学生们面对未来生活必须掌握的学习内容。

《高中学习指导要领》中规定，原则上要把学习中一半以上的学习内容分配到实验和实习中，不能只偏重于理论的学习。"家庭项目与学校家庭的小组活动"体现了家庭学科学习的独特性，学生需要通过亲身体验，参与实践活动来学习。因此，家庭学科的学习也是一项重要的实践学习指导项目，教师要通过对实践活动开展过程中的有效指导，重点培养学生发现问题、解决问题的能力以及愿意作为志愿者参与地区社会活动的热情和积极性。

第四节　家庭项目与学校家庭社团的活动

一、家庭项目

家庭项目（Home Project），与对家庭学科以往课程的预习和复习有所不同，家庭项目是学生自主地在各自的家庭中发现问题，并利用上课时积累的知识和技术，制订出适当的计划，寻求问题解决方法的系统性、实践性学习。目的是提高学生改善生活、能积极解决生活中的问题的能力，培养学生热爱生活、创造生活的能力与实践生活的态度。

美国教育家有威廉·赫德·克伯屈提出的"项目方法"包含：有完整的行为并具有目的、计划、能接受评估和判定，因此这一方法适用于家庭学科的家庭项目。

家庭项目的开展是对生活的学习，关系到个人成长与家庭生活质量的提升，其意义在于提高家庭生活的水平，提升家族、家庭的幸福指数，提高对生活的积极态度和热情。

对于家庭综合必选三科目中家庭项目的实施，可利用暑假、寒假等较长的假期时间来完成。为此，要根据教育课程及实施过程中学生个人及家庭的实际情况制订适当的计划，教师从而给予相关的指导。

在制订计划时，要注重明确区分授课时间内的指导项目与作为课外活动、学校仪式活动的指导项目。尽管如此，活动实施过程中还会存在与"综合学习时间"发生冲突的情况。因此，进行学校学年相关计划开展实施图表是有必要的。

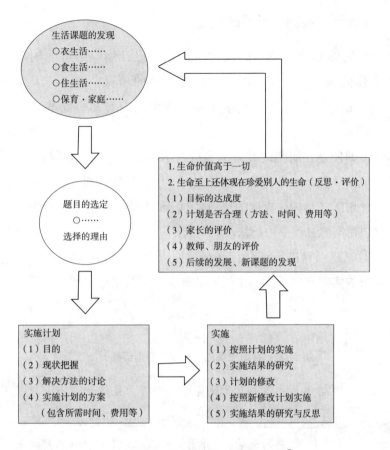

图 4-1　家庭项目的实施过程图 [①]

二、指导的注意点

（一）题目的选定

首先，学生所学的内容可根据自身的能力灵活地选择题目，在此基础上建议能够从各个家庭的生活实际情况出发，选择能够实施、能够得到家人理解和协助的生活课题来学习实践。

---

① 资料来源：日本文部科学省：《高中学校学习指导要领解说（家庭篇）》，开隆堂出版社，2010 年。

（二）计划、实施、反思的过程

计划的实施是为达成目的而进行的，所以计划应尽可能细致、周全，把工作的顺序、预定的时间、所需经费的预算、学生的人数等相关内容进行记录分析，在得到学生所在家庭的理解和协助基础上进行指导。

同时，即便是在周密的准备下实行，学生也会遇到许多困难。因此，教师适当地指导和帮助是非常必要的。对于实施后的计划，要进行计划实施过程与计划实施目标达成度的反思。对于计划制订不合理的地方，要及时在家庭项目实施过程中进行修改、完善。

如何对家庭项目进行评估，必须按照以谋求充实的家庭生活，培养对生活积极的实践态度等学科中提到的教育目标为依据，严谨地进行分析评价。

案例1：帮助生病的爷爷保持心情舒畅 [①]

埼玉县立深谷女子高等学校　井上美智子

一、题目选择的理由

我家有一位70岁的爷爷。3年前患脑出血倒下了，在长期的医院康复之后，已经能够自己在院子里散步，2年前再度复发造成左半身不遂。此后，在爷爷的强烈要求下，按照医生的叮嘱开始进行长期的家庭疗养。

爷爷和我们一家四口一起生活，我的父母经营农业，哥哥在东京居住、工作。父母平时工作比较忙，加上对爷爷的照料，最近一直处于非常疲惫的状态。爷爷看出父母很忙，还要为他的事情费心，感到很内疚，一直不停地向大家道歉。如果一直这样下去，每个人都会有沉重的心理负担。因此，我设计了以下三个目标，来改善家庭现状。

1. 病人可以在家庭温暖的氛围中愉快地生活

[①]　全国家庭学科教育协会：《高中学校家庭学科教育的开展案例》，2009 年。

2.家人在帮助病人进行身体机能康复的同时，也要帮助病人重塑生活的勇气与信心

3.从护理效果来考虑，对家庭生活进行适当地改善

二、实施计划

1.实际情况的调查

2.疗养生活所必需的床、座椅、专用餐具等

3.为更好地照护，亲近与家人的关系

三、实施状况

（一）实际情况调查

1.爷爷有什么需要照顾的

2.有什么特别需要做的

3.爷爷最喜欢做的是什么

4.埼玉县老年福利状况如何

（二）对疗养生活必要的床、座椅、特殊餐具的精心选择

1.床

第一点：制作较硬的床。由于弹簧太过灵敏，重心难以集中，所以需要将床下面的板换成通气性较好的明洞板，并在上面放置榻榻米。

第二点：配置方便起床用的绳子。目前为止都是母亲帮助爷爷起床，为了能让爷爷自己一个人坐起来，也想了很多的办法，比如将一根粗绳系在床上，然后利用绳子让爷爷坐起来，爷爷的肩部和腕部也能得到适当的运动。

2.座椅

由于目前使用的市场上销售的座椅存在以下问题：使用时要先将爷爷抬高才能放入座椅、坐在上面容易滑脱，因此急需改善座椅的这两大缺点。并且要到达到以下五个要求：看护者一人就可以操作，座椅靠着不会偏离，座椅靠背的角度可以调整，座椅可折叠，并且坚固。我将以上五点作为目标，画出示意图，委托制作工厂进行定制加工。定制的座椅，使用起来方便了很多，成为爷爷生活中必不可少的物品。

3.餐具架

饭菜平时都是由母亲安排。为了能让爷爷自己一个人自主用

餐，家人费很大的心思，特意为拿不住碗的爷爷制作了能将木碗固定住的餐桌及餐具架。自此，爷爷独自进餐的情况得到了很大的改善。

用餐时所用的固定餐具架使爷爷能够独自吃饭，让他觉得饭菜更加可口。

（三）护理过程中人际关系的调整

1. 增加沟通交流的机会

与爷爷经常聊天，让他觉到自己没被冷落和遗忘。让爸爸常与爷爷交流，聊他比较熟悉的农业经营话题；我与妈妈同爷爷聊一些生活话题；每周陪同爷爷回他自己的家住一住，并和熟悉的亲朋好友一起聚餐。

2. 探望

爷爷除爸爸以外还有三个孩子，他们会每月过来探望。爷爷非常高兴能有人来看他，但是由于大家工作都很忙，不能总是一起过来，于是爷爷做了个顺序表，让他们每月轮流过来，这样不仅可以提前知道谁会来，爷爷还可以按照他们的喜好提前做好各种准备。

爷爷每个月都很有期盼，心情也开朗很多。

3. 及时调整房间布局，加强对老人的关爱

卧床不起的爷爷对床头方向的调整、改变这类小事都会感到高兴。只要稍微改变一下布局，爷爷就会马上注意到。因此，家人会根据季节的变化，及时调整房间的布局，让爷爷在床上也可以看到室外漂亮的风景。

四、评价

日渐失去生活希望的爷爷，在家人的帮助下，一点一滴通过自己的力量达到独自完成日常生活的目标，父母的心情也开朗了起来。

我通过这项实践了解到，护理的本质是来自家庭的温暖与关怀，家庭疗养的好处也正在于此。同时也暴露出一些问题：①家庭成员对疾病的专业了解不足；②经济上有困难的家庭主妇无法承担过重的家庭劳动与约束；③家庭中为病人准备的专业器械不足，造成家庭看护的局限性；④入浴问题希望能通过地区、社区、家庭的合作进行解决。

　　埼玉县有 6000 多名卧床不起的老年人，我想应该也有很多像我家这样生活困难的家庭，我在学校做了本次实践报告，大家对老年人的福利关心提高了。学校家庭俱乐部也通过我的报告，开展了实际调查及慰问老年人的相关活动。我很高兴能有更多的人加入这项活动中，我也会在今后的生活中更好地帮助爷爷过有质量的生活。

三、学校家庭俱乐部

　　学校家庭俱乐部指在高中学习的家庭学科学生，出于对所在地区生活及家庭生活的关心，为充实地区、社区学习、丰富社会生活实践，能自发进行活动组织的团体。

　　学校家庭俱乐部最早从美国发展起来，之后日本也仿照这一趋势开始建立实施。日本全国高中家庭俱乐部联盟每年都举行全国研讨大会，讨论家庭研究计划和学校家庭俱乐部的研究活动报告。

　　为培养学校家庭俱乐部中学生学习的自主性，家庭学科的学习活动被作为学习的重要环节，教师需要严格遵循作为顾问的原则，只在暗中给予学生适当援助的规则。让学生开展自主活动的目标是培养学生未来能够具有经营家庭生活的良好能力、较强的职业竞争力，能为家庭发展、社会进步作出自己的贡献。

　　因此，学校家庭俱乐部作为实际活动的中心，在个人、集体、学校、地区开展家庭活动时发挥着巨大的作用，即学校家庭俱乐部活动是以家庭项目为集体活动发展起来的。家庭项目活动是与学校家庭俱乐部有密切关联的自主性活动。

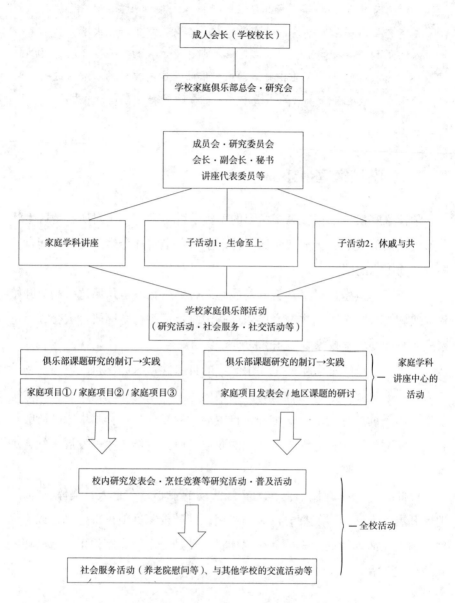

图 4-2　学校家庭俱乐部的组织 [①]

　　由于家庭学科教学目标和学习内容的广泛性、丰富性，在单一的学科教学范围内是无法完全实现的。因此，学校家庭俱乐部的活动能更好地促

------

① 　日本家庭学科教育学会：《家庭学科的 21 世纪计划》，家政教育出版社，1997 年。

进家庭学科教学目标的实现。

各学校的学年教育活动计划中会明确规定学校家庭俱乐部的活动计划及在年度学习中的位置，教学中强调全校职员和学生要在理解的基础上，在活动的参与中获得启发和收获。

因此，家庭俱乐部在制订活动计划时会以学生为中心，鼓励学生自主设计活动规划。为避免学生会、各俱乐部活动较多，出现重合、混淆的情况，活动要注意区分设计，明确各活动的性质、目标、特点和对目标达成度的具体要求。尤其对研究活动、社会服务活动、社交活动等类型的活动必须严格区分活动目的，并进行有针对性的指导。

第五节　高中家庭学科的教学注意点

一、如何应对家庭学科授课时间的减少

家庭学科的教学目标是：着力培养、提高学生掌握以男女共同合作为主体创造家庭生活、社会生活的能力，促进学生养成积极参与实践社会生活的态度。因此，家庭学科是实现男女共同参与社会生活创造最具实践意义的教学科目。尽管20年前，家庭学科还只是女生必修的学习科目，但现在已经发展成为男女共同学习的科目。

于是，新的问题聚焦在学科学习时间的减少上。主要原因在于在原有学习的基础上，2018年新修订的《高中学习指导要领》新设定了"家庭基础"（2单位）。改订前，多数学校正准备将课程中设置的"家庭一般"学习科目向"家庭综合"科目过渡。由于重新修订课程，学校不得不将"家庭综合"的学习向"家庭基础"迅速转换。近些年，"家庭基础"课程的设置，在三门必修课中的占比还不到七成，初中家庭学科的实际上课时

间已经呈现明显减少的趋势，高中学习依然存在同样问题。尽管家庭学科教育可以解决现代家庭与社会中存在的相关问题，但在课时量不足的情况下，高质量地完成实用性较强的家庭学科教育还是存在较大的难度。因此，只有将学习内容进行精选，并将部分学习内容融入综合学习时间中来完成，才能缓解课时不足的问题。

二、生活主体方法论项目的贯彻

历来多次修订的《高中学习指导要领》被提及最多的就是：家庭项目与学校家庭社团活动。学习中不管是基于项目方法"PLAN—DO—SEE"的简单方法论，还是有关家庭项目或学校家庭社团活动等专有名词，学习过家庭学科的大学生中依然有很多人对此觉得陌生。

由于家庭学科教学原则上的要求，如果满分是 10 分，至少要有 5 分以上的内容分配在实习和实验中，教学中不仅要关注理论学习，更重要的是要求学生通过体验、调查、实践等方法加深对生活的认识理解，提升对生活所需技能的掌握，具备作为生活主体的社会人应有的经营生活的基本能力与素养。学生要在学习中获得实践技能的掌握，就要通过家庭项目和家庭俱乐部的活动来实现。同时在学习活动开展中，要求学生首先要明确自身在家庭生活和社会生活中所处的位置、所应承担的责任，在此基础上可根据个人的实际情况提出学习意见与改进的方向。

近年来，"项目"这个词在社会活动中被广泛使用，而家庭学科中的"家庭项目"却在教学中却没有被很好地理解与掌握。因为家庭学科的项目学习，不是仅停留在对生活知识的理解上，而是要从学生将来要成为生活主体的角度来定位"家庭项目"实施的内容、开展的方法与评价的指标，这就要求作为指导者的教师在指导过程中具备正确的认识，要能贯彻执行培养学生成为生活主体的方法论项目。

三、高中家庭学科的教育理念与教师的视角

高中阶段的家庭学科教育从人权尊重、男女共同参与社会可持续的生

活方式、职业教育、金钱教育、消费者教育、环境教育、饮食教育等方面反映出在全球大发展的背景下，作为生活主体的人，为适应社会生活发展需要掌握的相关生存理念与生活技能。由于家庭学科教育是以人的生活为对象的教育，因此与其他学科相比，将生活概念引入家庭学科作为教育内容是非常有必要的。

然而，随着家庭学科教育的发展，正如饮食教育所反映出的问题——以往的长期教学已经积累出较为固定的教学内容，而伴随教育的发展，作为国家政策的一部分，饮食教育的内容已经完全超出了现有的教科教学内容。基于此问题，就要求教师能够及时理解新概念、新信息、新要求，灵活动态地应对课程发展的需要。

此外，能够观察、探究事物的本质也是教师核心能力不可或缺的一部分。如果教师的世界观、人生观、生活观和家庭、家族观等观念产生偏差，就会将指导引入误区。家庭学科的教师在作为学科教师的同时，也是一位实际的生活者，两种身份之间的相互影响密不可分。因此，家庭学科的教师需要具备对生活正确的认识与科学的态度。

下面的这一学习指导案例是东京教育研究会关于生活设计的授课案例，学生将从自身、家庭、社区、社会福利等广泛的视角出发，去发现生活中的问题，并找寻原因、提出问题解决的方法，在此过程中培养并提升自我决策力与问题解决的能力。

案例 1：生活课题之生存能力培养的生活设计 [①]

教师　志村结美

第六节课场所：被服室

学年·组：2 年 1 组 33 名（男生 18 名、女生 15 名）

一、主题：生活设计

二、主题设定的理由

高中是人一生中自立及生活方式养成的重要时期。学生要能更

---

① 资料来源：全国家庭学科教育学会：《小学、初中、高中家庭学科教学的开展》，2008 年。

好地形成积极、自立的生活态度，就应认真思考高中时期该如何度过、未来的道路应如何选择。同时，也要具体地思考并认识家庭成员在人生发展中可能会遇到的与生活相关的问题，以及如何应对这些问题的方法或手段，如家庭成员出现生病的情况该如何处理并进行生活设计。在学习过程中，可采用简化的 KJ 法[①]。

为达到以上学习目标，并让学生未来的生活更加丰富多彩，教师在培养学生解决问题能力与决策能力的同时，还应培养学生掌握必要的生活设计与生活规划能力。因此，在学习中要以现阶段应该掌握的具体能力为目标，进行学习内容的选择设定。如学习题材与家庭项目（一日职业体验）相联系，在感受职业体验的同时，仍应以具体的生活设计为目标进行教学设计。

关于家庭的学习一般通过两年的时间来完成，第一年以家庭经营、衣生活（穿衣）、住生活（居住）的学习为主，第二年以饮食生活学习，提升对健康生活的科学认识为主。因此生活设计相关单元的学习内容，可按照以上学习步骤来进行制订。对于保育领域的学习设计则可以从深入地思考人生、生命，探索适合自己的生活方式为目标来制订学习内容。

三、指导计划（共6课时）

1. 家族的生活舞台与生活课题（2课时）

2. 生活设计：我的企划书设计完成设计（2课时）

3. 职业观与生活设计（1课时）

4. 今后的生活方式设计（1课时）

四、本次课的学习目标

1. 把握人生周期中的重要生活课题，理解克服这些问题所必须掌握的技能

2. 通过 KJ 法掌握解决问题的能力、决策能力、表达能力

3. 加深思考，掌握自己今后具体的生活方式

五、本次课的开展（1课时）

---

① KJ法是由日本理学博士川喜田二郎提出的一种质量管理工具，是将未知的问题、未曾接触过的领域的问题的相关事实、意见或者设想之类的语言文字资料收集起来，用事实说话，抓住思想实质，从而找出解决问题的新途径。

表 4-5　课程开展过程

	学习活动	时间（分钟）	指导上的注意点	备注
导入	本次课学习目标的确认	5		
开展	了解人生历程 思考人生舞台上的生活课题（重大事项） 思考生活课题（重大事项）里，"病"尤其是关于高龄者的生病问题，利用 KJ 法进行小组讨论	5	列举自己将来可能经历的生活课题（重大事项） 从资料或以往的访谈中思考当家人生病时该如何去面对并解决这一问题 解决办法的观点	·内存卡
	家族的设定 祖母 73 岁（卧床不起） 父亲 47 岁 母亲 45 岁 兄长 19 岁 自己 16 岁、17 岁、18 岁 各班分别在彩色卡片上按照讨论的观点写出解决办法 在纸板上按照观点贴彩色卡 按照观点进行相同内容的总结	25	祖母能做的事（过去、现在、未来） 家族能做的事 自己能做的事 企业的要求、期待能做的事 地区社会要求、期待能做的事 社会、福利的要求、期待能做的事 卡片按组分颜色 指示要用易懂的大写文字书写 对相似的内容作出标识 与学生代表共同进行总结 把握全局	·工作表 ·讨论用纸 ·色卡 ·魔术贴 ·透明胶带
总结	发现为解决生活中的问题，需要做很多的努力，然而更为重要的是学会思考现在能够做什么	10	把握全局 从自己的过去、现在和将来的角度，思考适合自己的生活方式	

六、评价的观点

1. 对人一生中所面临的生活课题（重要事项）的把握，能否理解为克服这些困难需要作出哪些努力

2. 能否完成生活设计工作表

3. 能否认真思考自己今后的生活方式

表4-6 生活设计工作表

班级：	姓名：

家族构成 祖母 73 岁（卧床不起） 父亲 47 岁 母亲 45 岁 兄长 19 岁 自己 16 岁、17 岁、18 岁	
对祖母生病所采取的解决方案	
过去	现在
家庭能采用的方法	
自己能用的方法	
社会福利能做到的、期待能做到的	社区能做到的、期待能做到的
企业能做到的、期待能做到的	
其他	

下面这则案例，来自 2009 年日本全国家庭学科教育协会《高中学校家庭学科教育的开展案例》，是从学生自身对饮食生活感兴趣的问题出发，如对食品添加的学习，帮助学生掌握获取知识与信息方法的同时，提升学习热情，把对实际生活的创造性还原作为学习目标。

案例 2：高中家庭学科饮食生活领域的实践 [①]

教师 佐藤缘

一、主题：食品的选择与处理

二、主题设定的理由

现代社会存在多种多样的生活方式，饮食生活亦是如此。不同的饮食生活态度，反映了不同的价值观，决定着人们每日吃什么、怎么吃。在此基础上，人们对饮食生活追求最多的仍是尽可能吃得好、吃得开心，获得美味、安全的食品。

---

① 资料来源：全国家庭学科教育协会：《家庭学科教学的开展》（第 60 次研究会收录），2009 年。

衡量食品安全，有一种方法是查看商品标注的原料配比、质量标识。而随着食品添加剂增多、食品加工的多样化与进口食品的丰富，只有清晰地理解这些商品标注，才能让人们正确作出选择，保证食品的安全性要求。

目前，食品添加剂的标识要求已进行修改，要求从食品添加剂的风险与合成剂两方面来进行分析，目的是为消费者提供更加细致的食品添加信息。而购买者自身选择食品的能力、购物态度、是否关注日常饮食生活信息、能否在购买食品时灵活运用掌握的知识及技能，则作为本单元的重点学习内容。

三、指导计划（共6课时）

1. 食品的比较

面包的对比：米粉与小麦粉的区别（1课时）

饺子的对比：自己手工制作与市场贩卖的区别（1课时）

2. 对食品添加剂的思考与认识（2课时）

3. 对食品的选择与处理（2课时）

四、本次课的学习内容

对食品添加剂的思考与认识

五、本次课的学习目标（本次课对应指导计划2，为本单元第三、四次课）

1. 能思考食品添加剂与自身饮食的关系

2. 能关注食品添加剂的信息

3. 能在对食品添加剂分析的基础上选择健康的食品

六、课程的开展

表4-7　第三次课程开展的过程

过程	时间（分钟）	指导内容	学习内容	活动指导中的要点	资料
导入	5	1. 列举食品添加剂中的一个具体事例	回顾之前的烹饪学习，在烹饪卡上写下自己的意见和想法	1. 前次课进行了市场贩卖饺子与手工制作饺子的实践学习 2. 在这里不涉及食品添加剂，从味道、工艺、成本等方面进行比较后，提交卡片	

（续表）

过程	时间（分钟）	指导内容	学习内容	活动指导中的要点	资料
开展	30	1. 对食品添加剂的认识	1. 自我诊断 2. 小组相互评价 3. 按类型分别查阅资料	1. 根据结果进行自我评价 2. 4～5人为一个小组 3. 提示小组学习结果必须要得到评论 4. 提示资料阅览不要重复 5. 阅览过的资料要列在表格里 6. 与学校图书馆和地区其他机构的合作联系	· 评价用纸 · 教科书 · 食品成分表 · 文献 · 小册子 · 贴纸 · 视频
总结	15	1. 本次课的梳理 2. 思考什么样的饮食生活是好的饮食生活	1. 总结感想 2. 了解全班类型的倾向 3. 发表感想	1. 将写好的感想贴在黑板上（每种类型各贴1张） 2. 从好与不好两方面认识添加剂 3. 通过学习掌握更多获得生活信息的方法 4. 让家庭中负责饮食生活的成员进行评论，给出意见与评论	· 便签 · 家庭评论用表

表4-8 第四次课程开展的过程

过程	时间（分钟）	指导内容	学习内容	活动指导中的要点	资料
导入	5	前次课程的回顾	关于家庭食品选用调查结果的发言	提出1～2人的情况下该如何选择含有添加剂的食品	
开展	30	对含添加剂食品的看法	1. 以往食品购买的经验 2. 思考选择和购买商品的要点 3. 思考哪些方面是重点	1. 2～3人品尝并发表感想 2. 发现对食品添加剂的关注度较低 3. 买哪种口味，首先自己要进行思考 4. 接下来，看着资料加以思考	
总结	15	总结	2. 思考选择和购买商品的要点	1. 将之前写好的卡片带进课堂 2. 对市场贩卖的饺子进行标识 3. 将自己的性别与想法贴在黑板上	· 便签 · 总结感想用表

七、评价

1. 能否认识到食品添加剂与自身生活的关系

2. 能否关心与食品添加剂相关的信息

3. 能否对含有添加剂的食品进行判断、选择

4. 能否根据自己饮食生活的实际需要来选择适合自己的食物

八、课后的研究

对于食品添加剂问题的思考学习，首先要明确食品添加剂与每日的生活息息相关。其次，要懂得从自身的饮食生活需要出发，正确选择含有食品添加剂的食品，这也是教学的目的。最终，要求掌握选择食品的方法，尤其是能够总结出对含添加剂食品的选择购买方法。

本次学习结果表明，学生并没有片面提出否定食品添加剂的意见，而是提出合理使用的建议。在学习过程中，不仅要回顾总结自己的日常饮食生活，更要分析家庭的饮食生活结构，在总结的基础上，将学习收获带入家庭的日常生活中，通过生活去实践、提升自己的学习所得，真正做到学以致用。

由于食品添加剂与现代饮食生活密不可分，学生经常耳闻目睹，因此从与自身健康密切关联的角度来看，学生对于食品添加剂的问题意识相当高。通过两次课时的学习，从贴在黑板上的感想中可以明显得出，男女学生对待饮食生活的不同认识与态度，这也再次提醒我们去思考性别分工的相关问题。饮食生活中的问题不仅限于食品添加剂，与食品安全性相关的问题都应该被重视，所有问题都是影响饮食生活健康发展的重要问题。

在今后的课程学习中，将帮助学生更科学地分析如何根据自己的饮食生活需要，来选择适合自己的食品，养成健康的饮食生活观念。

第二篇
中国的家庭学科相关教育

第五章

中国义务教育小学阶段的
家庭学科教育

第一节　义务教育课程设置的实施方案

根据我国《国务院关于基础教育改革与发展的决定》和《基础教育课程改革纲要（试行）》构建符合素质教育要求的新的基础教育课程体系的要求，设置相应的义务教育阶段（九年一贯制）的课程。课程设置应体现义务教育的基本性质，遵循学生身心发展规律，适应社会进步、经济发展和科学技术发展的要求，为学生的持续、全面发展奠定基础。

一、义务教育阶段培养目标

我国教育部《义务教育课程方案（2022年版）》中提出了义务教育的培养目标：义务教育要在坚定理想信念、厚植爱国主义情怀、加强品德修养、增长知识见识、培养奋斗精神、增强综合素质上下功夫，使学生有理想、有本领、有担当，培养德智体美劳全面发展的社会主义建设者和接班人。

"有理想"中指出：学生要热爱祖国、热爱人民、热爱中国共产党，学习伟大的建党精神；明确人生发展方向，追求美好生活，能够将个人追求融入国家富强、民族复兴、人民幸福的伟大梦想之中。"有本领"要求学生要乐学善学、勤于思考，初步掌握适应现代社会所需的知识与技能，要学会在真实的情境中发现问题、解决问题，具有探究能力和创新精神；自理自立、热爱劳动、掌握基本的生活技能，具有良好的生活习惯。"有担当"要求学生要坚毅勇敢，自信自强、勤劳节俭、诚实守信、明辨是非、遵纪守法、孝亲敬长、团结友爱、热心公益、热爱自然、保护环境、爱护动物、珍爱生命、关心时事、热爱和平、尊重和理解文化的多样性，初步具有国际视野和人类命运共同体意识。

新修订的培养目标从顶层设计上更全面落实习近平总书记关于培养担当民族复兴大任时代新人的要求，并从素养导向出发，注重培育学生终身发展和适应社会发展所需要的核心素养，强化课程与学生经验、现实生活、生产劳动、社会实践的结合，强调知行合一。在有理想、有本领、有担当的总培养目标中也包含了家庭学科学习所强调的追求美好生活、掌握基本的生活技能，具有良好的生活习惯、孝亲敬长、团结友爱、热爱和平、尊重和理解文化的多样性，具有国际视野和人类命运共同体意识等学习目标。

二、课程设置的基本原则

我国教育部《义务教育课程方案·(2022年版)》提出义务教育课程应遵循以下基本原则：①坚持全面发展，育人为本；②面向全体学生，因材施教；③聚焦核心素养，面向未来；④加强课程综合，注重关联；⑤变革育人方式，突出实践。从基本原则中可以看出《义务教育课程方案（2022年版)》课程设置体现出教育发展对人才培养的新要求，教育需求已经从"有学上"转向"上好学"的新阶段，义务教育课程更加注重全面性、全体性、核心性、综合性、实践性，具体包含以下内容。

（一）全面性、全体性

全面性强调要构建德智体美劳全面培养的课程体系，贯彻新时代党对教育的新要求，坚持德育为先，提升智育水平，加强体育美育，落实劳动教育；完善课程类别与结构，确保"五育"并举。全体性强调要因材施教，关注地区、学校和学生的差异，为每一位适龄儿童、少年提供适合的学习机会。把握学生身心发展特征，注重幼儿园至高中各学段之间的衔接，增加课程的选择性，提高课程的适宜性。

（二）核心性、综合性

核心性强调以面向未来的视角出发，聚焦对学生核心素养的培养。要求依据学生终身发展和社会发展需要，明确育人主线，加强对学生价值观引导、品格和关键能力的培养，注重培养学生的爱国情怀、社会责任感、创新精神和实践能力。综合性强调课程内容要与学生经验、社会生活紧密相连，要强化学科内知识整合，强化综合课程建设，强化课程协同育人的功能，要注重培养学生在真实的情境中综合运用知识解决问题的能力。

（三）实践性

实践性强调课程要与生产劳动、社会实践相结合，要充分发挥实践的独特育人功能。加强知行合一、学思结合，积极开展"做中学""用中学""创中学"。注重引导学生参与学科探究活动，开展跨学科实践，大力优化综合实践活动实施方式与路径，积极探索新技术背景下学习环境的方式与变革。

义务教育课程设置的基本原则也为家庭学科相关知识的学习指明了方向，义务教育阶段开展的家庭学科学习也应按照全面性、全体性、综合性、实践性的要求来设计。习近平总书记在 2018 年全国教育大会上明确指出，坚持扎根中国大地办教育，这就意味着家庭学科知识的学习要立足中国实际，凸显中国特色，要充分利用我国优秀的传统文化、遵循教育规律，学校要从对学生负责、对家庭负责、对社会负责的角度，统筹好与家庭相关的课程设置，让家庭教育与学校教育同频共振，充分发挥家庭是人生第一所学校的作用，注重家庭、家教、家风对学生成长的示范引领作用，帮助儿童科学地发现自己、认识家庭、理解生活、学会生活，在家庭学科知识的学习中树立正确的成长观，传承优良的家教、家风。

三、课程类别与实施

义务教育课程包括国家课程、地方课程和校本课程三类，以国家课程为主体，奠定共同基础，以地方课程和校本课程为拓展补充，兼顾差异。国家课程由国务院教育行政部门统一组织开发、设置。所有学生必须按规定修习。地方课程则由省级教育行政部门统筹规划，确定开发主体。充分利用地方特色教育资源，注重用好中华优秀传统文化资源和红色资源，强化实践性、体验性、选择性，促进学生认识家乡，涵养家国情怀，铸牢中华民族共同体意识。校本课程是由学校组织开发，立足学校办学传统和目标，发挥特色教育教学资源优势，以多种课程形态服务学生个性化学习需求。校本课程原则上由学生自主选择。

各学校依据省级义务教育课程实施办法，立足本校办学理念，分析资源条件，制订学校课程实施方案，注重整体规划，有效实施国家课程，规范开设地方课程，合理开发校本课程。在小学一年级第一学期适当利用地方课程、校本课程和综合实践活动课组织开展入学适应活动，对学生学习、生活和交往进行指导。鼓励将小学一至二年级的道德与法治、劳动、综合实践活动，以及班队活动、地方课程和校本课程等相关内容整合实施。

四、课程科目设置与安排

表5-1　课程类别与科目设置①

类别	科目	年级
国家课程	道德与法治	一至九年级
	语文	一至九年级
	数学	一至九年级
	外语	三至九年级
	历史、地理	七至九年级
	科学	一至六年级
	物理、化学、生物学（或科学）	七至九年级
	信息科技	三至八年级
	体育与健康	一至九年级
	艺术	一至九年级
	劳动	一至九年级
	综合实践活动	一至九年级
地方课程	由省级教育行政部门规划设置	
校本课程	由学校按规定设置	

说明：本表按"六三"学制安排，"五四"学制可参考确定。

---

①　资料来源：中华人民共和国教育部：《义务教育课程方案（2022版）》，北京师范大学出版社，2022年。

表5-2　各科目安排及占九年总课时比例[①]

国家课程	年级									九年总课时（比例）
	一	二	三	四	五	六	七	八	九	
	道德与法治									6%～8%
	语文									20%～22%
	数学									13%～15%
	外语									6%～8%
	科学						历史、地理			3%～4%
							物理、化学、生物学（或科学）			8%～10%
	信息科技									1%～3%
	体育与健康									10%～11%
	艺术									9%～11%
	劳动									
	综合实践活动									
地方课程	由省级教育行政部门规划设置									14%～18%
校本课程	由学校按规定设置									
周课时	26	26	30	30	30	30	34	34	34	
新授课总课时	910	910	1050	1050	1050	1050	1190	1190	1122	9522

说明：本表按"六三"学制安排，"五四"学制可参考确定。

---

① 资料来源：中华人民共和国教育部：《义务教育课程方案（2022版）》，北京师范大学出版社，2022年。

五、义务教育科目与教学时间设置

我国在义务教育课程设置上按照九年一贯设置，分为"六三"学制和"五四"学制安排。

在国家课程设置上除开设语文、数学、外语、历史、地理等一般性学科外，还开设了道德与法治、信息科技、体育与健康、艺术、劳动、综合实践活动等聚焦发展学生核心素养，思想性、创新性、时代性、实践性兼具的学习科目。其中道德与法治、体育与健康、艺术、劳动等课程均要求一至九年级开设，信息科技在三至八年级独立开设。

综合实践活动侧重跨学科研究性学习、社会实践。一至九年级开展团队活动，内容由学校安排。地方课程由省级教育行政部门规划设置，原则上在部分年级开设。校本课程由学校按规定设置。专题教育要求以渗透为主，融合到相关科目中，原则上不独立设课。

教学时间设置为每学年 39 周。小学每课时按 40 分钟计算，初中每课时按 45 分钟计算。小学一至二年级每周 26 课时，三至六年级每周 30 课时，七至九年级每周 34 课时。每学年学校机动时间 2 周，学校机动时间可用于集中安排劳动、科技文体活动等。各地、各校可统筹课内外学习安排，有效利用课后服务时间，创造条件开展体育锻炼，艺术活动、科学探究、班团队活动、劳动与社会实践等，发展学生特长，促进学生健康、全面发展，为学生终身发展和社会发展需要奠定基础。

第二节　义务教育小学阶段家庭学科教育

一、小学阶段培养目标的确立

2019 年 6 月 23 日，《中共中央　国务院关于深化教育教学改革全面提高义务教育质量的意见》中强调：坚持以习近平新时代中国特色社会主义思想为指导，全面贯彻党的教育方针。树立科学的教育质量观，深化改革，构建德智体美劳全面培养的教育体系，健全立德树人落实机制，着力在坚定理想信念、厚植爱国主义情怀、加强品德修养、增长知识见识、培养奋斗精神、增强综合素质上下功夫。坚持德育为先，教育引导学生爱党爱国爱人民爱社会主义；坚持全面发展，为学生终身发展奠基；坚持面向全体，办好每所学校、教好每名学生；坚持知行合一，让学生成为生活和学习的主人。

全面提高义务教育质量，为学生终身发展奠基，让学生成为生活和学习的主人是促进少年儿童健康成长，是培养德智体美劳全面发展的社会主义建设者和接班人、培养担当民族复兴大任的时代新人的要求。

二、小学家庭学科的相关学习目标

家庭学科强调通过教授衣食住行、家庭、保育、家庭经营、消费、环境等家庭生活必要内容，以系统、科学、实践的方式，帮助学生通过课程学习，体会并掌握作为一名家庭、社会构成成员应具备的基本能力，健全人格培养的学习目标要求，结合我国《义务教育课程方案（2022 年版）》

中道德与法治、劳动两门课程的学习目标设置，可以发现在小学教育阶段我国将家庭学科的学习内容设置融入到这两门课的课程学习之中。

（一）道德与法治课程中家庭学科学习内容的设定

由于政治认同是社会主义建设者和接班人必须具备的思想前提，道德修养是立身之本、法治观念是行为指引、健全人格是身心健康的体现，责任意识是担当民族复兴大任时代新人的内在要求。因此，道德与法治课程主要从政治认同、道德修养、法治观念、健全人格、责任意识这五大模块培养学生的核心素养。在道德与法治核心素养培养各模块中均融入了家庭学科学习的相关内容。从家庭学科的教学重点来分析，小学一至六年级相关知识和技能的培养更侧重在道德修养、健全人格、责任意识三个模块的学习中。

表 5-3　道德与法治课程小学各学段与家庭学科相关的学习目标对应梳理[①]

核心素养	第一学段 1~2 年级	第二学段 3~4 年级	第三学段 5~6 年级
政治认同	①认识国旗、国徽，知道自己是中国人 ②感知中华优秀传统文化的主要文化符号，对中华优秀传统文化具有亲切感 ③知道社会主义核心价值观	①为自己是中国人感到自豪 ②初步了解中华优秀传统文化的主要代表性成果，感受中华优秀传统文化的魅力 ③初步理解社会主义核心价值观的要求，在日常生活和集体活动中加以践行	①形成中国人的身份认同感 ②了解中华优秀传统文化的主要代表性成果及其意义，为中华民族创造的文明成就感到自豪 ③理解社会主义核心价值观的内涵，在日常生活和社会活动中积极践行
道德修养	①知道健康生活、卫生习惯的基本常识和要求 ②懂礼貌、守诚信，守约定，不撒谎，与同伴友好相处 ③感知父母的辛劳，孝敬父母，尊重师长 ④爱护家庭、学校和公共环境卫生，爱护公物，遵守公共秩序 ⑤爱劳动，知道财富是由劳动创造的	①初步养成健康的生活、卫生习惯，关心公共卫生 ②掌握基本的交往礼仪，懂得个人的成长离不开社会和他人的支持与帮助，诚实守信 ③孝敬父母，体会父母的养育之恩 ④爱护公共设施，遵守公共秩序 ⑤树立劳动意识，积极参加劳动实践，懂得劳动光荣、劳动不分贵贱	①养成健康的生活、卫生习惯，自觉维护公共卫生 ②能够得体地与人交往，团结互助，能够平等友好地与他人相处，学会合作 ③孝敬父母，懂得感恩，养成孝敬父母的良好品质 ④自觉爱护公共设施，自觉维护公共秩序 ⑤感受劳动创造的意义，热爱劳动，主动承担力所能及的劳动，尊重各行各业的劳动者

① 资料来源：中华人民共和国教育部：《道德与法治课程标准》，北京师范大学出版社，2022 年。

（续表）

核心素养	第一学段1～2年级	第二学段3～4年级	第三学段5～6年级
法治观念	①遵守学校纪律，维护课堂秩序 ②了解生活中的规则，知道在生活中人人都应遵守规则，具有初步的规则意识 ③了解生活中基本的安全常识，掌握常用的求助信息	①具有规则意识并学会遵守规则 ②了解社会交往的基本规则 ③知道法律能保护自己的生活	①知道宪法，感受宪法对社会和生活的重要性，形成初步的法治意识 ②树立用法律保护个人生命财产安全的意识
健全人格	①热爱生命，懂得自我保护，远离伤害 ②体会成长的快乐，能够看到自己的进步和不足，欣赏他人的优点和长处 ③能够感知自己的消极情绪，知道可以向老师和家人寻求帮助 ④能够表达自己的感受，学习倾听他人的意见 ⑤感知并学习适应环境的变化	①初步认识和体验人的生命是可贵的，珍惜生命 ②学会认识自己，理解他人，对他人有同情心 ③能够识别消极情绪，学习调节情绪的方法 ④学会适应环境的变化 ⑤做事有耐心，在克服困难中增强自尊心	①树立生命至上的观念，敬畏生命，掌握基本的应对灾害和保护生命安全的技能 ②正确认识自己，自信乐观，与他人平等地交流合作，建立良好的同伴关系 ③不怕困难，具有一定的抗挫折能力 ④学习调控情绪，掌握自我调控情绪的方法 ⑤认识个人与社会、国家和世界的关系，能够适应社会环境的变化 ⑥初步了解自己的身心成长特征
责任意识	①学会自己的事情自己做，减轻父母的负担 ②热爱学校和班集体，积极参与学校和班级活动，有集体荣誉感，能够关心和帮助他人 ③亲近自然，爱护植物	①主动参与力所能及的家务，学会承担家庭责任 ②热爱集体，积极参与集体活动，有互助意识 ③热爱自然，了解自然是我们生活的共同家园，懂得保护环境、爱护动物、节约资源	①学习参与家庭决策，为父母分忧 ②关心公益事业，参加力所能及的社会公益和志愿者活动，有团队意识，能够与他人合作互助 ③热爱并尊重自然，自觉保护环境、爱护动物，初步了解可持续发展的理念

　　道德与法治课程以发展学生的核心素养为导向，以"成长中的我"为原点，由"自我认识"到"我与自然""我与家庭""我与他人""我与社会""我与国家和人类文明"，不断拓展学生对自我对生活对发展的认识，因而将家庭学科的学习内容有机融入核心素养培养。内容涵盖丰富，学习

目标明确。

（一）劳动课程中家庭学科学习内容的设定

1. 劳动课程设计理念

劳动课程是以习近平新时代中国特色社会主义思想为指导，注重挖掘劳动在树德、增智、强体、育美等方面的育人价值。在课程结构上要求以实践为主线，围绕日常生活劳动、生产劳动和服务性劳动，根据学生经验基础和发展需要，以劳动项目为载体，以劳动任务为基本单元，以学生经历体验劳动过程为基本要求，构建覆盖三类劳动。

在课程内容选择上要求坚持因地制宜，宜工则工、宜农则农。注重培养学生自理、自立能力，选择日常生活劳动内容；注重从时令特点和区域产业特色出发，选择工农业生产劳动内容；注重培养学生的社会责任感，选择学生力所能及的公益劳动和现代服务业劳动内容；注重选择体现中华优秀传统文化和工匠精神的手工劳动内容，适当引入体现新形态、新技术、新工艺的现代劳动内容。课程学习强调学生直接体验和亲身参与，注重动手实践、手脑并用，知行合一、学创融通。在学习评价中注重综合评价强调评价内容多维、评价方法多样、评价主体多元。劳动课程从学习内容设计、学习方法使用、学习效果评价等方面均体现出家庭学科学习的特点和要求。

2. 家庭学科学习相关的学习目标

劳动课程要培养的核心素养，即劳动素养，主要指学生在学习与劳动实践过程中逐步形成的适应个人终身发展和社会发展需要的正确价值观、必备品格和关键能力，是劳动课程育人价值的集中体现，主要包括劳动观念、劳动能力、劳动习惯和品质、劳动精神。在核心素养培养的要求下，形成了劳动课程学习的 4 个总目标：①形成基本的劳动意识，树立正确的劳动观念；②发展初步的筹划思维，形成必备的劳动能力；③养成良好的劳动习惯，塑造基本的劳动品质；④培育积极的劳动精神，弘扬劳模精神和工匠精神。在小学学习阶段与家庭学科学习密切相关的各学段学习内容如下。

表5-4 劳动课程小学各学段与家庭学科相关的学习内容梳理①

核心素养	第一学段1～2年级	第二学段3～4年级	第三学段5～6年级
劳动观念	①懂得人人都要劳动、劳动成果来之不易的道理②初步感知劳动的艰辛与乐趣，学会尊重他人的劳动付出。喜欢劳动，具有主动劳动、积极参加劳动的愿望	体会劳动光荣、劳动无高低贵贱之分的道理，认识到美好生活离不开各行各业的劳动者。尊重劳动、尊重劳动者，初步形成热爱劳动的习惯	懂得劳动创造财富、劳动来不得半点虚假。初步树立劳动最光荣、劳动最崇高、劳动最伟大、劳动最美丽的观念
劳动能力	①完成比较简单的个人物品整理与清洗，居室、教室等卫生保洁、整理与收纳，以及垃圾分类等劳动任务，参与简单的家庭烹饪。形成"自己的事情自己做"的意识，具有初步的个人生活自理能力②关心、照顾身边常见的动植物，初步形成关爱生命、热爱自然的意识。③参与简单的手工制作活动，初步学会规范使用相应工具。对手工艺制作具有一定的好奇心	①养成良好的个人清洁卫生习惯。②认识常用的家用电器，掌握家用小器具的使用方法，具有家用电器使用安全意识和初步的器具保养意识③主动分担家务，协助参与家庭环境卫生清洁，能制作简单的日常饮食，初步学会简单的家务劳动技能，形成生活自理能力④初步体验简单的种植、养殖、手工制作等生产劳动，能规范使用常用劳动工具⑤参加校园卫生保洁、垃圾分类、绿化美化等劳动，适当参加社区环保、公共卫生维护等方面力所能及的公益劳动	①掌握家庭生活中常用的清洁卫生、整理与收纳基本技能。了解家庭常用器具的功能特点，规范、安全地操作与使用②初步掌握基本的家庭饮食烹饪技法，制作简单的家常餐，具有食品安全意识③进一步增强生活自理能力和家务劳动能力，初步具有家庭责任感④进一步体验种植、养殖、手工制作等生产劳动，能根据劳动任务选择合适的材料和工具、技术与方法，安全、规范、有效地开展劳动⑤主动参加校园卫生保洁、垃圾分类、绿化美化等劳动，积极参加社区环保、公共卫生维护等方面力所能及的公益劳动
劳动习惯和品质	在劳动中遵守纪律，不怕脏、不怕累，具有初步的劳动安全意识，初步养成有始有终，认真劳动的习惯	①懂得在劳动中遵规守约，初步学会与他人合作劳动②珍惜劳动成果，初步养成有始有终、专心致志的劳动习惯和品质	①初步形成爱岗敬业、乐于奉献的精神②在集体劳动中团结协作，提升与他人合作劳动的能力，自觉遵守劳动纪律，形成诚实劳动、合法劳动的意识
劳动精神	初步形成以自己的劳动服务他人的意识	在劳动过程和日常生活中做到勤俭节约、不怕困难	在劳动中主动克服困难，初步形成不怕辛苦、积极探索、追求创新的精神

———————

① 资料来源：中华人民共和国教育部制定义务教育《劳动课程标准》，北京师范大学出版社，2022年。

义务教育阶段的劳动课程在开展过程中围绕日常生活劳动、生产劳动和服务性劳动，以任务群为基本单元，构建内容结构。日常生活劳动立足学生个人生活事物处理，涉及衣、食、住、行、用等方面，注重培养学生的生活能力和良好的卫生习惯，树立自理、自立、自强意识。学习任务包括清洁与卫生、整理与收纳、烹饪与营养、家用器具使用与维护等，内容来源于学生的实际生活，涵盖家庭学科学习中对学生基本生活能力培养的要求。

第三节　小学道德与法治课程中的家庭学科

一、小学道德与法治课程培养目标

根据义务教育《道德与法治课程标准》实施建议及教材编写的相关要求，以及人民教育出版社出版的《道德与法治》义务教育教科书一至六年级的学习用书，梳理出涵盖"儿童与自我""儿童与社会""儿童与自然"等方面的培养要点，具体内容如下。

- 认识我自己——我是小学生。
- 美好的校园生活。
- 安全、健康的生活。
- 对天气的认识。
- 对节假日的认识。
- 掌握在公共场所的行为举止。
- 认识我们生活的地方。
- 对环境的认识。

- 我在家庭中的作用。

- 对传统文化的学习。

- 对法律的基本认识。

在以上学习内容的设计中，可以发现小学阶段的学习遵循了儿童的年龄特点，比较全面地包含了与日常生活相关的知识，培养目标是要求学生达到基本认识与基本掌握的程度。

通过梳理小学一至六年级《道德与法治》教材，可以看到各年级培养目标的具体情况如下。

表5-5　各年级培养目标 [①]

目标\年级	认识我自己	美好的校园生活	安全健康的生活	对天气的认识	对节假日的认识	公共场所的礼仪	我们生活的地方	环境的认识	我在家庭中的作用	传统文化的学习	法律的基本认识
一年级	·介绍我自己 ·认识新朋友 ·上学的路上	·我们的校园 ·校园里的号令 ·课间与上课	·玩得开心 ·吃饭有讲究 ·家中的危险 ·健康作息	·天气变换 ·健康过冬天	·过新年 ·多样的传统新年 ·新年礼物与心愿				·我和我的家 ·家人的爱 ·干点家务活		
二年级	·我们班级 ·班级生活有规则 ·装扮我们的教室		·安全游戏		·假期的收获 ·周末巧安排 ·我们的节假日（国庆、中秋等）	·公共场所秩序 ·学校里的公物 ·不乱扔 ·排好队 ·小点儿声	·我爱家乡山和水 ·家乡物产养育我 ·家乡人 ·家乡新变化	·绿色小卫士			

---

① 资料来源：中华人民共和国教育部组织编写、义务教育教科书：《道德与法治》（一至九年级），人民教育出版社，2016年。

（续表）

目标＼年级	认识我自己	美好的校园生活	安全健康的生活	对天气的认识	对节假日的认识	公共场所的礼仪	我们生活的地方	环境的认识	我在家庭中的作用	传统文化的学习	法律的基本认识
三年级	·学习伴我成长 ·我学习我快乐（家务小能手） ·做学习的主人	·说说我们的学校 ·走近我们的老师 ·让我们的学校更美好	·生命最宝贵 ·安全记在心上 ·心中的"110"			·我们的公共生活 ·生活规则	·我的家在这里 ·我的邻居 ·我的家乡 ·请到我的家乡来		·父母多爱我 ·爸爸妈妈在我心中 ·家庭的记忆		
四年级		·与班级共成长 ·我们班四岁了 ·我们的班规我们订 ·我们班他们班	·信息万花筒 ·健康看电视 ·网络新世界 ·正确认识广告				·衣食之源 ·生活离不开	·让生活多一些绿色 ·衣食之源 ·生活离不开他们 ·我们所了解的环境污染 ·变废为宝有妙招 ·低碳生活每一天	·为父母分担 ·这些事我来做 ·我的家庭贡献与责任 ·买东西的学问 ·合理消费 ·避免浪费	·当地风俗 ·民间艺术 ·家乡的喜事	

115

（续表）

目标\年级	认识我自己	美好的校园生活	安全健康的生活	对天气的认识	对节假日的认识	公共场所的礼仪	我们生活的地方	环境的认识	我在家庭中的作用	传统文化的学习	法律的基本认识
五年级	·面对成长中的新问题 ·自主选择课余生活 ·学会沟通交流 ·主动拒绝烟酒与毒品	·我们是班级的主人 ·选举产生班委会 ·协商决定班级事务				·我们的公共生活 ·公共生活秩序 ·我参与我奉献	·我们的国土、我们的家园 ·我们神圣的国土 ·中华民族一家亲		·我们一家人 ·弘扬优秀家风 ·让我们的家更美丽	·骄人祖先、灿烂文化 ·美丽文字 ·古代科技 ·传统美德	
六年级	·公民意味着什么 ·公民的基本权利和义务		·我们受特殊保护	·完善自我，健康成长			·国家机构有哪些 ·人民代表为人民 ·权力受到制约和监督				·感受生活中的法律 ·宪法是根本法 ·知法守法、依法维权 ·我们是公民 ·法律保护我们健康成长

　　家庭学科教育涵盖以家庭生活为中心的一切活动，关注培养、提高学生热爱生活、改善生活、创造生活的能力。家庭学科教育也被作为生活的综合经营教育，它要求学习目标不仅是对知识的理解，更是培养具备在家庭生活中所需的实践能力。

　　我国小学已将"儿童与自我""儿童与社会""儿童与自然"等方面的

学习内容纳入了道德与法治的教材学习中。通过对学习内容的分析可以看出，小学阶段的家庭生活学习，紧密围绕着学生日常生活所接触的环境、事物、人等展开。针对不同年级的学生，所选择的教学内容、教学重点各不相同。

二、小学低年级阶段与家庭生活相关的教学内容

（一）一年级与家庭生活相关的学习

在一年级的学习中，结合学习时间，学习内容需要着重强调认识新朋友、了解校园新生活、如何分配游戏的时间、如何养成良好的饮食习惯、如何过新年等与儿童生活需要密切相关的内容。

表 5-6　案例 1　"我是小学生啦"单元教学内容设计 [①]

我是小学生啦	
活动名称	具体内容
开开心心上学去	①上学啦，真高兴 ②学校里面什么样儿 ③你是谁、我是谁
爱新书、爱书包	①这是什么书，书可真好看，怎么保护它 ②我的书包是怎么来的 ③把书包装整齐
拉拉手、交朋友	①我的好伙伴 ②认识你真好 ③好友大搜索
我认识您了	①我的老师 ②该请谁来帮帮我 ③这样做对吗（哼，你又不是我们班的老师
上学路上	①不同的上学路 ②这样安全吗（过马路、不要跑） ③路上的温暖 ④交通"信号"要知道

---

① 资料来源：中华人民共和国教育部编写：《道德与法治》一年级，人民教育出版社，2016年。

表5-7 案例2 "家中的安全与健康"单元教学内容设计 [①]

家中的安全与健康	
活动名称	具体内容
玩得真开心	①放学回家玩什么 ②这样玩好吗(请不要大声说话,不要离电视机太近,家中不玩危险物品) ③你会跟它们玩吗(手工创作,发现生活中的游戏材料) ④开个玩具交流会
吃饭有讲究	①干干净净吃好饭(吃饭要注意哪些卫生习惯呢) ②我在餐桌上(与家人共餐有哪些孝亲敬长的做法) ③食物的诉说(对常见蔬菜水果的认识) ④这样吃好吗(吃饭时应注意健康和礼仪,挑食、暴食不可取,浪费粮食更不宜)
别伤着自己	①在家会有危险吗(看看家里可能有什么危险发生,不用湿手接触电源、不乱吃药等) ②危险是怎么发生的(走在马路上) ③受伤了怎么办
早睡早起	①几点睡合适 ②没早睡会怎么样 ③早点儿睡,按时起 ④我能一个人睡

小学一年级与家庭学科相关的学习内容,紧密围绕着与学生成长生活相关的基本问题开展,教学内容注重对学生热爱集体、爱亲敬长、文明礼貌、团结合作的品质培养,以及安全、健康的良好生活和行为习惯的养成,在学习中强调学生对集体、对自我的认识,以及如何与周围的人建立关系,进行简单的交流合作。教学内容符合学生的年龄特点与成长发展需要。教学设计注重从认知层面提高学生对自我、对他人、对生活、对学习环境的认识与理解。

(二)二年级与家庭生活相关的学习

二年级以"我们的节假日""我们的班级""我们在公共场所""我们生活的地方"为主要学习内容,强调学生对假期、对集体、对公共场合对

---

① 资料来源:中华人民共和国教育部编写:《道德与法治》一年级,人民教育出版社,2016年。

家乡的认识和理解。

表 5-8 案例 3 "我们在公共场所"单元教学内容设计 ①

我们在公共场所	
活动名称	具体内容
这些是大家的	①学校里的公物（桌椅、篮球、图书、电扇） ②身边的公物还好吗（爱护公共财物） ③我和公共财物的故事 ④大家一起来爱护
我们不乱扔	①我喜欢哪种情景（污染的、干净的、舒服的） ②不只是为了干净（文明做法，外出游玩把垃圾整理好带走） ③这样可不行（观察记录：我看到的不讲公共卫生的现象） ④我能做到的（不在公共场所的墙上乱涂乱画、不随地大小便、离开公共场所把自己的垃圾带走，在地铁公交车上吃东西、不随地吐痰等）
大家排好队	①还是排好队（守规则、懂礼让） ②哪些地方要排队 ③怎样排队好（排队有间距，不要与他人靠太近）
我们小点儿声	①教室里面有点儿吵 ②做个小小"调音师" ③这里也要小点儿声（医院、电影院、公交车、楼道、博物馆等）

表 5-9 案例 4 "我爱家乡山和水"单元教学内容设计 ②

我爱家乡山和水	
活动名称	具体内容
我的家乡在这里	我的家乡在哪里
发现家乡的美	家乡标志性建筑
家乡的故事	我要讲的家乡故事、我搜集故事的方法、为最喜欢唱的家乡歌曲
家乡物产养育我	①我的家乡产什么（发现的家乡物产：餐桌上、商场里） ②家乡物产博览会（我知道这是怎么做的、它的用途可多了） ③家乡物产惹人爱（家乡特产、传统服饰）

---

①② 资料来源：中华人民共和国教育部编写：《道德与法治》（二年级），人民教育出版社，2017 年。

（续表）

我爱家乡山和水	
活动名称	具体内容
可亲可敬的家乡人	①生活在我身边的人（我最熟悉的身边人是谁、生活在他们身边我觉得如何） ②可敬的家乡人（小调查：可敬的家乡人、上榜理由、我是通过什么发现的）
家乡的新变化	①我家门前新事多（小组制作剪贴报，发现家乡新变化） ②家乡特色代代传（尝尝家乡的风味小吃、学个传统的小手艺、学演家乡地方戏）
我的家乡会更好	我希望家乡越来越好（河流更清澈、道路更平坦、交通更通畅

　　二年级的教学内容由学校生活、班级生活扩展到学生生活的多个方面，课堂也从教室扩展到家庭、社区，以及与学生生活息息相关的其他空间；教学时间也需要与在学校其他活动或学科的配合和联系中持续延伸的开展。学生在教师的引导下通过对活动过程的参与、体验、感悟来建构、认识、实现教学目标。教学目的注重帮助学生建立良好的社会公德意识、养成良好的公共行为习惯，形成对家乡、对生活所在地区的初步认识和理解。

（三）三年级与家庭生活相关的学习

　　三年级以"快乐学习""我们的学校""安全呵护我成长""家是最温暖的地方"为学习主线，强调成长离不开学习，通过认识我们的学校、生活中的安全保护，以及对家庭的初步理解学习，帮助学生逐步建立起对成长与生活基本的认识、理解。

表 5-10 案例 5 "安全护我成长"单元教学内容设计 ①

安全护我成长	
活动名称	具体内容
生命最宝贵	①我们的生命来之不易 ②爱护身体、珍惜生命
安全记心上	①平安出行（遵守交通规则、对酒驾说"不"） ②不让溺水悲剧发生·"119"的警示
心中的"110"	①有点警惕性 ②智捉小偷 ③不要上当受骗（不要轻信陌生人）

　　"安全护我成长"的学习内容，体现出密切联系学生实际生活需要的特点，着重强调学生在日常生活中如何有效地保护自己，学习内容聚焦日常生活中有关安全的常识，重在帮助学生掌握基本的安全常识和基本的自护自救能力。

表 5-11 案例 6 "家是最温暖的地方"单元教学内容设计 ②

家是最温暖的地方	
活动名称	具体内容
父母多爱我	①父母默默的爱（你能发现父母对自己默默的爱吗） ②多一些理解（父母有让你不理解的行为和做法吗）
爸爸妈妈在我心中	①我们都爱父母 ②我们了解父母吗 ③爱父母，在行动
家庭的记忆	①家庭称呼抢答赛 ②"家史"小调查 ③传统节日中的"家"（吃年夜饭） ④语言文字中的"家"

---

①② 资料来源：中华人民共和国教育部编写：《道德与法治》（三年级），人民教育出版社，2018 年。

三年级"家是最温暖的地方"的学习，提到了"家"的概念、"家"的意义，学习重点立足于帮助学生感受到家庭生活的温暖，认识来自父母长辈的关爱，了解自己的成长离不开父母的爱，懂得学会关心家庭生活，主动分担家务，形成初步的家庭意识。

（四）小学低年级阶段家庭学科学习的要点

一至三年级在教学内容的设计、教学活动的开展中，围绕着与儿童自身成长、学习相关的家庭生活、集体生活、亲子关系、同伴关系、师生关系、我的家乡等问题进行探索、发现与认识。

在我国，小学低年级阶段注重从社会领域学习的认识与发展出发，关注对学生社会性不断完善的培养，一二年级的教学中将人际交往和社会适应作为学生学习的主要内容，帮助学生学习如何与人友好相处、如何看待自己、如何对待他人、如何认识自己的家乡。通过以上要点的学习，帮助学生在积极健康的人际关系中获得安全感和信任感，提高儿童适应社会生活的能力。三年级的学习强调帮助儿童认识并理解父母是可亲、可近、可信赖的，要能认识家庭生活的温暖，体谅父母养育自己的不易，初步懂得关爱、理解父母。

这一阶段教学方法更多地采用提出问题、课外调查、课堂学习讨论的形式，学习内容更多地体现在对学生"认知水平""情感与态度""行为与习惯"等方面的培养。

三、小学中高年级与家庭生活相关的教学内容

2022 年版义务教育《道德与法治课程（标准）》中明确提出，以"成长中的我"为原点，将学生不断扩大的生活和交往范围作为建构课程的基础；遵循学生身心发展特点和规律，依据"我与自身""我与自然""家庭""他人""社会""我与国家和人类文明关系"的逻辑，强化课程设计的整体性。通过课程学习，学生要具备家国情怀，具有个人品德、家庭美德、社会公德、职业道德；对家庭要有深厚的情感，要热爱家乡、热爱伟

大祖国、热爱中华民族；践行以尊老爱幼、文明礼貌、男女平等、相互尊重、勤劳节俭、助人为乐、爱护公务、保护环境、诚实守信、珍爱生命、积极向上为目标的家庭好成员。

小学四至六年级道德与法治课程的教学内容重点强调学生掌握以下内容：爱亲敬长、爱集体、爱家乡、爱祖国；保护环境、爱惜资源，以及初步了解生活中的自然、社会常识，初步了解有关祖国的知识；感受生活中的法律，初步形成对法律的基本认识。

（一）四年级与家庭生活相关的学习

四年级的学习从"与班级共成长""为父母分担""信息万花筒""让生活多一些绿色"为学习模块，突出强调对集体、对家庭、对父母、对生活的了解与热爱，以及提高爱护环境、保护环境的意识。以案例7"为父母分担"、案例8"信息万花筒"、案例9"让生活多一些绿色"为例，可以发现这一阶段学习内容紧紧围绕与儿童生活相关内容，符合儿童发展特点和生活需要。

表5-12　案例7　"为父母分担"单元教学内容设计 ①

为父母分担	
活动名称	具体内容
少让父母为我操心	①爸爸妈妈多辛苦（父母在忙什么？征得爸爸妈妈的同意，跟着他们去上一天班吧） ②少给父母添麻烦（在学校里、在家中、在玩耍时）
这些事我来做	①家务擂台赛（买菜做饭、擦桌洗碗、洗衣叠被、买日用品等） ②愿做哪种人（作为家中的小成员，应做哪些力所能及的家务事） ③家长不让做，怎么办 ④与家务活儿"签约"（家务小妙招：扫地、刷白球鞋、擦玻璃、擦桌子）
我的家庭贡献与责任	①我的家庭贡献（交流你对家庭的贡献有哪些：生活创意员、如何成为维系家庭成员之间亲情的纽带等） ②我也有责任

① 资料来源：中华人民共和国教育部编写：《道德与法治》（四年级），人民教育出版社，2019年。

四年级"为父母分担"的学习，是在三年级学习"父母关心爱护"的基础上，进一步帮助学生认识自己在家庭中的作用，学习讨论的内容体现出对家庭的深入认识和对家庭成员所应承担责任的理解。鼓励学生学习分担家务劳动，减轻父母在家庭生活中的负担。

四年级的学习也是在小学教育阶段首次明确提出小学生作为家庭中的一员，可以通过自己力所能及的劳动来认识家庭、承担家庭责任。

表5-13　案例8　"信息万花筒"单元教学内容设计①

信息万花筒	
活动名称	具体内容
健康看电视	①神奇的"宝盒"（节目名称、频道、时间、喜欢看的理由） ②眼镜的"抗议书"（你是怎么看电视的） ③别让它抢走太多（电视在生活中除了抢走时间，还抢走了什么）
网络新世界	①新世界，很精彩（互联网的接触、网络新事物） ②新世界，有规则（网络安全防护小技巧） ③网络游戏的是与非（避免沉迷网络游戏的方法）
正确认识广告	①无处不在的广告 ②广告都可信吗 ③学会识别广告（请父母帮助判断、同类商品做比较、根据实际需要购买）

"信息万花筒"的学习，充分反映出社会与时代发展的需要，学习内容根据学生身心发展的特点而设置，旨在以正确的思想认识引导学生更好地适应现代信息生活，形成健康的生活意识和行为习惯。学习内容中强调广告对儿童生活的影响以及正确消费生活观念的建立方法。

---

① 资料来源：中华人民共和国教育部编写：《道德与法治》（四年级），人民教育出版社，2019年。

表 5-14　案例 9 "让生活多一些绿色"单元教学内容设计 ①

让生活多一些绿色	
活动名称	具体内容
我们所了解的环境污染	①从"白色污染"说起（塑料垃圾带来的困扰、我家的"减塑"方案） ②环境污染大搜索（讨论发现：日常生活中的农药污染，污染对人类、动物、植物等造成的危害） ③谈谈对"绿水青山就是金山银山"这句话的理解
变废为宝有妙招	①暴增的垃圾（调查家庭、学校、班级一天产生的垃圾量，小组调查所住城市生活垃圾处理情况） ②减少垃圾、变废为宝（减少生活浪费、自觉垃圾分类，为社区、家庭、班级想一个垃圾分类的妙招） ③小组举办"变废为宝创意展"
低碳生活每一天	①地球"发烧"了（气候变暖带来哪些灾害） ②减少我们的碳排放（小组搜集"碳排放"的资料，如生产一件衣服的"碳排放"，包括天然材质的衣服、皮革材质的衣服、化纤材质的衣服） ③说说我的"低碳经"（冲水马桶的使用、看电视时屏幕亮度的调节、种草植树、爱护花草等）

　　"让生活多一些绿色"的学习，密切结合了时代与家庭生活发展的需要，通过小组讨论、调查、学习，帮助学生树立环境保护的意识，强调家庭低碳生活新规范，让学生初步理解只有每个人重视绿色低碳生活，才能形成人类与自然界和谐共生的生态文明环境。

　　四年级的教学内容，更具体地要求学生在学习中对家庭、对生活、对环境等相关知识与技能的掌握，如要求学生形成初步的家庭观念，具备家庭成员意识；能应对信息化社会的发展，初步具有正确的信息分析能力；具备环境保护的意识，掌握环境保护的方法。

（二）五年级与家庭生活相关的学习

　　五年级的教学以"面对成长中的新问题""我们是班级的主人""我们的国土""我们的家园""骄人祖先、灿烂文化"为主要学习内容，强调了

---

　　① 资料来源：中华人民共和国教育部编写：《道德与法治》（四年级），人民教育出版社，2019 年。

学生的自主意识培养，强调对自我成长的认识与管理，对国家、国土，对民族瑰宝、传统文化、传统科技、传统美德的学习理解与掌握。

表5-15　案例10　"面对成长中的新问题"单元教学设计 [①]

面对成长中的新问题	
活动名称	具体内容
自主选择课余生活	①课余生活我选择（你的选择与父母的意见不一致该怎么办） ②课余生活助我成长（开阔视野、提高动手能力、学会合作、培养创新意识） ③过好我们的课余生活（与同学分享自己的课余生活，安排时间时要考虑的因素）
学会沟通交流	①正确对待不同看法 ②真诚、坦率的重要（简单拒绝、一味接受） ③与人沟通讲方法
主动拒绝烟酒与毒品	①烟酒有危害 ②毒品更危险（查阅资料，与同学讨论吸毒对个人、对家庭和社会有哪些危害，关于禁毒的法律规定你知道哪些） ③拒绝危害有方法（学会拒绝和求助，调查了解身边有哪些场所设置"未成年人禁入"的标志）

五年级的学生处于"想独立""渴望成熟"的心理发育时期，在集体生活中希望得到他人和群体的接纳与认同，然而不同的成长环境与社会经济的飞速发展，让学生在成长遇到许多新的问题与挑战，正确认识自己、提升自己的社会性、学会理解他人、学会沟通合作、远离危险的诱惑，成为学生在成长发展过程中必须掌握的基础知识和基本技能。这也反映出家庭学科教育对人的发展过程中尤为关注时代变化与社会性成长的问题。

---

① 资料来源：中华人民共和国教育部编写：《道德与法治》（四年级），人民教育出版社，2019年。

表5-16　案例11　"我们神圣的国土"单元教学内容设计①

我们神圣的国土	
活动名称	具体内容
辽阔的国土	①辽阔的国土（23个省、5个自治区、4个直辖市、2个特别行政区，北京是中华人民共和国的首都） ②好山、好水、好风光（利用节假日欣赏和感受祖国的山水之美） ③中国的世界自然遗产分布（践行文明出游公约） ④一方水土，一方生活（说一说自己家乡的衣、食、住、行与当地自然环境有什么关系，选择一种方式展示家乡的生活特色）
中华民族一家亲	①中华民族大家庭（各民族相互借鉴、相互欣赏、相互促进，共同创造了光辉灿烂的中华文化） ②互相尊重、守望相助（查找资料，向同学介绍一个少数民族传统节日。如果要策划"民族团结一家亲"的班会，你有什么建议）

在"我们神圣的国土"的学习中，要求学生知道我国是一个统一的多民族国家，各民族共同创造了中华民族的历史和文化。随着时代的发展，不同地区之间的交往越来越多，这需要人们不断增进沟通交流，学生要学会了解不同民族的生活习惯和风土人情，理解和尊重不同民族的文化。

表5-17　案例12　"骄人祖先　灿烂文化"单元教学内容设计②

骄人祖先　灿烂文化	
活动名称	具体内容
美丽文字民族瑰宝	①丰富多样的文字（汉文、蒙文、藏文、维吾尔文、哈萨克文、朝鲜文、彝文、壮文） ②古老而优美的汉字（从甲骨文到楷书，你喜欢哪种字体。把你搜集的字帖或者自己的书法作品带来，和同学一起分享） ③意蕴隽永的汉字（哪些汉字体现了中华民族的传统美德） ④影响深远的汉字（汉字在朝鲜半岛、汉字在日本、汉字在越南）

①②　资料来源：中华人民共和国教育部编写：《道德与法治》（五年级），人民教育出版社，2019年。

（续表）

骄人祖先　灿烂文化	
活动名称	具体内容
古代科技　耀我中华	①古代科技巨人（中国古代科学家的故事。说一说我国古代科学家追求真理、献身科技的故事，对你有什么启发） ②独具特色的古代科学（农业、天文、中医等） ③古代技术创造（商后母戊鼎、西汉直裾素纱襌衣、东汉青瓷四系罐、都江堰、赵州桥等） ④改变世界的四大发明（造纸术、印刷术、指南针、火药）
传统美德　源远流长	①自强不息的人格修养（说一说自己的志向或理想，能否坚定不移地朝着它前进） ②立己达人的仁爱精神（孔子的仁爱思想、将心比心、朱冲还牛、杜环侍老、民胞物与，天下兴亡、匹夫有责等，讲一则发生在自己身边的仁爱故事）

　　"骄人祖先　灿烂文化"的学习，要求学生能理解并认识到一个民族没有振奋的精神和高尚的品格，就不可能屹立于世界民族之林。中华民族在自己的发展历程中所形成的代代传承的美德，深深熔铸在我们伟大的民族精神之中。懂得不懈追求人格修养的提高是中华传统美德的突出特点，如注重明志、崇尚气节、讲究诚信等。对传统文化、传统美德的学习掌握也是家庭学科教育中强调的对健全人格培养形成有重要意义的课程。

（三）六年级与家庭生活相关的学习

　　六年级的教学着重强调学生对法律的基本理解与认识，学习内容以"我们的守护者""我们是公民""我们的国家机构""法律保护我们健康成长"为学习模块，介绍了与小学生有关的法律，诸如未成年人保护法、义务教育法、预防未成年人犯罪法，教学方法要求围绕相关法律条文结合生活中的案例，开展模拟法庭活动。

表 5-18　案例 13　"我们是公民"单元教学内容设计 [①]

我们是公民	
活动名称	具体内容
公民意味着什么	①公民身份从何而来（公民身份与国家密切相关，标示着个人作为国家成员的资格；国籍取得方式有两种：一是以出生的方式取得，二是以申请加入的方式取得） ②认识居民身份证（身份证正面背面有哪些信息、说一说身份证有哪些用处） ③我是中国公民（说一说哪些事情让你体会到作为中国公民的自豪，如科技、体育、经济等领域成就）
公民的基本权利和义务	①公民的基本权利（公民在自由行使权利的时候，不得损害国家的、社会的、集体的利益和其他公民的合法权益） ②公民的基本义务（我们应当履行的基本义务，既有对国家、社会的义务也有对家庭的义务） ③国家尊重和保障人权（《国家人权行动计划（2021—2025 年）》及其七大目标）

表 5-19　案例 14　"法律保护我们健康成长"单元教学内容设计 [②]

法律保护我们健康成长	
活动名称	具体内容
我们受特殊保护	①我们是未成年人（不同年龄在法律上的意义；你在家里做家务吗，如何看待未成年人做家务这一问题） ②专门法律来保护（义务教育法、未成年人保护法、预防未成年人犯罪法） ③特殊关爱，助我成长（5 月 15 日为国际家庭日，提高国际社会对家庭重要性的认识，促进家庭和睦、幸福与进步；回忆在成长过程中感受到哪些来自家庭的关爱，讲述自己感触最深的故事，表达感恩之心；学习反家庭暴力法）
知法守法　依法维权	①用好法律，维护权利（懂法、用法、学法） ②守法不违法（校园欺凌的主要行为。区分正常的身体接触和不当的身体接触） ③依法维权有途径（告知情况、寻求法律专业人员的帮助；向有关部门寻求保护，运用法律维护权利；懂得收集证据）

---

①② 资料来源：中华人民共和国教育部编写：《道德与法治》（六年级），人民教育出版社，2019 年。

六年级的学习要求学生知道自己是中华人民共和国的公民，初步了解自己拥有的基本权利和义务；知道我国颁布的与少年儿童有关的法律法规，学习运用法律保护自己，形成初步的民主与法治意识。

第四节　小学劳动课程中的家庭学科

劳动是创造物质财富和精神财富的过程，是人类特有的基本社会实践活动。习近平总书记指出，人世间的一切成就、一切幸福都来源于劳动和创造。劳动教育是新时代党对教育的新要求，是中国特色社会主义制度的重要内容，是全面发展教育体系的重要组成部分，是学校教育阶段必须开展的教育活动。我国的劳动教育具有鲜明的思想性，将马克思主义的劳动观贯彻始终，强调劳动是一切财富、价值的源泉，劳动者是国家的主人，一切劳动和劳动者都应该得到鼓励和尊重，倡导通过诚实劳动创造美好生活，实现人生梦想。

当前，我国小学教育中并没有明确的家庭学科指导课程，与之最接近的就是道德与法治课程和劳动课程，三者之间存在着密切的联系。2015 年，教育部、共青团中央、全国少工委下发《加强中小学劳动教育的意见》，针对中小学生劳动机会减少、劳动意识缺乏，劳动教育在学校中被弱化、在家庭中被软化、在社会中被淡化的现象，提出推动建立"课程完善、资源丰富、模式多样、机制健全的劳动教育体系，形成普遍重视劳动教育的氛围"。强调学校应安排适量的劳动家庭作业，针对学生的年龄特点和个性差异布置洗碗、洗衣、扫地、整理等力所能及的家务，要密切家校联系，让家长成为孩子家务劳动的指导者和协助者。在劳动教育中充分发挥家庭的育人功能。2020 年 7 月，教育部印发《大中小学劳动教育指导纲要（试行）》，明确将构建与国民经济发展水平、国民教育过程、学生全面发展相适应的劳动教育体系作为教育发展的重要任务。

2022 年版义务教育《劳动课程标准》在课程目标中强调从劳动观念、劳动能力、劳动习惯和品质、劳动精神这四方面培养学生的劳动素养。将家庭学科中对学生生存能力、生活态度的培养要求纳入了劳动课程的培养目标中，主要体现在劳动观念和劳动能力培养中。劳动观念的学习目标要求学生能正确理解劳动对于个人生活、家庭幸福、社会进步、国家富强和人类发展的意义，懂得劳动创造人、劳动创造财富、劳动创造美好生活的道理。劳动能力的学习目标要求学生具备基本的劳动知识和技能，能正确使用常用的劳动工具，其中就包括基本的生活知识和生活技能。生活与劳动密不可分，劳动的过程也是创造美好生活的过程，将家庭学科的学习目标要求融进劳动教育课程体系中，用劳动将人的成长和社会发展结合起来，在凸显课程树德、增智、强体、育美的综合育人功能的同时，提高了育人水平和育人质量。

一、小学低年级与家庭生活相关的教学内容

2022 版义务教育《劳动课程标准》中，小学低年级劳动学习要以个人生活起居为主要学习内容，指导学生学会完成个人物品整理、清洗，能进行简单的家庭清扫和垃圾分类，树立自己的事情自己做的意识，提高生活自理能力；并能进行简单的手工制作，照顾身边的动植物，关爱生命、热爱自然。学习目标充分体现出家庭学科学习对培养学生认识生活、热爱生活、关爱生命、掌握基本生活自理能力的要求。

小学低年级劳动课的学习任务设计主要从学生的发展水平和一日生活需要出发，围绕自我服务、家庭生活劳动、农业生产劳动、传统工艺制作等方面提出学习要求，学习过程强调家校合作，充分发挥家长在家庭生活中对学生劳动能力、生活能力的督促培养。

在劳动课程中共设置了 10 个任务群。在"清洁与卫生"学习任务中，要求学生能用合适的洗涤用品洗碗筷等餐具，用肥皂、洗衣液等洗红领巾；依据颜色和文字提示辨别不同类型垃圾桶，知道垃圾分类投放的要求；能独立完成与个人卫生相关的劳动。以上任务要求均是与一日生活息息相关

的基本生活技能，既培养了学生的劳动能力，也直接促进、提高了学生的生活技能。

在"烹饪与营养"的学习任务模块中，指出学生要参与简单的家庭烹饪劳动，如择菜、洗菜等食材的粗加工，掌握日常简单的烹饪工具。对于器皿的使用方法和注意事项，目的是让学生具有"自己的事情自己做"的生活自理意识。初步具有科学处理果蔬、制作饮品的意识和能力。家长要督促、鼓励学生在家练习烹饪技能，有始有终地开展家务劳动。把握课程特点、发挥家校协同育人的功效，形成共育合力，这充分体现了家庭学科依托家庭，积极发挥家庭育人的学习特点。

为更好地培养学生热爱生活、热爱劳动的品质，开设了"农业生产劳动"的学习任务模块。要求根据实际情况，学生可在家长的指导下种植和养护一两种当地常见的水培或土培植物，如绿萝、文竹等，或饲养一两种小动物，如金鱼、蚕等。在初步了解身边常见动植物的养护方法，知道种植、养殖活动与自然界的紧密关系的同时，初步具有关心、照顾身边常见动植物的责任心，培养对动植物的喜爱之情。

在丰富的劳动活动中学生不仅能够获得劳动锻炼更是从自身做起，从日常生活的点滴小事做起，在父母、老师的指导下学习到基本的生活技能，具备关心、照顾身边常见动植物的责任心和农业生产安全意识。劳动教育以学生的生活为中心开展，学生在劳动中能更好地认识生活、学习生活、体验生命的价值、理解家庭的责任。

二、小学中高年级与家庭生活相关的教学内容

小学中高年级劳动课程学习，以日常生活劳动、生产劳动和服务性劳动为主要内容开展。在日常生活劳动中立足学生个人生活事务处理，涉及衣、食、住、行、用等方面，注重培养学生的生活能力和良好的卫生习惯，树立自理、自力、自强意识。在劳动学习中让学生体会劳动光荣、尊重劳动者，初步养成热爱劳动、热爱生活的态度。

学生在劳动课程的学习中与家庭学科相关的学习任务包括：①参与家

居清洁、收纳整理、制作简单的家常餐等，家用器具的使用与维护，每年学会一二项生活技能，增强生活自理能力和勤俭节约的意识，培养家庭责任感；②初步体验种植、养殖、手工制作等简单的生产劳动，初步学会与他人合作劳动成果，懂得生活用品、食品来之不易，珍惜劳动成果。

这一阶段具体学习任务群包括："清洁与卫生""整理与收纳""烹饪与营养""家用器具使用与维护""农业生产劳动""传统工艺制作""现代服务业劳动""公益劳动与志愿服务"等。劳动课程在帮助学生获得劳动素养能力提升的同时，能更好地促进学生掌握基本的生存能力、树立良好的生活态度。

我国小学中高年级劳动课程的学习内容、学习目标涵盖了家庭学科应有的学习内容和学习目标，学习任务在强调劳动教育目标实现的同时，将家庭学科学习目标也做了明确要求。如在"整理与收纳"学习任务模块中，强调学生能够掌握居室内物品整理、收纳、清洁的方法，理解及时收纳能让生活、学习环境变得整洁、美好；能较充分、合理的利用家居空间，用劳动和智慧为自己和家人创造舒适的生活环境。在"烹饪与营养"学习任务模块中要求三四年级学生能使用简单的烹饪器具对食材进行切配，按照一般流程制作凉拌菜、拼盘，学习用蒸、煮方法加工食材，如制作凉拌黄瓜、做水果拼盘，加热馒头、包子等面食，煮鸡蛋、水饺等；加工过程能注意卫生、安全，能满足自己基本的饮食需求；形成生活自理能力，初步建立健康饮食的观念和初步的食品安全意识；逐步掌握简单的日常烹饪技术。五六年级学生能够用简单的炒、煎、炖等烹饪制作方法制作2～3道家常菜，如西红柿炒鸡蛋、煎鸡蛋、炖骨头汤等；能根据家人需求设计一顿午餐或晚餐的营养食谱，了解不同烹饪方法（炒、煎、炖）与食物营养的关系；能掌握简单的烹饪方法，初步养成营养搭配和健康饮食的习惯，具有食品安全意识；树立乐于为家人服务的劳动观念，初步形成家庭责任感。在教学中有条件的学校可在校内让学生实践体验，没有条件的学校可让学生在家长指导下操作完成。

在"家用器具使用与维护"学习任务中，要求三四年级学生能正确使用1～2种家庭常用小电器，如吹风机、吸尘器等；认识、了解厨具的种类和作用，正确使用厨房小家电参与家庭烹饪劳动，如用电饭煲煮饭；知道操作流程要规范、安全；初步具有家用电器使用安全意识和器具保养维护意识，形成生活自理能力。五六年级学生要掌握家庭常用电器的功能特点和使用方法，初步养成良好的家用电器使用习惯；感受家用电器对提高家务劳动率、提升生活品质的作用。

家庭学科学习强调培养学生掌握基本的生活知识和生活技能、提高生活自理能力、培养学生热爱生活、创造生活的积极态度，从劳动课程"整理与收纳""烹饪与营养""家用器具的使用与维护"的任务群学习中，可以发现我国将家庭学科的学习内容纳入了劳动教育的课程，劳动创造一切，美好的生活要靠劳动来创造。在劳动中让学生体会学习人与人、人与自然、人与家庭、人与社会的关系，强化家庭责任感、社会责任感。

案例1 五六年级劳动教育课程——烹饪《包饺子》[①]

宁夏回族自治区石嘴山市光明中学教师杨梅琴

来源：国家中小学智慧教育平台

一、课程名称：《包饺子》

二、课程人数：45 人

三、学时安排：90 分钟

四、学习目标

（一）劳动观念

通过学生的亲身体验，品尝自己的劳动成果，获得成就感。

使学生了解面食的历史，传统的面食，特别是饺子的制作方法和传统工艺。

（二）劳动能力

使学生掌握简单的饺子制作方法和制作流程，通过实践活动，掌握基本的生活技能，提高学生的动手能力、合作能力。

---

① 资料来源：国家中小学智慧教育平台。

（三）劳动精神

培养学生的劳动热情，使学生体会父母的辛劳和不易，学会感恩。

（四）劳动品质与习惯

丰富学生的生活，增进学生成员间的交流，同时给学生一个自己动手操作的机会，锻炼学生的动手操作及合作能力，在生活中寻找快乐。学生也可以更好体验到从制作到品尝饺子这一传统美食的全过程，品尝饺子蕴涵的优秀传统文化。

五、活动过程

（一）课程准备

（1）有关烹饪历史文化知识的阅读材料及相关食物烹制方法的材料。

（2）葱、姜、肉、鸡蛋、油、酱油、醋、味精及其他调料等。

（3）学生以小组为单位，准备拌好的饺子馅和醒发好的面团、面粉适量，擀面杖每个小组一个，盛放饺子的盘子每组两个，筷子或勺子每人一双（一个），面板每组一个，围裙每人一条，湿巾、盛饺子的塑料袋。

（二）课前导入

（1）介绍经验：谁能说一说你是怎样包饺子的？（邀请包过饺子的同学介绍经验）听了几位同学的讲述，谁会包饺子？看来，光听同学说，自然是学不会包饺子。那我们应该怎么办？（让学生懂得自己亲自动手做一做才行）

（2）做准备：引导学生将包饺子前的准备工作做好，帮助学生明确卫生要求，主要是明确在包饺子过程中出现的垃圾怎样处理。

（三）练习包饺子

（1）师生共同学习包饺子的简单做法，拿起饺子皮，手擀成窝形，放入适量馅，对折成半圆，捏牢中间；由两边向中间封口，用双手拇指和食指按住边。

（2）学生小组内练习包饺子，注意分组时考虑学生准备的工具情况和个性差异。

（3）讨论、交流在包饺子的过程中出现的问题应该如何解决。

劳动教育课程——烹饪《包饺子》在教学活动目标设计上围绕劳动观念、劳动能力、劳动精神、劳动品质与习惯四方面进行了具体学习目标的设置。在学习目标设计中将家庭学科对学生基本生活技能的培养纳入劳动能力的培养目标，将认识生活，如体会父母的辛劳和不易这类学会感恩融入劳动精神的培养；将热爱生活，如了解传统面食的历史、传统面食，感受饺子里蕴涵的优秀传统文化融入劳动观念、劳动品质与习惯的培养目标。培养目标既体现出劳动课程的核心素养，也将家庭学科对学生基本生活能力、基本生活态度的培养纳入其中。课程学习价值得到最大限度的开发使用。烹饪课《包饺子》从日常生活需要出发，结合传统文化的学习在帮助学生掌握基本生活技能、认识生活的同时，注重培养塑造学生的劳动观念、劳动精神和劳动品质，课程更具综合性、教育性、本土性、特色性。

第五节　中国小学阶段家庭学科的教学注意点

一、学习内容

我国小学义务教育阶段将家庭学科的学习内容融入了道德与法治、劳动的课程学习。在道德与法治"生活内容"的学习中，侧重帮助学生掌握健康、安全的生活，愉快积极的生活，负责任、有爱心的生活，动手动脑、有创意的生活。学习内容围绕着"我的健康成长""家庭生活""学校生活""社区生活""我的家乡""我们的国家""我们共同的世界"等逐一展开，涵盖了对学生良好品德、科学认识生活的培养，为促进学生认识社会、参与社会、适应社会，成为具有爱心、责任心、良好行为习惯和个性品质的公民奠定基础。

劳动教育是国民教育体系的重要内容，是少年儿童成长的必要途径。习近平总书记强调，劳动是一切幸福的源泉。人世间的美好梦想，只有通过诚实劳动才能实现。发展中的各种难题，只有通过诚实劳动才能破解；

生命里的一切辉煌，只有通过诚实劳动才能铸就。2020 年 3 月 26 日，中共中央、国务院颁布了《关于全面加强新时代大中小学劳动教育的意见》明确了家庭、学校、社会各自的作用和实施内容，劳动课程要求以家庭为基础，将劳动教育融入学生生活的各方面，营造良好家风。由于家庭是基础，劳动课程在小学阶段的学习内容设计紧紧围绕学生的一日生活展开，重在利用家庭劳动培养学生的日常生活自理、自助和自我生活管理能力，帮助学生掌握基本的生活技能，养成良好的生活、卫生、劳动习惯，形成良好的生活态度，能在生活中勤于思考、乐于学习探究。家庭在劳动教育中发挥了基础作用，家长以身作则、亲自示范，树立了热爱劳动的良好家风，学生在家庭劳动中认识生活、掌握基本的生活知识和生活技能，提高自理、自立的能力。

二、学习方法

小学阶段的学习方法强调教师要根据不同的教学科目、教学目标、教学内容、教学对象和教学条件加以选择，如阅读、讨论、辩论、参观、调查、访问、实践操作、情境体验、角色扮演、模拟活动、两难问题辨析，以及撰写报告书、制作图表等，教师可根据实际需要加以选择，但不宜在一节课内展现多种教学活动方式。重点可采取体验学习、探究学习、问题解决学习、小组学习等方法。

在劳动教育课程中，教师要注重劳动与生活密不可分的特点，注重真实性，立足学生真实生活经历或体验，面向现实生活。可以从真实的劳动情境出发创设情境，也可以从真实的问题出发，指导学生明确劳动任务，要注重家长在劳动教育尤其是日常生活中对学生基本生活知识、生活技能、生活态度的指导和培养，充分发挥家庭在育人中的作用。

三、学习重点

道德与法治教育是基于社会发展和学生成长的需要，以正确的政治思想、道德规范和法治观念对学生进行循序渐进的系统化教育，在道德教育中发挥法治对道德的促进作用，在法治教育中发挥道德对法治的滋养作用，使道德教育与法治教育相辅相成、相得益彰，培养学生成为担当民族复兴大任的时代新人。课程学习中强调的家国情怀、家庭美德、职业道德、生命安全意识和自我保护能力、理性平和、友爱互助、担当精神、有序参与等目标与家庭学科的培养目标是一致的，都注重对人生存与发展所需核心素养的培养。

劳动教育是发挥劳动育人的功能，对学生进行热爱劳动、热爱劳动人民的教育活动，是中国特色社会主义教育制度的重要内容，是全面发展教育体系的重要组成部分，对全面贯彻党的教育方针，落实立德树人根本任务，培养德智体美劳全面发展的社会主义建设者和接班人具有重要的意义。劳动教育涵盖了一切与劳动与生活相关的生产、生活、生存、发展所需的劳动生活知识和劳动生产技能。在劳动中培养提升学生自理、自立的能力，理解劳动创造美好生活的道理，是劳动教育的重点也是家庭学科对学生培养的重点要求。在教学中既要保持劳动教育的特色，也要充分发挥劳动教育在培养学生生活能力、生活态度、生活追求方面的独特优势，在劳动中让学生学会生活、热爱生活、关心生活、关爱家庭，让良好的家教家风在生活劳动中得以传承发展。

学习重点也要根据不同年龄阶段小学生的学习、生活、发展需要，设计与课程特点相适应的、贴近学生实际生活的学习内容，倡导家庭、学校、社会应共同努力，为学生创设温馨、健康、安全的家庭和集体生活氛围，帮助小学生初步建立积极健康的人际关系，能在良好的社会环境及文化熏陶中掌握基本的生活自理、自立技能和基本的社会行为准则，能初步认识自己所处的家庭、学校、社区、社会环境，从认识自我、认识家庭、认识家乡、认识我生活的周边开始树立科学的生活态度，建立基本的社会认同感和归属感。

第六章

中国义务教育初中阶段的家庭学科教育

第一节　初中阶段综合实践活动课程中的家庭学科

综合实践活动是国家义务教育和普通高中课程方案规定的必修课程，是贯彻落实党的教育方针的重要举措，是提升学生综合素质的主要抓手。综合实践活动课程以价值体认、责任担当、问题解决、创意物化 4 个方面为课程目标，注重引导学生体认、践行社会主义核心价值观，热爱中国共产党、热爱祖国、热爱劳动，培养社会责任感、创新精神和实践能力；课程要求通过探究、服务、制作、体验等方式进行学习，综合运用各学科知识分析、解决现实问题，尊重学生的自主选择与创造，坚持教育与生产劳动、社会实践相结合。由于综合实践活动没有固定的活动模式，鼓励在教学中将学科知识与生活经验相融合，因此综合实践活动的教学内容可以结合劳动教育、家庭教育、传统文化教育、科技教育、生命教育、健康安全教育、经济教育、爱国主义教育等多种主题活动来开展。而家庭学科的学习本就是对生活本源进行的学习，是对人在成长过程中所需掌握的衣、食、住、行相关知识技能的学习，学习内容具备实践性、综合性，因而在综合实践活动中适当地开展家庭学科知识的学习，既符合综合实践活动课程的特性，也能更好地落实家庭学科的学习目标要求。

一、综合实践活动课程与家庭学科课程的关联性

（一）课程性质的真实性、综合性

综合实践活动是从学生的真实生活和发展需要出发，从生活情境中发现问题，并转化为活动主题，通过探究、服务、制作、体验等方式，培养

学生综合素质的跨学科实践性课程。

家庭学科课程强调从学生的一日生活出发，结合成长发展需要，通过实践探究的方式来培养学生的生活知识、生活技能、生活态度。二者都关注从学生的生活情境出发，强调通过探究、体验等方式提高学生的综合素养。

（二）课程基本理念的一致性

1. 课程目标以培养学生综合素质为导向

综合实践活动课程和家庭学科课程在教学中均强调学生综合运用各学科知识，认识、分析和解决现实问题，提升综合素质，着力发展核心素养，特别是家庭责任感、社会责任感、创新精神和实践能力，以适应快速变化的家庭生活、社会生活、职业世界和个人自主发展的需要，迎接信息时代和全球发展一体化的挑战。

2. 课程开发面向学生的个体生活、家庭生活、社会生活

综合实践活动课程和家庭学科课程都提出要面向学生完整的生活世界，引导学生从日常学习生活、社会生活或与大自然的接触中提出具有教育意义的活动主题，使学生获得关于自我、家庭、社会、自然的真实体验，建立学习与生活的有机联系。强调要避免仅从学科知识体系出发进行活动设计，要加强课程内容与学生经验、实际生活的联系，注重培养学生在真实的情境中综合运用知识解决问题的能力。

3. 课程实施注重学生主动实践和开放生成

综合实践活动课程和家庭学科课程都鼓励学生从自身成长需要出发，选择活动主题，主动参与并亲身经历实践过程，体验并践行价值信念。在实施过程中，随着活动的不断展开，在教师指导下，学生可根据实际需要，对活动的目标与内容、组织与方法、过程与步骤等作出动态调整，使活动不断深化。

4. 课程评价主张多元评价和综合考察

综合实践活动课程和家庭学科课程都要求突出评价对学生的发展价值，充分肯定学生活动方式和问题解决策略的多样性，鼓励学生开展自我评价、同伴间的合作交流和经验分享。提倡多采用质性评价方式，避免将评价简化为分数或等级。强调要将学生在活动中的各种表现和活动成果作为分析考察课程实施状况与学生发展状况的重要依据，对学生的活动过程和结果进行综合评价。

综合实践活动课程与家庭学科课程在课程性质与课程基本理念的相通性，为家庭学科学习在综合实践活动中开展提供了有效路径。在综合实践活动的开展中，可以有针对性地选择旨在帮助学生掌握常见的、与家庭生活相关的技术知识与技能的学习内容，促进学生提高利用技术创造美好生活的意识与能力。

二、课程目标

根据 2017 年教育部印发《中小学综合实践活动课程指导纲要》，综合实践活动课程总目标是要求学生能从个体生活、社会生活及与大自然的接触中获得丰富的实践经验，形成并逐步提升对自然、社会和自我之内在联系的整体认识，具有价值体认、责任担当、问题解决、创意物化等方面的意识和能力。

（一）初中阶段与家庭学科相关的教学目标

1. 价值体认

积极参加班团队活动、场馆体验、红色之旅等，亲历社会实践，加深有积极意义的价值体验。能主动分享体验和感受，与老师、同伴交流思想认识，形成国家认同，热爱中国共产党。通过职业体验活动，发展兴趣专长，形成积极的劳动观念和态度，具有初步的生涯规划意识和能力。

2. 责任担当

观察周围的生活环境，围绕家庭、学校、社区的需要开展服务活动，增强服务意识，养成独立的生活习惯；愿意参与学校服务活动，增强服务学校的行动能力；初步形成探究社区问题的意识，愿意参与社区服务，初步形成对自我、学校、社区负责任的态度和社会公德意识，初步具备法治观念。

3. 问题解决

能关注自然、社会、生活中的现象，深入思考并提出有价值的问题，将问题转化为有价值的研究课题，学会运用科学方法开展研究。能主动运用所学知识理解与解决问题，并作出基于证据的解释，形成基本符合规范的研究报告或其他形式的研究成果。

4. 创意物化

运用一定的操作技能解决生活中的问题，将一定的想法或创意付诸实践，通过设计、制作或装配等，制作和不断改进较为复杂的制品或用品，发展实践创新意识和审美意识，提高创意实现能力。通过信息技术的学习实践，提高利用信息技术进行分析和解决问题的能力以及数字化产品的设计与制作能力。

从以上目标中可以发现，综合实践活动课程在初中教育阶段强调学生要形成国家认同，热爱祖国、热爱中国共产党，形成积极的劳动观念和态度；增强服务意识，养成独立的生活习惯，初步形成对自我、学校、社区负责任的态度的社会公德意识。在实际教学中，建议适当选择家庭生活服务作为学习内容，学生只有具备服务自己的能力、服务家庭的能力，才能更好地服务他人、服务社会。在教学目标中可以更全面地体现学生对自我、家庭、学校、社区负责任的态度。让家庭生活指导学习成为综合实践活动课程各目标实现的重要组成部分，并利用学生对生活中存在问题的思考与解决，如对家庭的理财、家居的保洁、食物的烹饪、生活环境的美化、家庭的保健等问题的研究，提高学生的问题解决和创意物化能力。

三、综合实践活动课程中的家庭学科教学内容与活动方式

家庭科学是阐述有关人类在家庭生活中一切必要知识，从家庭基础、衣、食、住、行和环境等方面讲授生活与科学的内在联系，目的是通过提升家庭生活质量的方式来提高家庭成员的素质。综合实践活动课程中家庭学科知识的学习，可以结合综合实践活动课程的目标、学生生活发展的实

际需要来设计活动主题、选择活动内容和活动方式。让综合实践活动课程走进家庭融入生活，关乎家风、家教，更关乎对学生成长、成才的培养。

（一）内容选择与组织原则

1. 生活性、丰富性

在家庭学科学习主题开发与活动内容选择时，要注重家庭学科的侧重，认识到每个家庭在形成和发展中，除了注重家庭成员的吃、穿、住、行、健康和学习，还要将"富强、民主、文明、和谐，自由、平等、公正、法治，爱国、敬业、诚信、友善"社会主义核心价值观渗透在家庭教养过程中，教育家庭成员学会尊老爱幼、母慈子孝、兄友弟恭、耕读传家、勤俭持家、知书达礼、遵纪守法、家和万事兴等丰富的中华民族传统家庭美德。

要重视学生的成长发展需求，尊重学生的发展差异和家庭背景。教师要善于引导鼓励学生围绕活动主题，从生活的角度切入，从科学的生活、传承传统家庭美德、弘扬良好家风等方面选择具体的活动内容，确定活动目标任务，提升自主规划和管理能力。同时，要善于捕捉和利用课程实施过程中生成的有价值的问题，指导学生深化活动主题，不断完善活动内容。

2. 实践性

综合实践活动课程中的家庭学科活动强调学生亲身实践和体验，在"动手做""实践""探究""设计""讨论""反思"的过程中进行"体验""体悟""体认"，在全身心参与的活动中，发现、分析和解决问题，体验和感受生活，发展实践创新能力。

3. 协同性

综合实践活动课程中的家庭学科相关学习活动的开展，要基于学生已有经验和家庭情况，打破学科界限，选择普遍的、适宜的活动内容，鼓励学生利用家庭生活实践跨领域、跨学科的探究学习，引导学生把自己成长的环境作为学习场所，在与家庭、学校、社区的持续互动中，掌握生活的知识和技能，思考生活的目的和意义，使自己的个性特长、实践能力、生活能力、服务精神和社会责任感不断获得发展。

4. 整合性

综合实践活动课程中的家庭学科学习内容的组织，要充分结合学生的年龄特点、个性特征、生活实际、家庭背景、学校条件、社区资源等多种因素，以促进学生掌握当代高质量的生活知识技能为发展为核心，均衡考虑学生与自我、学生与家庭、学生与环境、学生与社会的关系。对活动的探究和体验，要体现个人、家庭、环境、社会的内在联系，强化责任意识、知识技能、道德修养等方面的内在整合。

5. 连续性

综合实践活动课程中的家庭学科学习的内容设计，应基于学生可持续发展的要求，设计长短期相结合的与家庭生活相关的系列主题活动，使活动内容具有递进性，活动内容由简单走向复杂，不断丰富活动内容、拓展活动范围，促进学生综合素质的持续发展。

（二）活动方式与关键要素

综合实践活动的主要方式及其关键要素为考察探究、社会服务、设计制作、职业体验、党团队教育活动、博物馆参观等。

1. 考察探究

考察探究是学生基于自身兴趣，在教师的指导下，从自然、社会和自身生活中选择和确定研究主题，开展研究性学习，在观察、记录和思考中，主动获取知识，分析并解决问题的过程。它注重运用实地观察、访谈、实验等方法获取材料，考察探究的关键要素包括：发现并提出问题；提出假设，选择方法，研制工具获取证据；提出解释或观念；交流、评价探究成果；反思和改进。

2. 社会服务

社会服务指学生在教师的指导下，走出教室，参与社会活动，以自己的劳动满足社会组织或他人的需要，如公益活动、志愿服务、勤工俭学等。它强调学生在满足被服务者需要的过程中，获得自身发展，促进相关知识技能的学习，提升实践能力，成为履职尽责、敢于担当的人。社会服务的关键要素包括：明确服务对象与需要；制订服务活动计划；开展服务行动；反思服务经历，分享活动经验。

3. 设计制作

学生运用各种工具、工艺（包括信息技术）进行设计，并动手操作，将自己的创意、方案付诸现实，转化为物品或作品的过程，它注重提高学生的技术意识、工程思维、动手操作能力等。在活动过程中，鼓励学生手脑并用，灵活掌握、融会贯通各类知识和技巧，提高学生的技术操作水平、知识迁移水平，体验工匠精神等。设计制作的关键要素包括：创意设计；选择活动材料或工具；动手制作；交流展示物品或作品，反思与改进。

4. 职业体验

职业体验指学生在实际工作岗位上或模拟情境中见习、实习，体认职业角色的过程，如军训、学工、学农等。它注重让学生获得对职业生活的真切理解，发现自己的专长，培养职业兴趣，形成正确的劳动观念和人生志向，提升生涯规划能力。职业体验的关键要素包括：选择或设计职业情境；实际岗位演练；总结、反思和交流经历过程；概括提炼经验，行动应用。

由于综合实践活动无论是考察探究、社会服务、设计制作，还是职业体验、党团队教育、博物馆参观等都能与家庭生活相互关联。在活动设计时也可以有所侧重，从家庭教育、良好的家教家风传承、家庭生活等角度出发，突出家校合作、家庭育人的功效，让丰富的活动要素彼此渗透、融合贯通，有效促进问题解决，提升学生对家国的认识。

习近平总书记指出：每个人的生活都是由一件件小事组成的，养小德才能成大德。少年儿童不可能像大人那样为社会做很多事，但可以从小做起，每天都可以想一想，对祖国热爱吗？对集体热爱吗？学习努力吗？对同学们关心吗？对老师尊敬吗？在家孝敬父母吗？在社会上遵守社会公德吗？对好人好事有敬佩感吗？对坏人坏事有义愤感吗？这样多想一想，就会促使自己多做一做，日积月累，自己身上的好思想、好品德就会越来越多了。[①]"家庭是人生的第一课堂，父母是孩子的第一任老师。"孩子们从

---

① 引自：《习近平谈治国理政》第一卷，外文出版社 2018 年版，第 183 页。

牙牙学语起就开始接受家教，有什么样的家教，就有什么样的人，家庭教育涉及很多方面，但最重要的是品德教育，是如何做人的教育。因此，将家庭学科教育与综合实践活动密切结合，利用综合实践活动方式的丰富性、灵活性、实践性、探究性，融入家庭教育中的品德教育、习惯教育、生活技术教育，通过"家校合作""做中学"，引导学生在综合实践活动中开展家庭学科探究活动，加强知识学习与学生经验、现实生活、社会实践之间的联系，从真实生活情境出发，增强学生爱党、爱国、爱家的自觉意识，提升其认识真实世界、解决真实问题的能力，帮助学生形成美好心灵，促进学生健康成长。

（三）综合实践活动家庭学科教育学习案例

案例1　7～9年级综合实践活动课程
《爱国爱家——我爱我的祖国》①

素材依据《儿童家庭德育指导手册（12～15岁）》中的相关内容改造。

一、主题：我爱我的祖国

二、人数：班级全体学生

三、学时安排：90分钟

四、活动目标

（一）让学生理解中国特色社会主义道路是历史的必然选择

（二）培养学生正确的思想观念和价值取向

（三）引导学生传承革命精神

五、活动建议：

（一）家校合作：教师组织家长与学生一起参观爱国主义教育示范基地

（1）活动前，教师引导学生了解该基地的主要展览内容，让学生自己设计参观路线，讨论参观的内容，激发学生学习的积极性和主动性。

---

① 资料来源：全国妇联编写：《儿童家庭德育指导手册（12～15岁）》，中国妇女出版社，2022年。

（2）活动中，让学生重点了解中华民族的光辉历史、灿烂悠久的中华文明、近代中国人民英勇奋斗的壮丽篇章、中国共产党人的丰功伟业和社会主义现代化建设的丰硕成果等，引导学生理解只有社会主义才能救中国，只有中国特色社会主义才能发展中国。教师、家长、学生一起观看基地相关爱国影片并积极参与基地的各类互动活动，学生与家长、教师分享、交流参观感受。

（3）活动后，鼓励学生将参观感受通过绘画、朗诵、写作、歌唱、舞蹈等形式表现出来，培养学生的爱国情感，培育民族精神。

（二）亲子活动：家长与学生共同参观当地博物馆、家风馆、英雄人物故居或纪念馆、历史遗迹等，充分利用当地自然景观、文物古迹以及红色文化资源

（1）将参观作为一次研学活动，避免只参观不学习。要求家长和学生提前了解参观目的地的情况，家庭共同制订研学计划，激发学生在研学过程中的强烈求知欲和好奇心，将爱国主义教育基地作为最直观、最立体的历史教科书，引导学生通过各类场馆展览深刻体悟蕴含丰富教育意义的历史故事、文化故事、革命故事、当代故事。

（2）家长与学生通过图书、数字化知识产品等方式，了解英雄人物故事，如"共和国勋章"获得者、"七一勋章"和国家荣誉称号获得者等感人事迹，帮助学生了解英雄成长的历史背景、成长成才的过程、为国家和社会作出的巨大贡献等，引导学生理解社会主义社会建设过程中需要每个中国人爱国报国，让学生以英雄人物为榜样，为中国特色社会主义事业接续奋斗。

（3）家长和孩子共同阅读相关图书，如《我和我的祖国：时代人物故事》，引导孩子感受祖国的时代进步与发展，结合家乡的变化，为孩子详细讲述祖国的变迁、民族的发展，增强孩子的民族自信心和自豪感。引导孩子时刻心系祖国，在日常生活中，从身边的小事做起，努力做一名合格的公民，讲文明、懂礼貌、守公德；在面对关乎国家利益的事情时，要坚决捍卫祖国尊严，维护国家利益。每一位中华儿女都从爱家乡做起，发扬爱国主义，弘扬民族精神，让祖国母亲更美丽。

（三）资源拓展

处于偏远地区的家庭，如不方便带孩子去爱国主义教育示范基地参观，家长可以通过"云参观"的方式，与孩子共同观看大型系

列电视专题片《爱我中华——全国爱国主义教育示范基地巡礼》、中国网络电视台的《我的祖国——爱国主义教育基地网上展馆》等优秀爱国主义教育资源。

案例2 7年级综合实践活动课程
《家风引领——优良家风我传承》[①]

素材依据《儿童家庭德育指导手册（12～15岁）》中的相关内容改造。

一、主题：优良家风我传承

二、人数：班级全体学生

三、学时安排：90分钟

四、活动目标

（一）帮助学生正确理解家风

（二）引导学生传承家族的优良家风

五、活动建议

（一）家风讨论

（1）教师在活动开展前，组织学生进行家风的讨论活动。

（2）教师指导家长，在家庭中引导学生理解家风的含义，并要求学生将和父母一起总结的家族家风带到学校与同伴交流分享。

（3）教师指导学生向家族中德高望重的长辈请教，了解家族中的家风并整理出来，与班级同伴、家庭成员分享。

（4）帮助学生认识到家风是一个家庭的精神内核，引导学生传承优良家风。

（二）家风学习

（1）教师指导家长和学生一起学习优秀家风故事，如一起查阅《钱氏家训》的相关资料，了解江南吴越钱氏家族的家风。探讨这个了不起的家族是如何培养出科学家钱学森、钱伟长、钱三强，国学大师钱穆、钱锺书，外交家钱其琛等多位国之栋梁。引导学生和家长认识到好的家风如同无声的教诲，助人立德立言、成人成才，让人铭刻在心、受益终身。

（2）鼓励学生积极主动的寻找更多优秀家风故事与同学探讨、与家人分享。

---

① 资料来源：全国妇联编写：《儿童家庭德育指导手册（12～15岁）》，中国妇女出版社，2022年。

（三）资源拓展

《颜氏家训》的作者是北齐文学家颜之推。它是一部系统、完整的家庭教育教科书，是作者关于立身、治家、处世、为学的经验总结，在中国家庭教育史上影响巨大，享有"古今家训，以此为祖"的美誉。颜之推写这本书的目的，即将自己一生的经验和心得系统地整理出来，传给后世子孙，希望可以整顿门风，并对子孙后人有所帮助。

党的十九届四中全会明确提出，要全面落实立德树人根本任务，完善立德树人体制机制。立德树人是学校教育的根本任务，也是家庭教育的根本任务，将学校教育、家庭教育、社区生活紧密结合，让个人品德、家庭美德、社会公德、职业道德融入课程，走进家庭。对于发扬光大中华民族传统美德，促进家庭和睦、提高家庭生活质量，提升家庭成员生活技能，引领家庭成员共同升华爱国、爱家的家国情怀有着重要作用。

案例3　7～8年级综合实践活动课程
《理解生死，敬畏生命》[1]

素材依据《儿童家庭德育指导手册（12～15岁）》中的相关内容改造。

一、主题：理解生死，敬畏生命

二、人数：班级全体学生

三、学时安排：90分钟

四、活动目标

（一）引导学生热爱生命，理解人成长的生命历程

（二）指导学生敬畏生命，科学认识生老病死

（三）教导学生关怀生命，增强家庭成员的情感联结

五、活动建议

（一）生命的讨论

（1）活动开展前，教师组织学生进行生命的资料收集和讨论活动。

（2）教师将学生对生命理解的讨论情况与家长进行沟通，帮助家长根据实际情况在家庭中对学生进行引导。

---

① 资料来源：全国妇联编写：《儿童家庭德育指导手册（12～15岁）》，中国妇女出版社，2022年。

（二）生命的认识

（1）教师指导家长在家庭中通过讲述子女出生的故事，讲解生育的礼仪习俗，如满月、百天、抓周等，结合翻看家庭相册，帮助学生了解自己从小到大的成长过程，体会父母在家庭建设中付出的巨大努力。

（2）通过家校合作资料收集、亲子讲述、主题讨论，引导学生理解生育是从古至今家庭中的重要事项：在传统观念中，生儿育女是为传宗接代或养儿防老；而对现代家庭来说，生育一方面是生命的延续，另一方面可以增强家庭成员的情感联结，让人们享受为人父母的喜悦，增强家庭生活乐趣等。

（3）从自然科学的角度为学生解释人类生老病死的规律，让学生认识到死亡并不可怕，理解生与死是自然生命历程的必然组成部分，树立科学、合理、健康的死亡观，消除对死亡的恐惧、焦虑。也要让学生了解、讨论现在越来越多的人会通过捐献器官等善行，在帮助他人的同时，也让自己的生命以另一种方式得以"延续"。帮助学生认识到生命是美好的，应该珍爱生命、享受生命、敬畏生命。

（三）生命的尊重

家校合作，鼓励家长在清明节或逝去亲友长辈的忌日，带子女一起给亲友长辈扫墓，为子女讲述亲友长辈与家人的故事，让他们知道死亡不代表遗忘，记住逝去的人是对生命更好的尊重。

（四）资源拓展

《生育制度》是一本关于家庭社会学的著作。书中主要论述了家庭所担负的有关生育子女的若干理论问题，包括配偶的选择、婚姻关系、家庭组织、双亲抚育、父母的权力、世代的隔膜、社会继替、亲属的扩展等。作者在书中对这些问题的剖析以及提出的理论观点，对我们今天如何处理家庭婚姻问题、子女教育问题等仍然很有教育意义。

案例4 7～9年级综合实践活动课程
《制订家庭应急计划》①

素材依据《儿童家庭德育指导手册（12～15岁）》中的相关内容改造。

一、主题：制订家庭应急计划

二、人数：班级全体学生

三、学时安排：90分钟

四、活动目标

（一）引导学生增强自我保护的意识和能力

（二）引导学生在应急状态下学会自救和互助

（三）指导学生列出应急准备清单，学会装配应急箱

五、活动建议

（一）家庭应急状态的讨论

（1）活动开展前，教师组织学生进行家庭应急状态的资料收集和讨论活动，如引导学生查询所在地区和居住地近年来常见的事故灾害。掌握火灾、洪水、地震等事故灾害、自然灾害的基本应对知识，讨论如何自救和互助。

（2）亲子讨论，家长与孩子讨论什么是家庭应急状态，如发生意外灾难（地震、火灾）、公共安全事件（坠机事故）、突发公共卫生事件（非典、新型冠状病毒肺炎）等情况，会对家庭生活产生哪些重大影响。

（二）家庭应急状态的处理

（1）家长指导孩子为其他家庭成员讲解常用安全知识，征求其他家庭成员意见，组织一次全家应急避难演习，如灾害发生时，确定逃生路线、家中的避难点以及家庭成员的紧急集合处等。条件允许可录制视频，进行家庭应急避难体会的课堂讨论分享。掌握基本的自救知识和技能。

（2）指导学生结合中华人民共和国应急管理部发布的《家庭应急》以及各地区发布的家庭应急清单，列出适合自己家庭的应急物品，引导学生回家与父母根据家庭实际情况，共同完成家庭应急箱的装配。

---

① 资料来源：全国妇联编写：《儿童家庭德育指导手册（12～15岁）》，中国妇女出版社，2022年。

（3）引导学生掌握突发传染病期间如何做好个人、居家防护，提高学生防控意识和能力，掌握个人、居家防护、消毒的基本知识技能，了解如何与父母共同制订疫情防控的家庭应急预案。

（三）资源拓展

突发公共卫生事件指突然发生，造成或者可能造成社会公众健康严重损害的重大传染病疫情、群体性不明原因疾病、重大食物和职业中毒以及其他严重影响公众健康的事件。突发性公共卫生事件的分类方法有多种，从发生原因上来分，通常可分为生物病原体所致疾病、食物中毒事件、有毒有害因素污染造成的群体中毒、出现中毒死亡或危害、自然灾害。自然灾害如地震、火山爆发、泥石流、台风、洪涝等的突然袭击，意外事故引起的死亡，不明原因引起的群体发病或死亡。新型冠状病毒肺炎是新中国成立以来发生的传播速度最快、感染范围最广、防控难度最大的一次重大突发公共卫生事件。

习近平总书记明确指出，家庭教育最重要的是品德教育，是如何做人的教育；要培养孩子从小养成好思想、好品行、好习惯。在综合实践活动课程实施过程中，引入家庭学科中对学生爱国爱家、相亲相爱、向上向善、共建共享等传统家庭美德、优良家风传承的教育学习。从学生实际生活发展需要的视角出发设计相应的主题活动，既可以丰富综合实践活动课程的学习内容，也可以满足课程初中教育阶段具体学习目标的各项要求。综合实践活动课程中的家庭学科学习要求，在课程设计中要定位清楚家、校、社在活动开展中的角色任务，充分发挥家庭育人的功效，以及学生自主实践与教师有效指导的关系。教师既不能"教"活动全程，也不能推卸指导的责任，而应当成为学生活动的组织者、参与者和促进者。教师的指导应贯穿于综合实践活动实施的全过程，包括对家长的指导。

（四）综合实践活动中对家庭学科学习的活动评价

综合实践活动中对家庭学科学习的活动评价仍应坚持评价的方向性、指导性、客观性、公正性等原则。

1. 突出发展导向

坚持学生成长导向，通过对学生成长过程的观察、记录、分析，促进学校、教师、家长把握学生的成长规律，了解学生的个性与特长，不断激发学生的潜能，为更好地促进学生成长提供依据。要避免评价过程中只重结果、不重过程的现象。

2. 做好真实记录

教师和家长要相互配合指导学生客观记录参与活动的具体情况，包括活动主题、持续时间、所承担的角色、任务分工及完成情况等，及时收集相关事实材料，如家庭活动照片、心得体会、活动视频、家长评价等，为综合实践活动评价提供必要基础。

3. 建立档案袋

在活动过程中，教师要指导学生分类整理，遴选具有代表性的重要活动、典型事实材料以及其他有关资料，编排、汇总、归档，形成每一个学生的综合实践活动档案袋，并纳入学生综合素质档案。

4. 开展科学评价

原则上每学期期末，教师要依据课程目标和档案袋，结合平时对学生活动情况的观察，和家长的反馈，对学生综合素质发展水平进行科学分析，写出有关综合实践活动情况的评语，引导学生扬长避短，明确努力方向。

由于综合实践活动课程中家庭学科教育相关知识技能的学习要充分发挥家庭育人的功效，大量的探究学习、实践操作要在家庭中完成。因此，家校合作中教师对家长的指导、家长对孩子的督促引导以及家长对孩子的评价，在整体学习活动评价过程中显得尤为重要。同时，教师也需要充分考虑学生所在家庭的实际情况，父母的受教育水平等多方面的因素，持续关注每一位学生从活动开始至活动结束中的所有表现、变化，给予学生客观、公正、科学的评价，并将评价结果及时告知家长，为助力学生后续成长发展提供依据。

第二节　初中教育阶段道德与法治课程中的家庭学科

一、初中教育阶段道德与法治课程

我国初中阶段是小学高年级学段的延续，并与高中阶段相衔接，是培育道德品格，形成世界观、人生观、价值观的重要时期。依据义务教育《道德与法治课程标准（2022年版）》的要求，结合初中阶段学生正处于青春期，独立思考能力和判断能力进一步增强，情绪波动性大，可塑性强的特点，在道德与法治课程中设置了生命安全与健康教育、法治教育、中华优秀传统文化教育、革命传统、国情教育5个主题，通过与中华优秀文化传统、革命传统、国情教育等方面的关联，从真实的社会情境角度进行道德教育，强化学生的道德体验和道德实践，旨在引导学生正确认识自己，以及个人与家庭、他人、社会、国家和人类文明的关系，了解国家发展和世界发展大势，增强社会责任感和担当意识，立志做社会主义建设者和接班人。

（一）初中教育阶段道德与法治课程教学内容的设计

我国义务教育《道德与法治课程标准（2022年版）》中提到的，初中阶段的道德与法治课程，要帮助学生能够认识中国特色社会主义的伟大建设成就，理解中国共产党在建设中国特色社会主义过程中的领导作用，铸牢中华民族共同体意识，坚守对伟大祖国、中华民族、中华文化、中国共产党、中国特色社会主义的高度认同，不断推进中华民族共同体建设；能够了解我国的主要国家机构和基本经济政治制度，了解公民权利义务，具备参与社会生活的基本能力；珍爱生命、热爱生活，具备积极向上的人生态度，能在学习和生活中进行正确的判断和选择，自觉践行社会主义核心价值观等。教学内容依据不同年级学生的成长需要，以培养社会主义合格公民为中心，遵循生活逻辑与知识逻辑相结合的原则，有机整合道德、心理健康、法律、国情等方面的内容，如七年级以学校生活为主、八年级以社会公共生活为主、九年级以国家政治生活为主。具体教学内容及教学要求有以下几点。

1. 教学内容贯穿社会主义核心价值观教育

学习内容以初中学生生活经验为依据，以生命安全与健康、生命在与他人、与集体、与社会、与国家以及全球关系中的发展为线索，以培养社会主义合格建设者和接班人为中心，遵循生活逻辑与知识逻辑相结合的原则，有机整合道德、生命安全与健康、法治、中华优秀传统文化、革命传统、国情等方面的内容，实现社会主义核心价值观内容的全覆盖。

2. 内容既充分体现国情，又具有全球视野

（1）法治教育得以加强。

学习内容不仅注重法治法律知识的学习，而且应关注法治生活的体验，明确提出青少年要了解习近平法治思想，理解坚持中国特色社会主义法治道路就是要坚持党的带领，坚持以人民为中心；树立宪法法律至上观念，成为法治中国建设的参与者、推动者。

（2）注重公民意识教育。

例如，将公民看作社会关系中的人，强调权利与义务的对等。将"负责任的公民"作为课程的核心，强调培养学生作为公民的责任担当意识与能力。如在七年级的学习模块"美好集体有我在"中进行渗透教育，加入共建、自治等公共生活的要素；八年级的学习内容以学生的社会公共生活为核心，不仅关心学生作为公民在法律层面的权利与义务，同时强调学生要做负责任的公民应具有的意识与能力，将学生个体品德的成长与公民意识的培养相结合。

（3）凸显、强化生命安全与健康教育。

把生命教育看成初中学生在思想政治意识、伦理道德以及法治精神等所有价值观教育的个人基础，是青春成长的底色，它以人的生命状态的良好、积极为基本表征。由于"认识自己"是初中学生独特的生命和成长需要，围绕"认识自己"的种种思想和情感冲突是初中学生生命最独特而凸显的特征。基于上述理解，教学中将"认识自己"作为主线贯穿于初中三个年段的教材中。从入学第一课讨论进入中学后新"我"如何开始，整个三年中，"我与自我""我与他人和集体""我与国家和社会""我在社会中成长"等一切现实的"关系性存在"都将不断回到怎样认识和定位自我，并逐渐向健全、丰满的"自我"成长。个人生命在自尊心、同情、善意、同感共受、平等尊重、责任感、正义感等方面的正常发育贯穿初中三年的教学目标之中。

（4）注重中华优秀传统文化的渗透。

在关注人类优秀文化的基础上，注重弘扬中华民族优秀传统文化讲仁爱、重民本、守诚信、崇正义、尚和合、求大同的核心理念。重视通过中华优秀传统文化促进初中学生的品德发展，锤炼高尚人格。如在教学中以"中华优秀传统文化的魅力何在"为议题，探究中华优秀传统文化核心理念的当代价值；以"见贤思齐""见善则迁"等为议题讨论传统荣辱观与社会主义核心价值观的关系；以"如何理解家是最小国，国是千万家"为议题，理解家国情怀的重要性，激发为中华民族伟大复兴而奋斗的使命感。在对文化内容的处理，学习内容的选择要求不光是引经据典，还应积极思考和探索中华优秀传统文化融入方式，要展现出中华优秀传统文化的精髓。从"行己有耻"的道德底线，到"止于至善"的道德境界，让学生体会和认同"修身齐家治国平天下"的精神内涵。

3. 注重知识、生活经验与价值引导

伴随"回归生活"的德育理念被广泛接受，淡化知识点的讲授，关注并强调学生的生活经验，关注学生在课堂教学中是否获得体验等，成为本课程教学的探究方向。

（1）生活逻辑与知识逻辑相统一。

初中阶段的学习中，要帮助初中学生学会正确处理各种复杂关系、解决各种现实问题，同时也需要以一定的知识为依托，以此来认识和反思生活，包括生活中的诸种关系、问题等。教学内容要根据学生生活领域从自我与他人、社会、国家、世界的逐步扩展，考虑到初中学生身心发展的阶段特点，提炼相关联的生活主题，有机整合道德、生命安全与健康、法治和国情等方面的学习内容，知识围绕生活主题，七年级以学生的自我认识、与他人的交往为主要内容，八年级主要围绕学生的社会公共生活展开，九年级则以国情国策教育及全球观念、国际视野为线索设计生活主题。

（2）生活经验与教学线索暗含于每一课。

站在学生角度，聚焦初中学生在相关领域内所遭遇或将面临的成长困惑、道德难题，使社会主义核心价值观的抽象概念在学生现实生活情境中具体化，避免大而空的道理，要帮助学生搭建迈向道德与法治生活的桥梁。

4. 注重对初中学生的思想引领、促进学生的精神成长

在内容设计中，七年级教材考虑到与小学阶段相关课程的衔接与递升，兼顾到学生进入初中，身心发展带来的成长需要以及在逐渐扩展的生活中将面临的成长困惑、道德难题等。因此，七年级的课程教学是立足学生的学校生活，适当兼顾家庭生活，渗透社会生活，具体包括：成长、友谊、师长、生命、青春、情绪情感、集体生活、法律生活八大主题。

（1）渗透完整的学习观念。

要引导学生认识到真正的学习不止于记诵书本知识、不止于教室之内、不止于学校教育阶段，学习无时无刻不在，学习贯穿人的一生，引导学生发现并发展自己的优点，体验学习带来的成就感，热爱学习；更多地强调学生运用知识，学会做事、学会与他人共处等方面的能力；希望将学生对学习的追求从片面的升学与竞争中解放出来，理解学习对生命成长的意义。如人民教育出版社七年级上册教材中的第一课"中学序曲"学习内容中"阅读感悟"相关链接部分的"21 世纪我们需要学会什么"等内容都是在帮助学生从时代发展的视角审视初中阶段的学习生活；第二课"学习新天地"，向学生介绍比较完整的学习观，引导学生探讨学习的意义，基于学校学习引导学生体味学习、学会学习；第三课"发现自己"中设计认识自己的禀赋和特长，发掘自身潜能等方面的内容，引导学生发现并发展自己的优点长处等。

（2）强调相互依存的生命关系。

初中学生在不断扩展的生活中需要处理自我与他人和集体、国家和社会等方面的关系。面对这些关系的处理，教学内容设计要强调以相互依存的生命关系为基础，在逐渐扩展的生活中，引导学生意识到人与人之间相互依存、彼此需要的关系。如人民教育出版社七年级上册教材中的第二单元"友谊的天空"，引导学生从与朋友交往等方面体会相互依存的生命关系；第四单元"生命的思考"，以一个单元的内容探讨生命主题，在带领学生寻找、思考生命的意义与价值，探讨生命关系的过程中渗透社会主义核心价值观教育。

（3）呵护并促进青春成长。

初中学生已经进入青春发育期，教学内容设计要强调肯定青春、欣赏青春，能积极地引导学生认识青春时期的生命成长，不仅是身体发育、心理发展，还包括精神发育、思想发展。如在人民教育出版社七年级下册教材中的第二单元中的"在品味情感中成长"等内容，强调引导学生获得正面、积极的情感体验，引导学生如何在现实生活中"传递情感的正能量"。

（4）引导自我意识在逐步扩展的生活中获得健全发展。

初中阶段是学生自我意识发展的重要时期，自我意识及其发展又是学生人格养成的重要基础，教学设计要强调在各种关系的互动中引导学生自我意识的发展。德育是一个双向的过程，不仅要带领学生学习、服从社会道德规范，而且要引导学生内在生长出道德的力量，将引导学生社会化的过程与培养学生独立性、引导学生内在精神发育的过程相互结合。帮助学生通过发现自己学会与同学师长相处，学会处理各种生命关系，学会与他人共同生活，学会过集体生活等，在逐步扩展的生活圈中，在参与各种关系的互动中逐步构建一个健康的自我。例如，人民教育出版社七年级上册教材中第一单元的"发现自己"，相比认识自己的外貌、身材、性格等，更强调在关系中认识和发现自己，强调在与他人的积极互动和对社会的奉献中不断成为新的自己。又如，七年级下册第一单元中的"青春有格"，强调青春的自我证明，自我发展离不开规约等。在这些内容的设计和立意上，既要承认、鼓励并支持初中学生在独立性方面获得发展，同时也要强调学生的独立性发展离不开他们的社会性发展，促进学生的独立性与社会性在发展中相统一。

二、初中教育阶段道德与法治课程中的家庭学科培养目标及要点

初中教学立足学生的学校生活，适当兼顾家庭生活，渗透社会生活，以培养有理想、有道德、有文化、有纪律的社会主义合格公民为中心，遵循生活逻辑与知识逻辑相结合的原则，围绕初中学生在不断扩展的生活中需要处理我与自我、我与他人和集体、我与国家和社会的关系，有机整合道德、心理健康、法律、国情等方面的内容，提炼生活主题，统筹安排各年级的教学内容。在教材的立意与设计上，关注初中学生成长中的体验与困惑，注重教材内容对初中学生的思想性与精神成长方面的引领，以及从思想认识到生活实践的引导。彰显人文性、注重实践性，体现综合性，在知识目标的而基础上强调能力目标，更加凸显情感、态度和价值目标。

（一）初中各年级与家庭学科相关的学习内容构成

表6-1　七年级与家庭学科相关的学习内容 [①]

年级	主要内容	成长的节拍	友谊的天空	师长情谊 /在集体中成长	生命的思考 /走进法治天地
七年级	具体构成	①中学新时代中学序曲少年有梦 ②学习新天地学习伴成长 享受学习 ③发现自己 认识自己 做更好的自己	①友谊与成长同行 和朋友一起 深深浅浅话友谊 ②交友的智慧 让友谊之树常青 网上交友新时空	①师生之间走进老师师生交往 ②亲情之爱家的意味爱在家人间 让家更美好 ③"我"和"我们"集体生活邀请我集体生活成就我 ④美好集体有我在 憧憬美好集体我与集体共成长	①探问生命 生命可以永恒吗 敬畏生命 ②珍视生命 守护生命 增强生命的韧性 ③绽放生命之花感受生命的意义活出生命的精彩 ④法律在我们身边 生活需要法律 法律保障我们生活 ⑤法律在我们身边法律为我们护航

①　资料来源：中华人民共和国教育部：《道德与法治》（七年级、八年级），人民教育出版社，2016年。

（续表）

年级	主要内容	成长的节拍	友谊的天空	师长情谊 / 在集体中成长	生命的思考 / 走进法治天地
八年级	具体构成	①丰富的社会生活 我的社会 在社会中成长 ②网络生活新空间 网络改变世界 合理利用网络	①社会生活离不开规则 维护秩序 遵守规则 ②社会生活讲道德尊重他人 以礼待人 诚实守信 ③做守法的公民 法不可违 预防犯罪 善用法律	①责任与角色同在 我对谁负责、谁对我负责 做负责任的人 ②积极奉献社会 关爱他人 服务社会	①国家利益至上国家好大家才会好坚持国家利益至上 ②树立总体国家安全观 认识总体国家安全观维护国家安全 ③建设美好祖国 关心国家发展 天下兴亡，匹夫有责
九年级	具体构成	①踏上强国之路坚持改革开放走向共同富裕 ②创新驱动发展创新改变生活创新永无止境 ③同住地球村开放互动的世界复杂多变的关系 ④构建人类命运共同体 推动和平与发展谋求互利共赢	①追求民主价值生活在新型民主国家 参与民主生活 ②建设法治中国夯实法治基础凝聚法治共识	①守望精神家园延续文化血脉凝聚价值追求 ②建设美丽中国正视发展挑战共筑生命家园 ③走向未来的少年走向世界大舞台少年当自强 ④我的毕业季学无止境多彩的职业 ⑤从这里出发回望成长走向未来	①中华一家亲促进民族团结维护祖国统一 ②中国人中国梦我们的梦想共圆中国梦

（二）贯穿社会主义核心价值观教育的家庭、社会学习

我国初中义务教育教科书《道德与法治》系列教材，以社会主义核心价值观为统领，贯穿价值观教育。由于初中学生处于特殊的青春转折期，具有思维独立性、叛逆性和情绪的易感性等心理特征，也明显表现出他们特有的时代文化特征。而社会主义核心价值观生长在丰富的社会生活及个体生活经验的土壤里，根植于善良的人性心田里，发育在有正常关爱的生

命经历中，在社会良序生活的需要与青少年生命成长之间，在青少年自身的学习与生活需要之间找到联结与契合，让社会主义核心价值观的思想之光照亮生命、进入青少年的精神世界。

在具体落实上，教材将社会主义核心价值观显隐结合，由近及远，渐次展开、贯穿始终。教材以初中学生生活经验为依据，以青春生命在与他人、与集体、与社会、与国家以及全球关系中的发展为线索，以培养社会主义合格公民为中心，遵循生活逻辑与知识逻辑相结合的原则，有机整合道德、生命安全与健康、法治、国情等方面的内容。社会主义核心价值观的 12 个范畴，通过道德、生命安全与健康、法治、国情等内容领域的不同学习主题得以落实，每个章节均有涉及，实现了社会主义核心价值观内容及家庭学科教育相关学习内容的覆盖。

第三节　初中教育阶段道德与法治家庭学科相关教学案例分析

我们党一向重视家庭教育，强调要在家庭中培育和践行社会主义核心价值观，引导家庭成员特别是下一代热爱党、热爱祖国、热爱人民、热爱中华民族。要积极传播中华民族传统美德，传递尊老爱幼、男女平等、夫妻和睦、勤俭持家、邻里团结的观念，倡导忠诚、责任、亲情、学习、公益的理念，推动人们在为家庭谋幸福、为他人送温暖、为社会作贡献的过程中提高精神境界、培育文明风尚。在家庭中强化学生的道德体验和道德实践，帮助学生正确地认识自己与家庭、与父母的关系，对于育品德、促亲情、树家风，推动家庭幸福有着重要的作用。

一、对家庭认识的活动设计

初中义务教育教科书《道德与法治》（七年级教师教学用书），中的主题教育"亲情之爱"从分析家的功能；感受家的深厚意味，学习探讨中华文化中优秀的家规、家训；体味亲情感受爱和表达；讨论现代家庭的特点，探究让家更美好；等等，从多个子活动出发，立足家庭本源，结合中华优秀传统文化、放眼未来家庭发展要求，在教学目标设计上注重对初中学生的思想性引导，注重提高学生对家庭、生命、责任意识，在情感、态度和价值观等方面的认识提升。

案例1　活动主题"亲情之爱"①

素材依据义务教育教科书《道德与法治》（七年级教师教学用书）中的相关内容改造。

一、主题活动由来

初中学生逐渐进入青春期，由于特殊的生理变化、心理特点以及学业与生活的压力，既需要得到父母的呵护、关注和关爱，享受家庭的亲情，又容易与父母产生矛盾，甚至产生逆反心理。他们家庭责任意识比较淡漠，较少关心父母和家人，对与家人共同营造温馨的家庭氛围、共建共享家庭美德缺乏责任意识；对于"孝"文化认同程度低，在意识和行动上缺乏相应的教育与引导。通过"亲情之爱"主题活动的设计，旨在帮助学生认识生活、感受亲情之爱，掌握与父母沟通交流的方法；提高家庭责任感和孝亲敬长的意识；提升营造和谐的家庭环境，共建共享家庭美德的能力。

二、主题活动目标

（一）知识目标

（1）理解"家"的内涵和功能，知道"家"对个人成长的重要意义。

---

① 资料来源：人民教育出版社、课程教材研究所、中学德育课程教材研究开发中心编著：义务教育教科书《道德与法治》（七年级教师教学用书），2016年。

（2）知道孝亲敬长是中华民族的传统美德，也是法律规定的义务；理解中华文化中"孝"的内涵，知道中华优秀文化传统需要继承和发展。

（3）了解家庭中自己与家人之间产生矛盾，既有自己青春逆反的原因，也有两代人在心智、学识和经历方面存在差异的原因，明白亲子冲突需要通过双方的互动沟通来解决。

（4）了解家庭结构的演化和现代家庭的特点，了解家庭成员在交流和沟通方式上逐渐发生的变化。

（二）能力目标

（1）提高对家庭关系的分析能力和对亲子冲突产生原因的分析能力。

（2）掌握与父母沟通的技巧和处理亲子冲突的方法，提高运用正确的方式与父母沟通的能力，提高调适"逆反"心理的能力。

（3）掌握创建和谐家庭的方法与技能，促进代际交流与互动。

（4）提高传承中华家庭文化传统美德的能力，增强孝亲敬长的行动力。

（5）提高与家人共建共享家庭美德的能力。

（三）素养目标

（1）体会家人对自己的付出，体验家人之间亲情的温暖和爱，感受家是身心的寄居之所，是心灵的港湾。

（2）体会父母对自己的关爱之情，认同中华文化中"孝"的价值观念，养成热爱父母、孝敬父母、关爱家人的意识。

（3）认识到家庭文化建设、家庭美德建设、建立和谐亲子关系、营造和谐家庭氛围的重要性，认同家和万事兴的家庭文化观念，增强构建和谐家庭的责任意识，树立家庭主人翁责任感、树立共建共享家庭美德的意识。

主题活动从知识目标、能力目标、素养目标三个维度出发，培养学生科学地认识家庭、了解家庭结构的演变、现代家庭的特点；深刻地理解"孝"文化的内涵意义，掌握创建和谐家庭的方法与技能，提高孝亲敬长的行动力，提高共建共享家庭美德的能力。以上目标充分体现了家庭学科中的学校家庭生活指导，通过课程主题活动的设计帮助学生和家长理解学习科学的家庭生活方式，提高生活质量，建设美好生活。在"亲情之爱"的主题活动中，以传统文化为引领，在活动目标中凸显了对中华民族传统美德"孝"道的教学设计，体现了继承和创新相结合的教育理念。

　　具体教学活动可以结合七年级道德与法治课程"我与他人和集体"单元中"交往与沟通"主题活动的开展来进行。"亲情之爱"活动目标包含认识家庭、体会父母为抚养自己付出的辛劳，感受"孝"文化，懂得孝敬父母和长辈；掌握与父母良好沟通的方法，增强与家人共创共享家庭美德的意识和能力。

三、活动整体设计

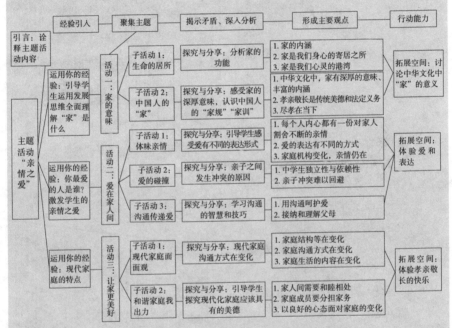

图6-1　"亲情之爱"主题活动整体设计思路图

　　七年级"亲情之爱"主题活动的整体设计，以"爱"为出发点，结合该年龄段学生在青春期的生理和心理变化，聚焦家庭生活中孩子与父母沟通中存在"逆反"的问题。以生活为教科书，从家庭建设的视角，设计了"家的意味""爱在人间""让家更美好"三个单元活动，并在子活动的设计中加入"孝老爱亲"等中华民族传统美德教育元素，引导学生通过学习爱父母、爱家庭、明事理；懂得要自觉承担家庭责任，传承良好家风，追求积极向上、文明高尚的生活，为家庭和睦、亲人相爱贡献自己的力量。活动符合学生的身心发展需要，并从科学的视角帮助学生正确认识家庭生活、理解家庭生活，内容丰富、涵盖全面。同时，符合家庭学科对学生科学认识家庭、理解家庭的学习定位，凸显对学生社会主义核心价值观的教育。

四、系列单元活动

单元活动 1——家的意味

（一）活动由来

对于"家"这一熟悉的字眼，初中学生很少关注和深入思考。

为促进学生健康成长和全面发展，提高家庭成员文明素养和家庭生活质量，活动给出四个思考探讨角度：地域、住所、一群人、吃饭的地方，帮助学生关心认识家庭，科学地理解"家的意味"。

（二）活动目标

1. 思考"家"的内涵

2. 能依据生活体验说出对家的感受

3. 理解"家"是"生命的居所"

（三）活动过程

1. 活动导入

A. 以"家"是什么的讨论活动导入，让学生在讨论中感悟到家的内涵和意义

教师：结合你的生活经验说说"家"是什么？

学生：家是地域——"我的家在某省某县某镇某村"

家是住所——"那座房子就是我家"

家是一群人——"爸爸、妈妈、妹妹、爷爷、奶奶，还有……我们是一家人"

家是吃饭的地方——"回家吃饭喽"

家是……

B. 总结"家"的内涵

家，是我们常常在不同意义上使用的字眼。一般来说，家庭是由婚姻关系、血缘关系或收养关系结合成的亲属生活。

家是我们身心的寄居之所。每个人都有一个属于自己的家，我们的生命是父母给予的，我们的成长也离不开家庭的哺育和支持。

C. 知识学习

家庭关系的确立有多种情形：依照法定条件和法定程序结婚而组成的家庭——夫妇结婚成了家；因血缘关系组成的家庭——宝宝降生使家庭喜添新成员；依照法定条件和法定程序收养而组成的家庭——养子女与养父母成为一家人；随父或母再婚组建新的家庭——继子女与继父母也是一家人。

2. 活动开展

A. 探究与分享——家的功能作用

家庭作为社会的细胞，承担着多种功能。请同学们结合自己的生活体验，分享对家庭功能的认识。

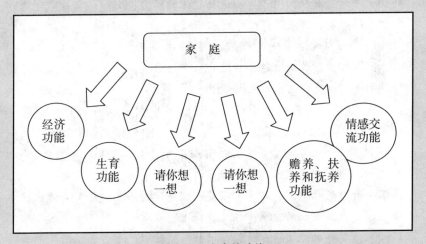

图 6-2　家庭的功能

● 家是我们身心的寄居之所

引导学生分析家庭的功能，正是因为家庭具有的生育、经济、情感交流以及赡养、扶养和抚养等方面的功能，所以，"家"对于我们每一个人都具有独特意义和重要价值。每一个人都来自家庭，没有家庭就没有我们的存在。帮助学生明确，首先我们的生命是父母给予的，其次我们的成长离不开家庭的哺育和支持。以此激发学生对于家深刻的热爱之情，形成正向的情感表达。好好地爱家人、呵护亲情、建设温馨家庭，是我们生命当中极重要的内容，也是我们肩负的使命。

● 家是我们心灵的港湾

思考讨论"为什么说房子不是家？""为什么说亲人在一起才是家？"家之所以温暖，是因为家中的亲情，亲情是让生命鲜活的养料，能让我们的心灵找到依靠的港湾。家中的亲情会为我们的成长提供动力，激励我们拼搏。以此让学生对家有更深层次的理解，懂得家是爱的源泉，爱为我们的成长提供精神营养，因为爱家人使得我们的生命有了意义和价值，家是我们生命的依托。

通过对"家"的内涵、外延、功能、意义等多角度的分析，得出结论——家对于我们每一个人都无比重要，激发学生将对"家"的热爱之情，转化为对"家"进行建设的动力，引导落实对家庭进行建设的行动，实现课程设计的目标。

B. 学习与讨论——"中国人的家"

结合"中国春运"这一独特的社会现象、引导学生体会其背后流淌的是最具有中国味的浓浓亲情。

在学生体验感悟的基础上，通过对中国的家庭文化中"家规""家训"的分析，展开对我国传统文化中的家规、家训、家风的探讨，让学生了解我国家庭的传统美德，尤其了解"孝亲敬长"的美德。懂得"孝道"是中国家庭文化中的重要精神内涵之一。孝是家庭和谐的稳定剂，是中国家庭伦理建设的基础，是需要传承下去的中华家庭文化的瑰宝。在此基础上，让学生学习掌握中国法律对于家庭义务的相关规定。结合道德与法律这两个方面，阐释中国家庭的独特文化内涵，帮助学生学习体会家是代代传承、血脉相连的生活共同体，是甜蜜、温暖的避风港湾，从情感的角度激发学生体验到家的温暖、亲人之情，明白"孝亲敬长"既是中华民族的传统美德，也是每个中国公民应自觉履行的法定义务。我们作为新时代的公民，对此应该更加重视，在生活中努力做一个孝亲敬长、爱家爱国的人。

C. 总结与实践——"孝亲敬长"

从现在开始，应用实际行动表达孝敬之心。通过"方法与技能"让学生掌握一些具体的孝亲敬长的技巧和方法。

表6-2　如何"孝亲敬长"

尊敬	尊敬双亲长辈，听取他们的意见和教导。如有不同见解，不急于反驳，理性地与他们沟通
倾听	双亲长辈保持亲近、融洽的关系，倾听他们的心声。双亲长辈不在身边时，要经常和他们保持联系
感恩	知恩、感恩，用行动表达感恩之情。认真学习，不辜负父母的期望，是感恩；了解双亲长辈的喜好，体谅他们的辛劳，平日主动承担力所能及的家务劳动，和家人一起建设家庭，也是感恩

通过课程学习让学生在生活中不断改变和调整自己的行为，把学校教育、生活教育、自我教育相结合，从内心逐渐改变，慢慢到行动改变，达到内心情感、语言表达、行动改善三者结合，实现"孝亲敬长"的知行合一。把美德教育和法治教育、家庭教育内化为学生的心灵需求、内化为学生的自我教育。

D.延伸活动——寻找文字"家"背后的意义

在延伸活动中，可采用中华文化中"家"的意义为主题，通过探究学习，寻找文字背后的深意。教学中可以先从中国古代文字"家"的不同写法探讨家的意义，再从中外文化比较的角度探讨家的意义。引导学生从多角度了解家的内涵，对"家"的意义从文化层面进行深入解读。

单元活动2——爱

（一）活动由来

家庭是孩子的第一个课堂，父母是孩子的第一任老师。良好的亲子关系，对于促进孩子形成正确的世界观、人生观、价值观、家庭观有着重要的作用。对于当下的学生而言，家人对自己的关爱已经司空见惯，嫌父母说得多、管得多，亲子关系冲突频繁发生，最熟悉的感情往往最不被重视和珍惜。本活动通过阐述亲情之爱、探讨解决亲子关系冲突的途径，引导学生明白家人之间有爱、有亲情，重在体验和感悟家人亲情、父母之爱，理解只有用真诚和爱去接纳、包容，才能创造家庭生活的和谐美好，家庭建设需要家庭成员齐心协力共同努力。

（二）活动目标

（1）能对家庭中亲情之爱进行分析，理解亲情之爱有不同的表达方式

（2）能分析亲子碰撞产生的原因，知道亲子冲突的危害

（3）掌握解决亲子关系冲突的方法，能关爱和理解父母

（三）活动过程

1.活动导入

A. 谈话引入

引导学生在回顾以往的家庭生活经验的基础上，通过列举的形式，阐述亲情之爱，如亲情之爱赋予了我们生命，父母为我们的生活操劳，能分享我们的喜悦也能分担我们的忧伤，能明确亲情之爱影响着我们的生命，是我们成长的陪伴者和见证者。

B. 分析讨论

帮助学生理解亲情之爱有不同的表达方式，但无论以何种方式表达，都不可以否认亲情的存在。

教师：同学们请你们想一想家人之间爱的表达是一样的吗？都有哪些不同的方式呢？

学生：有的温情和睦、有的内敛深沉、有的自然随和、有的磕磕绊绊。

教师：但也正因为有了亲情之爱才会有碰撞，所以我们不能因为碰撞的发生就否认亲情的存在，否认父母的爱。不要嫌父母说得多、管得严，首先要想想说得、管得对不对，是不是为自己好，对了就要听。有些事没有做好，不要紧，只要自己意识到，愿意改就是进步。

C. 探究分享

由于离异家庭、单亲家庭等的增多，帮助学生体会理解家庭结构会因为不同的原因发生变化，但是家中的亲情仍然在。由于该部分活动内容所涉及的情况在部分学生的现实生活中存在。对于这一敏感话题，教学中需要学生从两方面来明确认识。一方面要理解家庭结构发生变化是正常现象，不管是由于怎样的原因，我们都需要有勇气接受它。另一方面，即使家庭结构发生变化了，但是家中的亲情还在，亲情需要呵护、爱也需要学习，爱是一切的源泉，是解决一切家庭问题的源动力，只有用真诚和爱去接纳和包容，才能创

造家庭生活的和谐美好，而我们一生也都应该为此而不断努力。

2.活动开展

说一说"爱的碰撞"，要求学生根据自己的实际情况说一说在家庭中会因为什么事情与父母产生冲突，分析产生冲突的原因。教师：同学们想一想是不是由于自己长大了，自主意识增强，需要获得更大的成长空间和自主权，才会觉得父母管得多、管得宽，和父母产生冲突呢？

教师：还是你们觉得父母的教育方式并没有随着你们的成长而发生变化，由此而发生冲突？大家有没有想过你们和父母在心智、学识、经历等方面存在着较大的差异，这也是造成在家庭中发生亲子关系碰撞的原因呢？如果我们频繁在家中和父母发生冲突，加剧家庭中亲子关系恶化，会对我们的家庭生活有什么样的影响？我们会开心吗？

学生：亲子关系发生碰撞，会伤害和父母家人的情感，影响家庭的和睦。家庭中每一个人都不会开心，回到家会感觉很压抑，不想回家。沟通和表达很重要，要掌握"沟通传递爱"的正确方法，和父母好好沟通，充分表达自己的想法，耐心倾听父母的建议，理解父母对自己的教导是帮助我们欣赏真善美、远离假丑恶，在实际生活中去接纳和关爱父母。如果出现沟通中难以达成一致的情况，也可以和父母一起征求老师的意见。因此，家庭成员需要共同努力，有效化解冲突，营造和谐的家庭氛围。

在理解家的意味、明白亲情之爱、学会与父母沟通的基础上，进一步引导学生学习如何让家更美好、如何传承家庭美德、如何分担家庭责任是促进学生理解家庭、热爱家庭、增强家庭责任意识、创造生活的重要途径。

单元活动3——让家更美好

（一）活动由来

运用学生已有经验，引导学生观察分析现代家庭的特点，体会由于社会关系的变化，现代家庭也在各种因素的影响下，潜移默化地发生着变化，表现在家庭结构的变化、家庭氛围更加平等民主、交流方式越来越多样化等方面。

（二）活动目标

1. 知道现代家庭的特点

2. 掌握如何创建和谐家庭的基本方法

3. 能设计"孝亲敬老"的行动计划，愿意在生活中践行"孝亲敬长"的中华传统美德

（三）活动过程

1. 活动准备

A. 探究分享

引导学生运用比较的方法认识现代家庭的特点，探讨家庭成员之间的沟通方式、家庭生活内容的变化。

● 现代家庭特点。随着社会历史的演进，现代家庭的结构、规模、观念等都发生了不同程度的变化，从过去儿孙满堂的大家庭，到今天家庭不断趋向小型化。

● 家庭成员之间的沟通方式。随着人口的迁移和流动、现代沟通手段的丰富，现代家庭成员的交流和沟通方式发生较大变化。

● 现代家庭生活内容的变化。随着现代家庭模式的产生，现代家庭的氛围也越来越平等、民主，关心世界和国家大事、探讨社会和人生问题、创建学习型家庭，成为现代家庭生活的重要内容。

2. 活动环节

A. "和谐家庭我出力"，创建和谐家庭

● 方法与技能学习。引导学生掌握调解家庭矛盾和冲突的方法，培养学生的协调能力，掌握家庭成员之间要和睦相处，有效地交流和沟通。

● 实践探究。分担家务劳动。让学生通过"主动参与家务劳动"的实践探究活动，认识到家庭生活要家庭成员共同努力，在家庭生活中应积极参加家务劳动，养成劳动习惯的重要性，增强家庭责任意识。

● 以良好的心态面对家庭发展中的问题。有的家庭可能会增加新成员，有的家庭可能失去亲人，有的家庭可能会遭遇种种不测，活动中要积极引导学生能以良好的心态面对家庭发展中出现的问题，让家庭更和睦。

3. 活动延伸

通过设计"孝敬爷爷奶奶和姥姥姥爷"的行动计划，让学生在生活中践行"孝亲敬长"的中华传统美德，体验孝亲敬长的亲情之乐。

从上述案例活动的设计中，可以发现"亲情之爱"主题教学活动的教学目标更加强调学生作为家庭中的一员，如何从情感态度上正确科学地认识家庭、认识成长、认识亲情，理解来自父母的关爱，懂得积极参与和谐家庭建设的重要。在能力水平达成上也注重强调学生从情感态度方面提高参与构建和谐家庭的基本素养。

教学过程中强调以讨论、探究的形式，引导学生在了解家庭传统美德、传承中华民族优秀家风的基础上，能够对比反思自身的优点与不足，学会在家庭生活中调控自己的情绪、调整自己的心态，并能与父母进行良好的沟通等不可或缺的生活交流能力。

（一）教学建议

1. 课时安排

"亲情之爱"主题活动，建议进行 2～3 周的学习设计，各单元活动可根据学生学习效果、兴趣需要灵活调整，活动设计 4～6 课时为宜（1 课时为 45 分钟）。

2. 教学准备

（1）教师准备。

与家庭学科相关的学习内容，教师要在课前要充分地了解学生情况、掌握学生家庭状况，以提高教学实效性，增强教育教学的针对性、主动性。具体包括以下几个方面：①在现实生活中，哪些事情容易引起学生与家长的冲突；②学生在与家长化解冲突时，有哪些成功的经验；③在学生与家长的关系中，还存在哪些主要问题；④列举能够感染学生的例子，特别是在时间和空间上贴近学生的例子。

教师在课前要做好充分挖掘课程资源的准备。一方面，收集相关视频、音频资料，以激发学生学习的兴趣，增强课堂教学的趣味性和实效性。另一方面，收集一些古代和现代孝亲敬长的故事，引入传统文化教育以丰富课堂内容，同时有助于对学生进行情感教育。

教师在课前做好活动设计。对在课堂上将要开展的活动，教师要提前布置。本课程主要以学生的讨论活动、探究活动和体验活动为主。教师要为学生开展这些活动提供情境，要充分调动家长资源，引导学生在活动中积极参与，教师重在点拨、生成新的教学资源，帮助学生走出误区、扫除盲点。课后开展的活动，主要是要求学生践行课堂学习的观念和方法，即把课堂所学的内容运用到与父母交往的实践当中，提高亲子交往的质量，共建共享和谐家庭。要及时听取父母的反馈意见，充分进行家校合作，将家庭教育落到实处，助力学生成长成才。

（2）学生准备。

教师应鼓励学生在课前咨询父母，全面了解自己的成长经历：有哪些坎坷、哪些事最让父母操心。了解这些情况有助于学生体会父母养育自己的艰辛，体验家中的亲情，增强爱家、爱父母的情感。教师还可以引导学生了解父母的经历、工作业绩，父母和家人有哪些优良品质、有哪些良好家风。这些有助于学生进一步了解自己的父母、体谅父母，增强爱父母的情感，传承家庭美德。教师可以引导学生制作家校联系卡，设计与家长沟通的栏目，让学生有目的地进行课前调查；也可以请家长以写信的方式介绍孩子成长过程中的故事，为课堂教学活动的开展创设真实有效的情境，激发学生真实的情感体验。

3. 教学策略方法

教师需要对"家"的教学内容进行深入挖掘，把课程标准、活动的内容、教师的素养和学生的资源充分结合，努力实现课堂教学立意高、理念新、资源挖掘充分、教学设计科学、教学效果有效的课程要求。这就要求教师进行充分的前期研究，不断加强学习，充分了解学生情况，理论与实践相联系，寻找合适的教学路径。

（1）建议教师宏观地了解现代家庭的社会背景，辩证分析现代家庭现象。

"家"是人类永恒的话题。在这一课中，我们把"家"放在当今时代背景和社会环境下来探讨，随着社会历史的推进，现代家庭机构趋向小型化，家庭成员越来越少，彼此之间更加平等、民主，家庭成员不断努力、共同成长将成为未来家庭的主旋律。同时，随着人口的迁移、现代媒介的快速发展，家庭成员之间的交流方式也在发生变化。在这样的社会历史大背景下，探究"家"的话题，研究家庭建设和家庭成长、解决亲子之间的冲突，有利于初中学生的成长，更有利于构建和谐家庭、社会的稳定发展。

教学中，师生应共同分析和谐家庭的相似之处，使家庭成员都能够了解"家"的重要性，理解并珍惜亲情之爱，明白爱是家庭的主旋律，家庭成员之间要相互理解、信任、体谅和包容。有序的家庭伦理表现为家人能够做到孝亲敬长，有共同追求、成长的意愿和行动。另外，讨论的内容还应涵盖家庭生活中的很多种情况，例如，亲子关系紧张、家人之间有分歧甚至对立冲突、挚爱的亲人去世、家庭关系破裂、父母离异、组建新的家庭、家里添了新成员……这些现象的出现、问题的发生都会不同程度地影响初中学生的健康成长。如果处理不好，会在初中学生的心里留下终身的伤害。对现代家庭现象的分析是教师上好家庭学科相关课程的大前提。

（2）建议教师充分挖掘学生资源和自身资源。

充分了解学生情况，挖掘学生资源。建议教师紧扣学生成长主题，以学生不断扩展的生活为主线展开教学。教师需要具有教育的敏锐性，学会观察学生、了解学生，挖掘发生在学生身边的具有共性的案例作为课堂教学资源。虽然学生来自不同的家庭，但是家庭生活有共性，每个"家"都以爱为基础，无论成员之间的情感是感性的表达还是理性的表达，或者不会表达，亲情之爱都存在。教师要关注到生活在不同家庭环境中学生对于爱的不同表达方式。关注度越高，教学效果越好；越贴近学生，越能够引导学生感悟亲情之爱。在肯定爱存在的前提下，探讨爱在不同表达方式下会有怎样的效果，引导学生寻找适合的表达方式，能够珍惜爱、学习爱、学会爱。

每一个初中学生在成长的过程中都有独立性的需求，都存在独立性和依赖心理之间的矛盾。学生与父母之间的冲突千差万别。教师需要关注学生在家庭中面临的成长困惑、困境。在课堂教学过程中，教师要引导学生畅所欲言，对于学生面临的问题从个体的角度阐释。从共性和个性相结合的角度给出解决问题的办法，这既是考验教师的素养，也是达成课程目标的要求。

对亲情的回馈是被娇惯长大的子女所欠缺的。教师要把"孝"的种子播撒在学生的心灵中，让他们懂得亲人的宝贵、亲情的珍贵，引导学生在语言和行为中体现"孝亲敬长"，并内化为自己的生活习惯，在改善与家人的关系中成长，增强责任感。

教师的素养对于本课的教学效果也至关重要。教师对于"家"的观念、态度，对家庭关系及亲子关系的处理方法，在家庭建设中所感受到的成就感等，都将成为课堂中的极好资源。教师在家庭建设方面有不错的表现和正向的心得，在教学设计时就会把真情实感融入其中，课堂上与学生的对话就是由心灵深处流淌出来的坚定信心和感悟，从而感染学生，实现教师和学生之间真正的心灵与心灵的对话。

教师应该具有成长意识。在家庭生活中不断思考、感悟、剖析、调整，感受因为自己的变化给家庭建设和亲子关系带来的影响，体会到成就感，教师的这种领悟对于学生的教育更有感染力。教师应该认识到，与家庭密切相关的课程设计源于生活逻辑，解决的是真实生活中的问题，关注初中学生在精神成长方面的问题，有针对性地解决这些问题，才能实现教学目标。教师的自我成长会给课堂教学提供源源不断的课程资源，在成长中与学生分享自己的体验，教师的真实也会打动学生，与学生产生共情，切实提高课堂教学实效性。

除了挖掘生活中的教师资源，还要求教师加强家庭教育和心理学方面的学习，阅读文献、学习前沿理论，以提升自己的综合素养。课程建设需要教师的成长，从而带动学生的成长，师生共同实现道德成长、认识生活，这也是课程建设的目标。在本课中，师生共同努力，学会过经营常态的家庭生活，这种成长的意义是巨大的。

（3）对教学活动设计的建议。

对于教学资源、教学案例，教师可以有选择地使用。在教学活动设计的过程中，教师一定要秉承贴近学生、贴近生活的教学理念，紧密结合学校、教师、学生的具体情况。活动设计分为课前活动设计、课堂活动设计、课后活动设计，设计的方式力求多元化，不拘一格。

本课主要关注学生生活中的家庭建设问题，可实施性比较强，建议教师在教学活动设计过程中能够切实关注到知行统一。学生在课堂上能够认同课程设计的观点，而课后依然我行我素，那么教学目标就很难达成。教师要通过课后活动设计改变学生、规范学生、提升学生，帮助学生努力做更好的"自己"。因此，课后的活动设计和跟踪指导要跟上。本课中"孝亲敬长"的内容需要在家庭中落实。例如，为了更好地促进学生在行为上有所改变，教师可以设计"21 天家校联系"卡片，对于学生在家中的表现进行自我记录和家长评价，21 天之后进行反馈和评比。后续的评比活动会有效地鼓励表现好的学生，进一步巩固正确的做法，把"孝亲敬长"变成生活中的良好习惯。同时，教师和家长的肯定会增强学生对正确行为的认同，从而激励他们坚持做下去。家庭学科相关活动方式可以不定期更换主题，长期坚持下去，在课程建设中能够真实、有效地做到知行合一。

4. 专题活动学习建议

（1）运用你的经验：说说"家"是什么。

● 设计意图。

爱家要知家。本活动的设计意图：①导入对于"家"的内涵的教学内容；②培养学生发散思维的能力；③体验家的最大特点是什么；④引导学生感受自己从家中得到了什么，培养爱家、爱父母的情感。

● 教学建议走进情境。先让学生阅读所列情境，了解活动意图。调动经验。让学生思考与家有关的问题，填写并说明理由。最后让学生用自己的感受表达心目中的家，用有亲身感受的话来表达自己的见解。

理论上升。教师点评学生发言，进入后续内容的讲解。要让学生明确从严格意义上来说，家与家庭并不是同一概念，引导学生从不同角度理解家庭，并能把握好对家庭含义的讲解不是教学重点，教学中应强调思想教育点。

● 注意事项对这个开放式讨论活动，教师要注意让学生充分发表意见。教师在指导学生开展活动时，要多提示鼓励，并可以谈谈自己的理解。教师要引导学生进行发散思维。

（2）探究与分享：家庭的功能。

● 设计意图。

让学生全面感受自己在家庭中享受的温暖，在理解家庭功能的基础上，感激父母所提供的各种呵护、亲情的播撒、感情的投入、物质的保证、未来的期望、现实的教育等。

● 实施建议分组讨论。教师根据班级实际情况把学生分成若干个小组，每个小组讨论2～3项家庭的功能。交流分享。每个小组派代表交流对家庭功能的认识，也可让学生在家中与父母共同录制讨论家庭功能的视频，在班级中进行交流分享。

情感升华。老师点评学生的发言，在点评中让学生感受家庭的温暖，体会父母的辛劳，增强对家庭的责任感，激发学生爱家、爱父母的情感。

● 注意事项。

教师引导学生解释每项功能时，还应引导学生深入下去，把对各项功能的认识上升为对家的意义的认识。例如，生育功能：功能解释——家庭是法定的人口繁衍的基本单位，意义认识——我们的生命是父母给予的。

（3）运用你的经验：说说现代家庭的特点。

● 设计意图。

这一活动的目的是通过观察图片，分析、归纳现代家庭的特点，提高学生的分析比较能力。

● 操作建议分组讨论。学生分成4个小组，让每个小组讨论图中所列的一个现代家庭的特点。成果分享。每个小组派代表在全班展示探究结果。补充拓展。你还知道哪些现代家庭的特点？

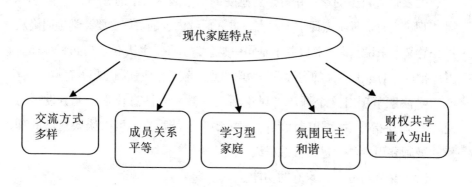

图6-3 现代家庭的特点

● 注意事项。

教师可以安排学生提前查阅相关资料，为课堂讨论做好准备。在探究前，教师可适当提示学生探究的方向。

（4）探究分享：主动参与家务劳动。

● 设计意图。

教师通过该活动，引导学生反思自己在家庭建设方面的表现，最终帮助学生认识到幸福美满的家庭需要全体家庭成员共同创建，增强家庭责任意识。

● 操作建议。

课前调查。教师引导学生以小组为单位，调查每个人在参与家务劳动方面的表现经历和体会，把每个学生给自己的打分集中在表格中，准备在全班展示。

全班分享。分小组展示表格。

交流感受。看了大家为自己的打分以后，教师引导学生交流自己的感受，请给自己打分比较高的学生分享自己的经历和体会。

总结提升。讨论每个家庭成员都有责任分担家务劳动；我们慢慢长大，已经有能力分担家务；参与家务劳动能够帮助我们养成劳动习惯，提高自我管理能力等。

● 注意事项活动过程要为学生创设一个宽松的环境，使学生在开放的状态下，真实地分享自己的行为表现。

由于家庭教育的缺失，在分担家务劳动方面，有的学生是缺失的，这是学生成长中的问题，造成的原因大多在家长。通过学习和点拨，让学生开始意识到参与家务劳动的重要性，这才是课程教育的目的。因此，教师要控制好课堂教学氛围，不能让得分低的同学被其他同学瞧不起。

（5）延伸活动：制订孝敬爷爷奶奶和姥爷姥姥的计划。

● 设计意图。

通过活动践行"孝亲敬长"的美德，为构建和谐家庭出力。

● 教学建议。

引导学生从周末看望、过生日、出游、拍全家福、制作营养餐等方面制订计划。

计划的制订要符合家庭实际情况，计划详细、具体、可行。

引导学生从物质支持和精神关爱两个方面去考虑如何"孝亲敬长"。鼓励学生将制订的计划和实施的成果进行展示、分享，推广优秀经验。

● 注意事项。

要提醒学生对待老人既要有孝心，更要有孝行，支持学生和父母一起实施计划。

（二）"亲情之爱"活动总结与评价建议

在家庭学科相关专题活动学习中，通过揭示家与家庭的概念、内涵，让学生全面地理解了"家庭"和"家庭关系"，学生从感受家庭的温暖、体会父母的辛劳，到掌握现代家庭功能、增强家庭责任感，进而在生活中愿意积极主动的践行"孝亲敬长"的行为。"亲情之爱"专题活动中对家庭认知的教学活动设计突出了对学生情感、态度、行为的培养，对中华民族传统美德的传承和发扬。

本课程的评价重在学生的自我评价、家长的观察和评价、成长记录等。关于情感、态度和价值观的评价，要以学生的自我评价为主，只要自己比过去更能体会到应该"孝亲敬长"，更爱自己的家，和亲人、父母交往中能判断出自己行为的对错，能选择正确的交往行为，就是实实在在的收获。评价学生对父母的爱的情感和态度，追求与父母交往中"善"的行为。这种评价，既包括认识上的评价，又包括通过行为表现出来的态度评价。在评价中，教师要注意激励学生，把评价与学生的体验结合起来。

关于能力和行为的评价，可以有多种方式，如教师的观察、家长的反映、同学的互评等。以爱的方式与父母交往、以孝敬的行为跟父母打交道、以有效的方式解决亲子冲突，是本课的主要教育目标。因而评价的方式主要是观察和成长记录。这种评价要取得家长的支持和配合，要强调学生自己的进步，注意多激励，突出学生的成就感。

关于知识的评价。知识是形成良好情感和态度的基础，是行为持之以恒的内在力量。通过评价，让学生整理相关知识，掌握诸如"孝亲敬长"的方式、亲情的表现形式、亲子矛盾产生的原因以及与父母沟通所必需的要领等。

评价知识掌握情况，也要同情感的变化、能力的增强及行为表现结合起来，防止知行"两张皮"。对知识的评价，可以通过具体情境进行考查。

（三）"亲情之爱"活动的重点与难点问题解析

1. 关于家庭关系的确立

家庭关系的确立是本次专题教学活动中的一个难点问题。家庭既是社会学概念，也是法律概念。教材中对什么是家庭做了简单界定，然后介绍了家庭关系建立的几种情形。尽管这一概念不是教学的重点，却是理解本次活动问题的线索。一个人降生、生活在既定的家庭，这是自然而然的事。但家庭关系除了依法结婚可以确立之外，还可以有以下情形：依照法定条件和法定程序收养可以组成新的家庭；随父或母再婚可以组成新的家庭；非婚生子女与自己的生身父母也可以确立家庭关系，具有法定的权利义务关系。最后一种情形在我国的民法典中有明确的规定，非婚生子女享有与婚生子女同等的权利，任何组织和个人不得加以危害和歧视。这在教学中不必强化，但教师要心中有数。

2. 关于孝敬父母的道德和法律基础

孝敬父母长辈，是中华民族的传统美德。我们讲的对父母的孝敬，是在家人地位平等基础上对父母的尊敬和爱戴，是在基于对父母养育之恩和辛劳的回报，是当代道德和法律的基本要求。不孝敬父母，是不道德的，轻则受到舆论的谴责，严重的行为可能触犯法律，要受到法律的制裁。让学生了解这一点，有助于他们践行孝敬父母的美德。

3. 如何"孝亲敬长"

"孝亲敬长"是本次专题教学活动的一个重点。中国的家庭文化中有许多传统美德需要我们传承和发扬，"孝"就是其中最突出的一个方面。"孝亲敬长"不仅是中华民族的传统美德，也是法律的要求。

孝敬父母，不但要很好地承担对父母应尽的赡养义务，而且要尽心尽力满足父母在精神生活、情感方面的需求。特别是对年迈的父母，更要精心照顾、耐心安慰。现在城市里的大多数老人，虽然儿孙满堂，在生活上不愁吃穿、不缺钱花，但是孩子因为工作的缘故往往不在身边，甚至平时很少见面，所以他们在感情上最渴望的是能与亲人团聚。"常回家看看"反映了父母对儿孙精神安慰的需要。作为儿女，将来不管走到哪里，都要记挂着家中长辈，而且要趁在他们身边的时候，多孝敬他们。"孝亲敬长"的表现是多方面的，既要有孝心，又要有孝行，这是对青少年尽孝教育落到实处的关键。

4. 关于感受家庭的温暖

感受家庭的温暖是本次专题教学活动的另一重点，只有让学生感受到家庭的温暖，学生才能更爱家，爱父母。对学生来说，亲情是其善心、爱心和良心的综合表现。这一内容不需要讲太多道理，而是要强调学生的体验、感悟。因此，在教学中，教师要注意调动学生参与活动实践的积极性，从不同角度理解家庭给予自己的帮助和温暖，并结合具体材料引导学生感受和体验。

5. 关于两代人之间的差别

表 6-3　代际之间的差异

比较项目	父母	我们
生理	正值中年、壮年	正值青春期，身高迅速增长、体重增加，第二性征明显，大脑结构趋于完善、脑兴奋性增强，心脏发育迅速，肺发育基本完成；但是身体并未发育成熟
心理	心理成熟，有主见，甚至老于世故，经受过多种考验	有长大的感觉、有独立的愿望；受异性的吸引；思维有时偏执，有时不能控制自己的情绪
阅历	饱经风霜，经受过多种挫折，有丰富的人生经验，同各种人打过交道	未真正走上社会，没有经历复杂社会关系的历练
知识	有的父母受过良好教育，有的父母未必受过良好的教育，即有的父母比子女掌握更多的知识，有的父母还不一定有子女知道得多；哪怕他们受过良好教育，但由于知识更新快，许多知识已经显得陈旧	正在接受义务教育，对比有些没有受过良好教育的父母来说，子女是"有学问"的人；可子女掌握的知识有限，对于受过良好教育的父母来说，子女不如父母的知识丰富；子女与父母在现代信息技术方面，几乎站在同一起跑线上；子女在生活知识、实践经验方面，比父母少得多
思想方法	思想上求稳，容易倾向于保守；喜欢纵向比较，总同过去比，能比较全面地看问题	年轻人思想开放，勇于创新，也易于偏激；喜欢横向比较，总与同时代人来比较，看问题容易片面
行为方式	处事冷静、谨慎，恪守准则	喜欢冒险，行为变化快；讲效率；不拘泥于传统
社会角色	家长、监护人、职业人员等	子女、学生、被监护人等

6. 关于代沟

代沟，指两代人之间因身体因素、环境因素而造成的思维方式、行为方式等方面的差异。代际冲突，即两代人之间由于差异而导致在处理问题的方式方法上存有分歧和矛盾。

代沟，在一定意义上反映出时代的变迁、社会的进步。正是由于一代不同于一代，一代比一代进步，社会才向前发展。产生代沟的原因是双方面的，父母观念的滞后、行为方式的惯性，往往是产生代沟的原因。而从子女的角度来说，初中学生与父母产生代沟的具体原因主要有以下几个方面。

一是独立意识。青春期的学生独立意识快速萌发，会认为自己已经长大，不再需要父母的关心和照顾。身体的快速发育使初中学生获得了力量和勇气，但并不能正确地评估自己的能力。父母认为子女还是需要保护的"孩子"，没来得及接受子女已经长大的现实，而子女却每天接受大量新的信息，并能够发表自己的独到见解。这突如其来的变化与父母已有的养育观念发生冲突，从而产生代际矛盾。

二是心理变化。进入青春期后，随着生理的发育，初中学生心理发生了微妙的变化；表现为喜欢关上门、写日记、听流行歌曲，甚至干脆呆坐闲想，不再在父母怀里撒娇。心理上产生闭锁性，渴望友谊，拒绝对父母说心里话等。这些变化会让父母产生不安和忧虑。

三是行为方式发生变化。小时候养成的不良习性到了青春期会变得更突出，如任性、自我为中心等。本就是在长辈的呵护中长大，不愿受约束，随着独立意识的萌发及增强，对父母的正确批评也听不进去了，容易产生矛盾。

代沟的存在是客观的，其存在甚至会加深两代人之间的冲突，给家庭生活带来不和谐因素。合理处理代际关系，建立和谐的亲子关系，既有利于学生的健康成长，又有利于家庭的和谐发展。

7. 关于逆反心理

逆反心理是进入青春期的孩子萌发独立意识的一种表现。初中学生正值青春期，随着自我意识的增强，面对学业的压力和逐渐复杂的人际关系，逆反心理往往有比较突出的表现。愿意跟朋友在一起，感觉自己已经长大，希望自己能像成年人一样受到尊重，自尊感明显增强，对父母不再唯命是从，对家长的教育容易产生逆反心理。

初中学生随着生理的发展，心理急剧变化，他们的自我意识发生了质的变化，形成了强烈的独立自主的愿望。他们开始对父母过细的嘱咐和种种限制表现出强烈的不满甚至反抗，希望摆脱父母的束缚。我们要辩证地看待逆反心理。既然逆反是孩子独立意识萌发的表现，那么从父母的角度看，就要尽快适应"孩子已经长大了"的事实，多学习孩子青春期变化的常识，适应孩子的变化，给予必要的引导，帮助其成长。从学生的角度看，就要学习与父母交往，调适逆反心理。这样既有助于学生帮助父母更新观念、走出家庭教育误区，也有助于学生提升道德修养、不断自我完善。

逆反心理存在着危害。学生的逆反心理，有的表现为以强硬的态度顶撞、以粗暴的举止反抗，有的表现为对父母不理不睬、冷淡相对。如果用极端的办法处理子女与父母间的问题，还会造成一定程度的危害，如离家出走、行为越轨、伤害父母等。

在教学中，教师要帮助学生认识逆反心理是正常的现象，辩证认识这种现象，特别是要充分认识逆反心理在交往中带来的危害，引导学生在与父母的交往中调适逆反心理，与父母建立良好的关系。

8. 关于与父母的交往

本课教学重点是帮助学生学会与父母正确交往。考虑"双减"政策要求教材不可能安排过多，这方面的内容又涉及学生社会化过程和终身发展，因此必须在情感态度、能力方法等多方面，提高教育教学的实效。除教材上讲的内容外，学生还应有以下素养：对父母的态度要温和、不采取偏激的行为方式；要表现出一定的独立能力，让父母放心；要保持自己的独立性，但不要忽略经常与父母进行交流和必要的沟通。

9. 关于现代家庭

现代家庭究竟应该是怎样的，目前还没有统一的标准。根据社会学家的研究，现代家庭应具备下列特征。

• 关心世界和国家大事，经常收听、收看时事新闻，读书看报是生活中的重要内容。

- 家庭成员注意学习现代科学文化知识。
- 经常就社会和人生问题进行话题探讨。
- 家庭成员有健康的业余爱好，善于自我设计，有自我执行力。
- 会换位思考问题，对话风趣、简洁，爱好文娱体育活动。
- 家庭氛围民主和谐，长辈受到尊敬爱戴，子女能自由发表意见。
- 财权共享，量入为出，各取所需，有计划消费。
- 穿着得体，饮食健康，家人间交往懂得礼仪、礼貌。

10. 关于家庭美德

增强与家人共创共享家庭美德的意识和能力也是本课的一个重点。学生要增强这一能力需要对家庭美德的内容有一个初步认识。家庭美德，指人们在家庭生活中调整家庭成员间关系、处理家庭问题时所遵循的高尚的道德规范，主要包括尊老爱幼、男女平等、夫妻和睦、勤俭持家等。

尊老爱幼：我国自古以来就倡导"老有所依，幼有所育"，形成了尊老爱幼的良好家庭道德传统。尊老爱幼，是每个公民必须遵守的道德准则，也是每个公民应尽的社会责任和法定义务。

男女平等：男女平等，指在家庭生活的各个方面，男女都能保持人格独立、地位平等，享有同等的权利，负有同等的义务。

夫妻和睦：夫妻是家庭关系的核心，夫妻和睦是家庭幸福的重要前提和保证。夫妻关系应以平等互爱为基础。作为夫妻，应该努力做到互敬、互爱、互信、互帮、互谅、互让、互慰、互勉。

勤俭持家：是我国家庭的传统美德。随着社会经济的发展，人民生活水平逐步提高，大多数家庭经济条件比较好，但是珍惜劳动果实、继承和发扬勤俭持家的传统美德仍是现代人的行为准则。

（四）中日两国对家庭认识活动设计的差异

1. 学习目标

在我国"亲情之爱"专题教学活动的设计是为了帮助初中学生更好地认识家庭，体验家人之间亲情的温暖和爱，解决成长中遇到的亲子关系问题，增强构建和谐家庭的责任意识；提高传承中华家庭文化传统美德的能力，增强孝亲敬长的行动力；理解"家"的内涵和功能，知道"家"对我们成长的意义。

在日本，初中家庭学科中的家庭学习领域，要求通过开展衣、食、住等方面的学习实践与体验活动，让学生在获得生活自立所需基础知识和基本技能的同时，加深对家庭功能的认识与理解，能对生活充满热情与期望，养成积极探索生活、热爱生活、创造生活、经营生活的能力和态度。在技术学习上要求学生通过积极参与动手制作等实践性、体验性的学习活动。掌握在学习材料加工、能量转换、培育生物、信息获取等方面的基础知识和基本技能。

2. 学习内容

家庭学科教育涵盖以家庭生活为中心的人的一切生活活动，"亲情之爱"专题教学活动中所涉及的认识家庭、理解亲情，树立家庭责任意识，在学习目标设计上体现了家庭学科教育的学习要点。但从各单元活动以及子活动的设计上，也可以明显看出，我国在初中教育阶段对家庭理解认识的教育活动侧重于帮助学生树立良好的家庭意识观念，提高学生在情感态度、思想道德等方面对家庭、对亲人、对生活的认识和理解，教学活动中更加注重对学生思想性的引导。

"亲情之爱"专题教学活动设计以学生的生活需要为基础，教学中能够将家庭教育与公民意识教育、传统文化、法治教育相结合，强调学习者通过学习获得更多的情感认知和价值上的收获。教学过程注重通过活动中的问题设计加强对学生品德思维能力的训练。问题设计着力于引导学生面对家庭生活中的问题多角度地进行思考，提高学生全面理解和把握问题的意识能力。

"亲情之爱"专题教学活动方法主要采用讨论、探究、发现。教学环境要求开放、宽松，教学中以教师的引导和启发为主，活动过程要求学生能够积极分享、自主、顺畅地交流，并通过讨论、分析、总结、归纳等方法提升自我对家庭、家庭文化建设、家庭美德建设、建立和谐亲子关系、构建和谐家庭的责任意识，初步建立家庭主人翁的责任感。

日本初中的技术·家庭学科则要求学生通过对学习生活所需的基础知识和基本技能，加深对相关生活技术的理解，养成热爱生活、创造生活的能力与态度。具体内容包括技术领域的材料与加工的相关技术、能源转换的相关技术、生物培育的相关技术、信息技术，家庭领域包括的家族、家庭与儿童成长，饮食生活与自立，衣生活、住生活与自立，身边的消费生活环境。

在日本初中家庭学科家庭领域"家族、家庭与儿童成长"这一模块内容的学习，强调的是学生要认真思考自我成长与家族和家庭生活间的相互关系。要求学生通过学习，对过去的自己、现在的自己和身为家庭成员的自己，在家庭中的作用、所承担的责任要有明确的认识和理解。

日本的家庭学科教育要求初中学生对家庭的认识和理解包括以下几点。首先，能够关注家庭生活和儿童生活，能发现有关家庭生活或儿童生活的课题，并学会制订计划进行实践探究。其次，能够关注饮食生活，观察、确立日常饮食生活或者地方饮食中特色烹饪活动，并进行实践计划的制订与实施。最后，能够关注服装与居住，发现自己对生活中穿衣或居住方面感兴趣的问题，并进行相关学习计划制订与实践。教学方法主要采用实践学习的方法，通过计划、实施、反思的学习过程，帮助学生有限的学习时间中，了解家庭功能、认识成长发展、掌握基本的生活制作技术。

3.学习特点

由于中日两国在教育背景、教育文化、社会需求等方面的差异，因此在对家族、家庭的认识学习活动设计和学习评价上也体现出了各自的教学特色和要求。

我国在对初中学生进行家庭学习活动的设计上较为注重培养从态度、情感和价值观等方面提升对家庭、对家人、对"孝亲敬长"的理解认识。在能力培养上注重要求学生提高与家人共建共享家庭美德的能力。在知识学习上依托中华民族传统美德，要求学生理解中华文化中"孝"的内涵，了解家庭结构的演化和现代家庭的特点。教学内容设计围绕着确立的学习目标，活动内容丰富完整，既满足了学生成长发展过程中对家庭认识的需要，也体现出了对中华民族优秀传统文化的传承。学习评价以学生的自我评价、教师家长的观察评价、具体行为评价为主，评价方式全面、科学，体现了学科学习的特点。

日本初中的技术·家庭学科的学习活动注重培养学生理解家族、家庭的作用，掌握生活所需的衣、食、住、信息、产业等方面基础知识和基本技能；注重实践性、过程性的学习评价。

二、认识生命的活动设计

我国的义务教育《道德与法治课程标准（2022年版）》，在初中阶段"道德与修养"学习模块中提出，帮助学生形成健康、文明的生活方式，引导学生懂得生命的意义，热爱生活。在"健全人格"的学习模块中提出，要学生懂得生命的意义和价值，热爱生活，确立正确的人生观。由此可见，初中道德与法治课程中对学生认识生命的教育侧重于道德修养与健全人格培养两方面，在教学内容的选择和课程的设计中，重点围绕提升学生好思想、好品行来实施。

案例 1 主题活动"探问生命" ①

素材依据义务教育教科书《道德与法治》（七年级教师教学用书）中的相关内容改造。

一、主题活动来源

生命可以永恒吗？进入青春期的学生，开始对"我是谁""我从哪里来""我到哪里去"等哲学命题有一些初步思考。但受阅历和认知水平所限，学生的理解会有局限性或片面性，甚至会产生偏差。如果学生这些思维的矛盾或困惑得不到及时指导，就可能产生心理脆弱、思想困顿、行为失控等问题，导致其不懂得尊重、敬畏、珍爱生命，甚至会漠视生命。面对复杂的社会生活，如何坚守善待生命的底线，追求生命的美好，对初中学生来说也是巨大的考验。因此本次活动从"生命可以永恒吗"这一问题开始，引导学生理解生命有时尽、生命有接续。个体生命在实现人类生命的接续中要担当使命。在人类生命的接续中，每个人都应该为自己的生命找到一个位置，担当一份使命。鼓励学生将自己的生命与家庭、与祖

---

① 资料来源：人民教育出版社、课程教材研究所、中学德育课程教材研究开发中心编著：义务教育教科书《道德与法治》（七年级教师教学用书），2016年。

国、与整个人类融为一体，增强生命的责任感和使命感。

二、主题活动目标

（一）知识目标

（1）懂得生命来之不易，生命是独特、不可逆的和短暂的，了解生命发展的自然规律。

（2）理解个体生命与他人、社会、人类的关系，明确自己生命的使命。

（3）懂得生命至上的内涵；了解生命之间的休戚与共；理解对生命的敬畏，既包括对自己生命的珍惜，还要走向对他人生命的关怀。

（二）能力目标

（1）培养对生命问题的辩证思维能力，理解生命有时尽、生命有接续。

（2）学会结合社会热点观察、思考敬畏生命的表现与意义，初步形成对现实生活的复杂情形做出合理判断的能力。

（3）坚守对待生命的道德底线，学会珍爱自我生命、关怀和善待身边其他人的生命。

（三）素养目标

（1）培养感激生命、热爱生命、敬畏生命的情怀。

（2）培养珍爱自我生命、关怀和善待身边其他人生命的情感。

（3）树立正确的生命道德观念，增强生命的责任感和使命感。

三、活动整体设计

主题活动探问生命，在活动引入中阐述了人类生命的演化历史。引用古语，说明人相对于水火、草木、禽兽是"最为天下宝贵"的，进而提出探究性问题：我们如何看待自己的生命？引发学生探究的兴趣，唤起对生命问题更为深入的思考。从"生命故事的感悟"等生活化体验入手，引领学生以"生命可以永恒吗"为探究学习主线，懂得生命来之不易；理解生命是独特的、不可逆的和短暂的；了解生命发展的自然规律；同时培养对生命问题的辩证思维能力，理解生命有时尽、生命有接续。通过"生命救援""中国医师节"等多样的活动设计，引导学生懂得生命至上的内在含义，理解为什么要敬畏生命。引领学生理解个人生命与他人、社会休戚与共的关系，进而深化对怎样敬畏生命的认识：既包括对自己生命的珍惜，还包括对他人生命的关怀；对生命的敬畏不是来自谁的命令，而是内心的自愿选择。

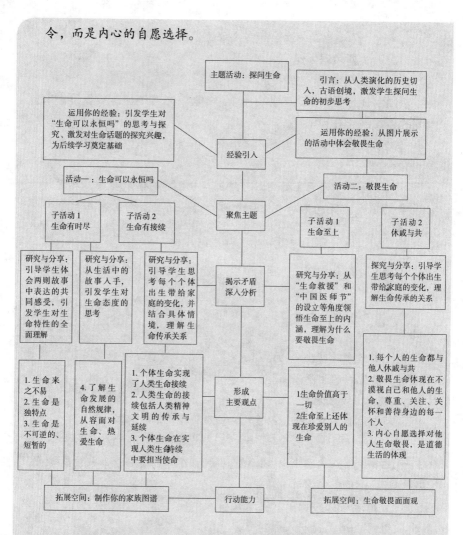

图6-4 "探问生命"活动设计思路

单元活动 1——生命的意义

一、活动意图

运用学生已有经验，引导学生对生命特性的全面理解，感悟生命发展的自然规律，进而培养学生感激生命、热爱生命的情感，思考讨论如何在有限的生命中实现生命的意义和价值，理解生命对于家庭、家族、家乡、国家发展的意义，感受生命中体现的高尚家国情怀。

二、活动目标

（一）理解生命的成长具有无数的偶然性、生命来之不易

（二）知道人类生命的接续包括人类精神文明的传承与延续

（三）懂得自己的生命与家庭、与祖国、与整个人类融为一体，有生命的责任感和使命感

三、活动过程

（一）活动准备

思考讨论。引导学生通过对个体生命（现实生活、历史角度）、家族生命、民族生命等图片和文字资料的搜集整理，思考讨论"生命可以永恒吗"？

（1）探究分享。与父母探讨生命为什么来之不易、生命继承了什么，并将讨论结果带到学校与同学分享。

亲子合作开展家庭调查，具体内容："我在父辈、祖辈那里继承了什么？""我家的家风是什么，对家庭发展有什么影响"？在调查的过程中，学生会更容易理解每个人既在身体上接续祖先的生命，也在精神上不断继承和创造人类的精神文明成果，从实际生活出发对生命、对家风有一定的认识。

（2）专题交流。探究生命特性，帮助学生理解每个人身上都有自己独特的生命秘密，每个人拥有自己独特的风格和特点，请同学们相互夸一夸班级同学身上的优点。

（二）活动环节

1. 生命有时尽

传统文化引入，探讨庄子名言"人生天地之间，若白驹过隙，忽然而已"，请同学们说出自己对这句话的理解，也可与父母探讨。帮助学生理解在生命的长河中，从婴孩成长为儿童，再从儿童成长为少年，生命时光一去不复返，生命是不可逆的，个人的生命是短暂的，激发学生珍惜生命时光，珍惜青春韶华。

2. "我从哪里来""我要到哪里去"

通过分享"探寻生命自然规律"活动，帮助学生理解每个人都无法抗拒生命发展的自然规律，我们要热爱生命、热爱生活，把有限的生命投入无限的奋斗和奉献之中。引导学生思考、讨论如何在有限的生命中实现生命的意义和价值，什么样的生命是有意义和有价值的，如何成长为有理想、有本领、有担当，德智体美劳全面发展的社会主义建设者和接班人。这些是对生命正确认识的重要

内容。

（1）分组讨论。"每个人的最终结局都是死亡，那为什么我们还要活着"，在讨论、交流中引领学生对生命的意义和价值进行思考，初步体会生命发展的自然规律，感激生命的获得。

（2）合作探究。在学生回答的基础上，教师提出问题："如果你的生命只剩下一点点，你打算怎样好好活着？"鼓励学生展开小组合作探究讨论，引导学生反思，让学生对生命的短暂和不可预知有更加深刻地体验和理解，培养感激生命、珍惜生命、热爱生命的情怀。

（3）课堂讨论。教师提出问题："孔子说：'未知生，焉知死'，同学们，你们同意这种说法吗？请大家说出自己的想法和理由。"结合学生对这一问题的不同观点和见解，可以分成两组，展开讨论，使学生更加深入地理解生命发展的自然规律，以及怎样过充实而有意义的生活。

3. "生命有接续"

（1）讨论分享，说一说"你的出生，给你的家庭带来了什么"。帮助学生认识个体生命与家庭、家族、社会及人类的关系，引导学生从多种角度充分思考个体对生命、对家庭的影响和意义，全面、立体地理解生命的传承和接续。生命对于每个个体不仅指身体上的生命，还包括社会关系中的生命、精神信念上的生命；在生命的接续中，人类生命不断发展，人类的精神文明也不断积累和丰富。生命的接续传承也是家风的传承。

（2）合作探究。在学生分组讨论的基础上，教师提出问题，启发学生思考："在中国的传统中，名字还是很有讲究的，除了姓氏外，还有家谱，哪些同学的名字是按照家谱起的？你们家族中的名字是怎样体现家谱的？"在合作探究中令学生深刻体会个体生命是祖先生命的延续。

（3）归纳总结。在前两个环节充分展开的基础上，师生一起归纳总结：每个人都在一定程度上继承了父辈、祖辈的身体、相貌、血脉，正是一代又一代的个体生命实现了人类生命的接续。

（4）学习探讨北宋杨家兴隆三代、将帅满门、人人忠肝义胆、战功卓著的故事。后人感叹"杨家儿孙，无论将宦，必以精血肝胆报国"。从中理解家风的力量对生命接续的影响，个体生命是如何与家庭、与祖国融为一体的，探讨什么样的生命接续是有责任感和使命感的生命接续。

（5）交流学习体会。请同学们思考讨论"在人类社会发展链条中，你将扮演哪一环"。启迪学生思维的深度和广度的拓宽："说一说在家里，我的身份是什么？我的使命是什么？在学校里，我的身份是什么？我的使命是什么？在社会中，我的身份是什么？我的使命是什么？"引导学生理解自己的使命与家族传承、家乡的建设、祖国的繁荣、社会的发展紧密相连。

（6）深化认识。纵观人类的发展历程，正是每一代人都勇于担当责任，完成使命，让自己成为社会发展链条中坚固的一环，环环相扣，人类才能发展，文明才能传承，生命才有接续。一代又一代个体生命的更替实现了人类生命的接续。我们要为自己的生命找到一个位置，担当一份使命，让生命变得精彩丰富有意义。

四、活动延伸

鼓励学生尝试制作"我的家族图谱"，让学生向父母和家族中的长辈询问或通过其他方式查访，了解自己家族各代成员的辈分及组成。在整理制作家族图谱的过程中，引导学生更深刻地体会生命对于家庭、家族、家乡、国家发展的影响，感悟家庭、家教、家风对生命的滋养，领悟生命的意义，感受生命中体现的高尚家国情怀。

一代	二代	三代	四代	五代	六代	七代	八代	九代	十代	十一代	十二代
始祖至圣	鲤	伋	白	求	箕	穿	谦	鲋	随	某	......
										武	......
								腾	忠	安国	
										臧	......
								树	聚	让	

表　《孔子世家谱》（示意）

单元活动2——《敬畏生命》

一、活动意图

引导学生认识生命是宝贵的，生命价值高于一切；理解生命至上，并不意味着只看到自己生命的重要性，我们每一个人都必须承认别人的生命同样重要。引领学生认识到要对生命怀有敬畏之心，要珍视生命。

二、活动目标

（一）明确理解每个生命都有其存在的意义和价值，要用敬畏之心对待每一个生命

（二）懂得个体生命与他人的生命休戚与共的关系，知道在休戚与共的社会中如何做到敬畏生命

（三）学会从珍爱自己的生命走向对他人生命的关怀，理解对生命心存敬畏对人们思想与行为的影响

三、活动过程

（一）活动准备

（1）选用现实生活中常见的两幅生活画面（地震后救援画面、清明祭祖画面），引发学生的思考：人们为什么要这样做？激发学生的求知欲，使学生初步感受到每个生命都有其存在的意义和价值，我们要以敬畏之心来对待每一个生命，为本活动的学习做好铺垫。教师要充分挖掘图片背后的价值内涵，两张图片分别从家庭伦理、民族精神等角度展示人们对生命的敬畏。这些是对学生进行正确人生观和价值观教育的重要载体，教师应充分利用好。

①观看图片。引导学生认真观看教师提供的两幅图片，初步了解图片内容，知道图片中的人们在做什么。

②探究交流。组织学生讨论交流图片中的人们为什么要这样做，引导学生从对个人、他人、社会的影响等角度进行思考。

③反思拓展。教师提问，让学生思考：你知道生活中还有哪些类似的场景吗？这些场景中人们的做法共同体现了什么。

（二）活动环节

（1）案例导入——探究分享"生命至上"。以2008年被广为关注的社会热点"汶川地震中的生命救援"为学习案例，引导学生体会并理解：当面对突如其来的灾难时，生命是脆弱的、艰难的；从花费巨大的人力、物力、财力的全力救援的行动中感悟生命是坚强

的、有力量的，生命是崇高的、神圣的；我们要尊重每一个生命，对生命要有敬畏的情怀。

（2）讨论活动——"中国医师节"的设立。请同学们讨论为什么会有"中国医师节"，设立"中国医师节"有什么深远意义呢？引导学生深化对生命至上内涵的认识，理解生命是宝贵的，生命价值高于一切。我国广大医务工作者弘扬敬畏生命、救死扶伤、甘于奉献、大爱无疆的精神，全心全意为人民服务，得到了广泛的赞誉。国家设立"中国医师节"是对广大医务工作者的尊重，体现出了对人的生命的尊重。每个人的生命是宝贵的，我们要敬畏生命、珍视生命。

（3）探究活动——请同学们说一说"舍己救人是不爱惜自己的生命吗"？

①教师创设情境。情境描述：一辆公交车突然着火，满车的乘客被困在车厢里，许多人不顾危险上前救人，有的人站在远处，边看边指指点点。

②教师提出问题，引发讨论。面对这种情况，如果你是一名路人，你会怎么做，为什么？

③学生合作探究。分组讨论：不顾自身危险去救他人是不爱惜自己的生命吗？在合作探究的基础上，引导学生理解生命至上，并不意味着只看到自己生命的重要性，别人的生命也同等重要。"仁者爱人""推己及人"是敬畏生命的最高境界，值得学习和发扬。

④分享交流。请同学们分享令自己感动的舍己救人的事件。通过分享交流，深化对生命至上内涵更深层次的认识。引领学生结合社会热点观察与思考敬畏生命的表现与意义，初步形成对现实生活的复杂情形作出合理判断的能力，同时深入领会生命至上不仅指珍爱自己的生命，还要自觉珍爱他人的生命，如同珍爱自己的生命一样。

四、活动延伸

以孟子的"四端说"为学习内容，帮助学生认识每个人生来都有的四种道德潜能，理解对生命的敬畏是人们应有的道德需求，而不是迫于谁的命令。正面引领学生过上积极的道德生活。

孟子认为，每个人生来都有四种道德的潜能。他说："恻隐之心，仁之端也；羞恶之心，义之端也；辞让之心，礼之端也；是非之心，智之端也。"意思是说，人有同情心，这是人与人之间相互

195

关爱的开端；人有羞耻心，这是选择正确行为方式的开端；人有谦让心，这是社会礼仪和人们遵守社会行为规范的开端；人有是非辨别之心，这是智慧的开端。

课前教师引导学生查找资料并思考，课上交流分享自己对孟子所阐释的四种道德潜能的理解。引发学生深入思考，生活中该如何激发自己的道德潜能，具有高尚的道德情操对生命成长的意义。

五、活动注意事项

（一）指导注意事项

教师要注意创设情境，增强案例的感染力和说服力，以便学生敞开心扉，引发学生产生热爱生命、尊重生命、敬畏生命的情感。教师要尊重学生的发言，时刻关注学生情绪、讨论氛围的变化，针对学生偏离主题的讨论及时给予引导，对学生不当的甚至错误的思想及时给予纠正，引导学生体会生命的崇高，感受对生命的敬畏。只要学生的观点是积极向上的，就应该给予鼓励，在不断讨论、交流的基础上，培养学生树立正确的世界观、人生观、价值观。

当遇到问题，教师要尊重学生的选择，正视学生选择的结果，不回避矛盾，师生共同思考寻求解决问题的办法。需要家庭配合开展相关活动，教师要鼓励父母与学生共同参与完成活动，并基于学生的年龄阶段的能力水平，给学生积极引导，不采取简单粗暴的方法评价对待学生。

（二）活动评价建议

基于本单元学习内容和学情，建议教师采用观察和问卷调查相结合的方法，了解学生基于自身道德观和价值观对人或事物的评价和行为倾向，据此对学生的生命价值观现状进行基础性评价，并做好记录。

教师还可以采用项目评价的方法，对学生的学习探究或实践活动进行评价。建议从学生的情感投入程度、学习的主动性、合作意识、学习方法、成果展示等方面对学生进行综合性评价。

表 6-4　探究活动评价表（示意）

评价内容	学生自评	小组评价	教师评价	综合评价
参与态度				
掌握知识				
方法运用				
合作精神				
思想认识				

表 6-5　实践性作业评价表（示意）

评价内容	学生自评	小组评价	教师评价	综合评价
情感态度				
信息收集				
分类整理				
技巧方法				
成果展示				
等级评价标准				

A 等级——①能积极参与实践活动，探究问题的兴趣浓厚并持久，遇到困难能积极想办法解决。②收集了与活动主题有关的大量信息，能够对收集到的信息很好地分类整理。③交往能力强，善于沟通，能够通过面对面、电话、网络等多种渠道和方式向尽量多的家族成员问询查访。④实践成果充实丰富、紧扣主题、汇报详细、有条理、问题得到圆满解决，能够以调查报告、手抄报或多媒体课件等形式展示成果，并且制作精美。

B 等级——①能积极参与实践活动，对探究问题有一定的兴趣，能尽力克服活动过程中遇到的困难。②收集到了较多的信息，大部分与主题有关，能够对收集到的信息进行较好地分类整理。③具有一定的交往和沟通能力，能够通过较方便的渠道和方式向比较亲近的家族成员问询查访。④活动成果基本能够围绕主题，问题得到较好的解决，展示形式能基本上反映劳动成果，并且制作好。

C 等级——①基本上能参与实践活动，但不是很努力，对探究的问题兴趣不大，遇到困难容易放弃。②收集到的信息较少，只有少量与主题有关，不能对收集到的信息进行分类整理。③交往和沟通能力有限，仅能向身边的家族成员进行简单的问询了解。④实践活动有一定内容，但成果较少，问题基本得到解决，汇报形式和内容过于简单。

六、活动总结

在"探问生命"的主题活动学习中，通过系列教学活动的开展揭示了生命至上的内涵，让学生全面地理解了个体生命与他人、社会、家庭和人类的关系，感受个体生命对家庭的意义，学生从树立正确的生命道德观，增强生命的责任感、使命感到珍爱生命，懂得关怀和善待身边其他人的生命。"探问生命"的主题活动设计涵盖了对生命、对家庭、对家风的认识，强调了对学生生命观、价值观的培养。

（一）重点与难点问题解析

1. 生命可以永恒吗

进入青春期的学生，开始对"我是谁""我从哪里来""我到哪里去"等哲学命题有一些初步思考。但受阅历和认知水平所限，学生的理解会有局限性或片面性。因此本次活动首先提出"生命可以永恒吗"这一探究问题，这是学生理解的难点，同时也是本次活动的教学重点。

人的生命是以生物存在形式为基础，受精神支配、社会化了的存在方式。它包括自然生命、社会生命和精神生命三种形式，人的生命是自然生命、社会生命和精神生命的统一体。也有人把人的生命划分为肉体生命和精神生命两种形式。

对"生命可以永恒吗"这一问题，教师要引导学生从两个方面来理解。一方面，生命有尽时。理解每个人的自然生命或肉体生命是有尽头的，了解生命来之不易，生命的独特性、短暂性和不可逆性等特征；懂得生命发展的自然规律，向死而生，从容面对生命中的不可预知，培养学生感激生命、热爱生命的情怀。另一方面，生命有接续。人类生命是个体生命（物质生命或身体生命）的接续，也包括人类精神文明的传承与延续。个体生命在实现人类生命的接续中要担当使命。生命的接续，使得每个人的生命不仅是"我"的生命，还是"我们"的生命。在人类生命的接续中，我们要为自己的生命找到一个位置，担当一份使命。从而激发学生将自己的生命与家庭、与祖国、与整个人类融为一体，增强生命的责任感和使命感。

2. 休戚与共

在复杂的社会生活现实面前，价值观还没有完全建立起来的初中学生会感到困惑和迷茫。教师需要对学生进行正确的引导和帮助，使学生由难以分辨、抵御外界不良影响的自然人，转变成为能分辨是非善恶、有正确的价值观、能感受到社会与生活的美好的社会人。因此，本部分内容是教学的重点，也是教学的难点。

教师要引导学生在体会我的生命与他人生命休戚与共的关系中，探讨在休戚与共的社会中如何做到敬畏生命。主要从三个方面理解。其一，敬畏生命，要从珍爱自己的生命走向对他人生命的关怀，要意识到每个人的生命都与他人休戚与共。其二，敬畏生命体现在不漠视自己和他人的生命，尊重、关注、关怀和善待身边的每一个人。其三，当对生命的敬畏不是迫于谁的命令，而是内心的自愿选择时，我们就走向了道德的生活。帮助学生对敬畏生命的认识实现从意识层面到行为层面，再到道德层面的逐层升华。如果该部分内容处理得好，将会为学生未来面对复杂的社会生活、坚守善待生命的道德底线奠定认知和情感基础。

教师在分析、处理该部分内容时，要把握以下几个原则。其一，教师要引导学生用辩证的思维看待社会现象。现实的社会生活纷繁复杂，归纳起来无非两类——真善美和假恶丑，二者是对立的统一体。面对社会生活的复杂性，引导学生学会客观地认识现象，分析问题。其二，教师要引导学生坚守对待生命的道德底线，发现、感受、传递生活中展现出来的生命的美好。"天下皆知美之为美，斯恶已。皆知善之为善，斯不善已。"当更多的人有了对生命的正确认识，生活中丑陋的现象将会越来越少，人类文明将向前跨越一步。其三，在学生对生命的正确价值观没有普遍建立起来的时候，要学会理性面对社会现象，合法保护自己，让智慧伴随对生命美好的追求，更多感受生命的意义和价值。

3. 施韦泽以"敬畏生命"为核心的生命伦理观

阿尔贝特·施韦泽是当代具有广泛影响的思想家，他创立的以"敬畏生命"为核心的生命伦理学是当今世界和平运动、环保运动的重要思想基础。

敬畏一切生命是施韦泽生命伦理学的基石。施韦泽把伦理的范围扩展到一切动物和植物，认为不仅对人的生命，对一切生物的生命都必须保持敬畏的态度。"善是保存和促进生命，恶是阻碍和毁灭生命。"一切生物，包括人、动物的生命都是有价值的，各种生命生存在一种互相影响和必然的联系之中。人应该像敬畏自己的生命意志一样敬畏所有的生命意志，在自己的生命体验中体验其他生命，这样人类自身才可以做到幸福地生存，才可以和人类之外的所有生物和谐地发展。

"敬畏生命"的伦理观引领个人懂得各种生命的价值，促使人们相互尊重，建构良好的社会关系；也引领人们懂得各种生命相互依存，懂得尊重自然、保护自然环境，使人和自然和谐相处。

（二）中日两国对认识生命活动设计上的差异

我国在对"探问生命"的学习目标设计上注重对学生理解生命、尊重生命、热爱生命、增强生命责任感等情感、态度、价值观方面的培养。活动将帮助学生从难以分辨、抵御外界不良影响的自然人，转变成能分辨是非善恶、有正确的价值观、能感受到社会与生活的美好的社会人，作为教学的重难点，以激发学生将自己的生命与家庭、与家乡、与祖国、与全人类融为一体，增强生命的责任感和使命感为总目标。在能力目标上，强调让学生能结合社会热点观察、思考敬畏生命，初步形成对现实生活的复杂情形做出合理判断的能力。在知识目标上，强调让学生掌握生命至上的内涵，活动的目标设计体现出具体目标明确、设计层次清晰合理。教学活动能紧密围绕主题活动的需要开展，内容设计丰富，贴近学生的实际生活需要。教学中教师能根据学习内容在课前对教学计划进行周密的制订，在学习中能对学生进行启发性的指导，注重家校合作，充分发挥家庭教育的作用。并能将中华民族优秀传统文化，中华民族传统家庭美德优良的家风融入教学内容中，教学全过程注重对学生思想性、意识性学习的引领，对学生人生观、价值观的培养。

日本初中阶段教学目标中提到，要通过促进学生参加学校内外的自然体验活动，培养学生尊重生命、尊重自然的精神，养成保护环境的积极态度。在初中技术·家庭学科的学习中要求学生通过去保育所观察、学习，了解幼儿的生活，并能从幼儿的成长中感受生命的意义。思考自身所处的位置、自我的成长历程、人的发展等相关领域的内容。教学方法上注重实践教学，各学校会在综合考虑本校的实际情况、学生特点、所在地区等因素下进行指导计划的制订，教学目标注重体会观察生命的成长、理解生命成长不同阶段的特点。

中日两国在初中教育阶段都注重对学生认识生命的教育。我国将生命教育的认识设置在初中道德与法治的课程学习中，教学侧重点立足帮助学生从思想认识层面深刻认识生命的意义、理解生命的价值，在认识生命的过程中让自我的道德素养得到升华，理解生命对家庭、对生活、对社会的责任和意义。日本则是将生命教育的认识设置在技术·家庭学科的学习中，在学习侧重点上注重帮助学生掌握生命在不同成长阶段，尤其是婴幼儿期至青春期，在生活中需要面对的问题、需要掌握的生活知识和技能，教学全过程注重对学生生活知识和技能的培养。

第七章

中国高中教育阶段的家庭学科教育

第一节　普通高中课程计划

　　我国普通高中教育是在义务教育基础上进一步提高国民素质，面向大众的基础教育。普通高中教育的任务是促进学生全面而有个性的发展，为学生适应社会生活、高等教育和职业发展作准备，为学生的终身发展奠定基础。普通高中的培养目标是进一步提升学生综合素质，着力发展核心素养，使学生具有理想信念和社会责任感，具有科学文化素养和终身学习能力，具有自主发展能力和沟通合作能力。

　　2020 年修订的 2017 年版《普通高中课程方案》，以马克思列宁主义、毛泽东思想、邓小平理论、"三个代表"重要思想、科学发展观、习近平新时代中国特色社会主义思想为指导，深入贯彻党的十八大、十九大精神，落实全国教育大会精神，全面贯彻党的教育方针，落实立德树人根本任务，发展素质教育，推进教育公平，以社会主义核心价值观统领课程改革，着力提升课程思想性、科学性、时代性、系统性、指导性，推动人才培养模式的改革创新，培养德智体美劳全面发展的社会主义建设者和接班人为修订工作的指导思想。以坚持正确的政治方向、坚持反映时代要求、坚持科学论证、坚持继承发展为课程方案修订的基本原则。

一、培养目标

　　普通高中课程在义务教育的基础上，进一步提升学生综合素质，着力发展学生核心素养，使学生成为有理想、有本领、有担当的时代新人。

（一）具有理想信念和社会责任感

初步形成正确的世界观、人生观、价值观。热爱祖国，拥护中国共产党。弘扬中华优秀传统文化，继承革命文化，发展社会主义先进文化，培育和践行社会主义核心价值观，增强文化自信，树立为中国特色社会主义、人民幸福、民族振兴和社会进步作贡献的远大志向。遵纪守法，履行公民义务，行使公民权利，维护社会公平正义，具有法治意识、道德观念。热心公益、志愿服务，具有奉献精神。尊重自然，保护环境，具有生态文明意识。维护民族团结，树立总体国家安全观，捍卫国家主权、尊严和利益。

（二）具有科学文化素养和终身学习能力

掌握适应时代发展需要的基础知识和基本技能，丰富人文积淀，发展理性思维，不断提升人文素养和科学素养。敢于批判质疑，探索解决问题，勤于动手、善于反思，具有一定的创新精神和实践能力。具有强烈的好奇心、积极的学习态度和浓厚的学习兴趣。能够自主学习、独立思考，形成良好的学习习惯和适合自身的学习方法。学会获取、判断和处理信息，具备信息化时代的学习与发展能力。

（三）具有自主发展能力和沟通合作能力

坚持锻炼身体，养成积极健康的行为习惯与生活方式，珍爱生命，强健体魄。自尊自信自爱，坚韧乐观，奋发向上，具有积极的心理品质。具有发现、鉴赏和创造美的能力，具有健康的审美情趣。学会独立生活，热爱劳动，具备社会适应能力。正确认识自我，具有一定的生涯规划能力。文明礼貌，诚信友善，尊重他人，与人和谐相处。学会交流与合作，具有团队精神和一定的组织活动能力，具备全球化时代所需要的交往能力。尊重和理解文化的多样性，具有开放意识和国际视野。

高中阶段的培养目标将与家庭学科相关的学习知识，纳入了培养目标（二）和培养目标（三）中，目标（二）培养学生具有科学文化素养和终身学习能力，其中强调学生要掌握适应时代发展需要的基础知识和基本技能，就包括了帮助学生掌握关于家庭生活的基础知识和基本技能。目标（三）培养学生具有自主发展能力和沟通合作能力，要求学生养成积极健康的行为习惯与生活方式，珍爱生命，是将家庭学科中健康科学的生活纳入学生自主发展能力的培养中，强调高中学生要具备积极的行为习惯与生活方式。可见高中阶段对学生家庭学科知识与技能的培养也是重要的。

二、课程设置

普通高中课程由必修、选择性必修、选修三类课程构成。其中，必修、选择性必修为国家课程，选修为校本课程。必修课程，由国家根据学生全面发展需要设置，所有学生必须全部修习。选择性必修课程，由国家根据学生个性发展和升学考试需要设置。参加普通高等学校招生全国统一考试的学生，必须在本类课程规定范围内选择相关科目修习；其他学生结合兴趣爱好，也可选择部分科目内容修习，以满足毕业学分的要求。选修课程，由学校根据学生的多样化需求，结合当地社会、经济、文化发展的需要，学科课程标准的建议以及学校办学特色等开发设置，学生自主选择修习。

根据课程设置，家庭学科知识在高中阶段的学习除了结合专业课程，也可考虑充分结合校本课程来开展实施，学校可以根据所在地区的地域特色、优秀的传统习俗，将家庭礼仪、家庭健康管理、家庭食品与营养、家庭居住与环境等与家庭学科相关知识的学习加入到校本课程中。

普通高中学制为 3 年。每学年 52 周，其中教学时间 40 周，社会实践 1 周，假期（包括寒暑假、节假日）11 周。每周 35 课时，每课时按 45 分钟计。18 课时为 1 学分。

普通高中开设语文、数学、外语、思想政治、历史、地理、物理、化学、生物学、技术（含信息技术和通用技术）、艺术（或音乐、美术）、体育与健康科目和综合实践活动、劳动等国家课程，以及校本课程。具体学分安排如下。

表 7-1　普通高中课程设置 ①

科目	必修学分	选择性必修学分	选修学分
语文	8	0 ~ 6	0 ~ 6
数学	8	0 ~ 6	0 ~ 6
外语	6	0 ~ 8	0 ~ 6
思想政治	6	0 ~ 6	0 ~ 4
历史	4	0 ~ 6	0 ~ 4
地理	4	0 ~ 6	0 ~ 4
物理	6	0 ~ 6	0 ~ 4
化学	4	0 ~ 6	0 ~ 4
生物学	4	0 ~ 6	0 ~ 4
技术（含信息技术和通用技术）	6	0 ~ 18	0 ~ 4
艺术（或音乐、美术）	6	0 ~ 18	0 ~ 4
体育与健康	12	0 ~ 18	0 ~ 4
综合实践活动	8		
劳动	6		
合计	88	≥ 42	≥ 14

说明：校本课程不少于 14 学分。其中，在必修和选择性必修基础上设计的学科拓展、提高类课程之外的课程不少于 8 学分。综合实践活动共 8 学分，包括研究性学习、党团活动、军训、社会考察等，研究性学习 6 学分（完成 2 个课题研究或项目设计，以开展跨学科研究为主）。劳动共 6 学分，其中志愿服务 2 学分，在课外时间进行，3 年不少于 40 小时；其余 4 学分内容由通用技术的选择性必修内容以及校本课程内容统筹。

　　从高中阶段的课程设置中可以看到，家庭学科学习没有作为独立的学习科目，与之关联性较为密切的学习科目有技术（含信息技术和通用技术）、化学、综合实践活动、劳动等课程。在通用技术课程标准中就提到从学生的日常生活需要、工科潜能发展、职业发展以及技术创造兴趣等角度展开，构建结构合理、满足学生多样化发展需求的课程体系。因而，在设计课程内容时要紧密联系学生生活和一定的生产实际，选择体现时代特点、与生活紧密联系的课程内容。

――――――――

① 中华人民共和国教育部制定：普通高中《课程方案》（2017 年版 2020 年修订）。

第二节　高中教育阶段通用技术课程中的家庭学科

我国普通高中通用技术课程是高中教育阶段的必学课程。通用技术课程面向全体学生，为每一个学生拓展技术教育学习经历、落实受技术教育权利提供机会和条件。通过课程的学习，学生能获得未来发展、终身学习、美好生活和担当民族复兴大任所必需的学科核心素养，成为有理念、会设计、能动手、善创造的社会主义建设者和接班人。

一、通用技术课程结构

表 7-2　通用技术课程 [①]

	必修		选择性必修	选修
课程模块	技术与设计 1	技术与设计 2	技术与生活系列 技术与工程系列 技术与职业系列 技术与创造系列	传统工艺及其实践 新技术体验与探究 技术集成应用专题 现代农业技术专题
主要功能	满足高中学生毕业要求		满足学生升学和就业以及个性化发展的需要	满足学生在技术学习方面的特别需求

通用技术课程中与家庭学科相关的学习内容被设置在选择性必修的 4 个系列中的技术与生活系列。其中，技术与生活系列有 3 个模块，分别为"现代家政技术""服装及其设计""智能家居应用设计"。

[①] 资料来源：中华人民共和国教育部：普通高中《通用技术课程标准》（2017 年版 2020 年修订）。

"现代家政技术"的学习中以创建良好家风、做一个负责任的家庭成员、掌握科学的家庭生活技术为学习重点，以认识家政、家庭管理与技术、家庭理财与技术、家庭保健与技术等为具体学习内容，帮助学生理解认识"家是最小国，国是千万家"，每个人都拥有自己的家，千万个家组合在一起就成了国；家庭是每个人成长的摇篮和温馨的港湾；人的健康成长、性格养成等都与家庭息息相关，密不可分；家庭不仅属于个人，还属于社会，每个家庭幸福了，社会就稳定了；家庭的稳定与幸福，同国家的发展、民族的复兴及中国梦的实现紧密结合；每个人都渴望拥有一个幸福的家，如何去建立幸福美满的家庭；等等。在"现代家政技术"的专业学习中，将帮助学生掌握建设美好家庭的基本知识技术。

"服装及其设计"模块要求学生知道服装是人类特有的劳动成果，是人类文明的重要体现，是穿在人们身上的技术产品。我国素有"衣冠之邦"的美称，服装文化历史源远流长。随着我国经济建设的快速发展，人民生活水平的不断提高，着装已经成为反映生活情趣、生活质量和文化修养的一项重要生活技术。我们的生活离不开服装。作为一名高中学生，应当从提高自身技术素养的角度，认真学习服装设计，感受服装设计所蕴含的文化艺术，加深对设计中体现的人文精神的领悟，通过实践和动手创作，加强审美、造美能力和创新意识的培养，为应对未来挑战，实现终生发展奠定基础。教学过程中以服装文化、着装设计、服装设计、服装材料、服装工艺为具体内容，并将生活习俗、宗教信仰、审美情趣、民族精神、思想意识融入其中。

智能家居是通过综合先进的计算机、通信和控制技术，建立一个由家庭安全防护系统、网络服务系统和家庭自动化系统组成的家庭综合服务与管理集成系统，从而实现拥有全面安全防护、便利通信网络以及舒适环境的家庭住宅。智能家居融合了物联网、人工智能、大数据处理、先进建材、自动控制等先进技术，旨在创设一种融合智慧感知、协调控制、智能互联、方便快捷于一体的家庭居住环境。因而，"智能家居应用设计"的教学通过对智能家居的起源、特点、现状、未来发展方向，无线智能家居中的关键技术，数字温度计、人体感应灯和智能窗帘等智能家居产品的简易设计，智能家居系统的设计原则和实现路径等方面的介绍帮助学生通过动手实践，培养自己的技术意识、工程思维、创新设计等核心素养，提高掌握现代家庭生活的技术水平。

高中阶段技术与生活系列课程模块，结合现代家庭生活中需要掌握的知识和技术，聚焦家庭意识、衣着服饰、现代家庭生活技术等方面内容，旨在从学生的实际生活需要出发，为学生的成才和未来打下坚实基础。

第三节　高中教育阶段化学课程中的家庭学科

我国普通高中化学课程是与义务教育化学或科学课程相衔接的基础教育课程，是落实立德树人根本任务、发展素质教育、弘扬科学精神、提升学生核心素养的重要载体。化学学科的核心素养是学生必备的科学素养，包括宏观辨识与微观探析、变化观念与平衡思想、证据推理与模型认知、科学探究与创新意识、科学态度与社会责任五个方面，是学生终身学习和发展的重要基础。课程立足学生适应现代生活和未来发展的需要，通过有层次、多样化、可选择的化学课程，拓展学生的学习空间。在保证学生共同基础的前提下，引导不同的学生学习不同的化学，以适应学生未来发展的多样化需求。

依据普通高中课程方案，化学课程为满足学生发展的多元需求，设置必修、选择性必修和选修课程。必修课程为全体学生奠定共同基础，选择性必修课程根据学生个性发展和升学考试的需要设置，选修课程满足不同学生的学习兴趣与个人需求。三类课程不仅适应学生不同层次和不同取向的多元发展需求，而且赋予学生和学校更大的选择权和自主权。

化学课程学习倡导真实问题情境的创设，要求开展以化学实验为主的多种探究活动，重视教学内容的结构化设计，激发学生学习化学的兴趣，促进学生学习方式的转变，培养他们的创新精神和实践能力。尤其在科学态度与社会责任培养过程中，要求学生通过课程学习具有安全意识和严谨求实的科学态度，具有探索未知、崇尚真理的意识；深刻认识化学对创造更多物质财富和精神财富、满足人民日益增长的美好生活需要的重大贡献；具有节约资源、保护环境的可持续发展意识，从自身做起，形成简约适度、绿色低碳的生活方式；能对与化学有关的社会热点问题作出正确的价值判断，能参与有关化学问题的社会实践活动。化学的学习与生活息息相关，认识化学深刻地理解化学、技术、生活、社会、环境之间的相互关系对于促进家庭生活的科学健康发展有着重要的意义。

一、课程设计思路

我国家庭学科教育涵盖了衣食住、家庭、保育、家庭经营、消费、环境等家庭生活必要内容，在义务教育及高中教育阶段，我国将家庭学科教育的学习内容，融入了品德与社会、品德与生活、通用技术、化学等多门课程的学习中。在学习重点的把握上，不仅兼顾与家庭、生活、社会、人际交往、未来发展等的学习内容，更体现出社会主义核心价值体系教育对良好的公民素质、创新精神和实践能力的培养。

在高中教育阶段，"化学与生活"主题教学要求学生通过对生活中基础化学知识的学习掌握，关注营养平衡、懂得合理的选择饮食正确使用药物，更全面地认识和了解生活。人类的生活大致可分为精神生活和物质生活两个方面，物质生活离不开物质，精神生活也离不开物质。由于化学是以物质的组成、结构、性质和应用为主要研究对象的一门科学，改造原有物质和制造新物质就成了化学的主要研究内容。化学与人类的生活密不可分，只有化学才能够担负起既要满足人类物质生活不断提高、又要防止环境问题的产生和恶化的要求，从而导致了绿色化学的提出和其内涵的持续扩展。绿色化学倡导物质的生产和消费应当与人类社会可持续发展所需的物质环境相适应。在教学设计中强调关注环境问题的出现和持续恶化。同时，关心人类健康也是（包括预防和治疗疾病）化学的另一项重要任务，因此在选修1《化学与生活》的课程学习中增加了许多关于营养和保健的知识。

二、教学主题要点

表7–3 《化学与生活》教学主题要点 [①]

学习主题	关注营养平衡	促进身心健康	探索生活材料	保护生存环境
学习要点	1. 生命的基础能源——糖类 2. 重要的体内能源——油脂 3. 生命的基础——蛋白质 4. 维生素和微量元素	1. 合理选择饮食 2. 正确使用药物	1. 合金 2. 金属的腐蚀和防护 3. 玻璃、陶瓷和水泥 4. 塑料、纤维和橡胶	1. 改善大气质量 2. 爱护水资源 3. 垃圾资源化
学习目标	学习涉及生命基础的一些重要物质，以及它们在人体内发生的一些化学反应的知识，如糖类、油脂、蛋白质、维生素和微量元素等。通过学习能够全面认识饮食与健康的关系，养成良好的饮食习惯	15～18岁是一个人身心蓬勃发展的阶段，迫切需要打下身心健康的坚实基础，合理选择饮食、正确使用药物和培养良好的生活习惯，是保证身心健康的重要方面，通过学习与此有关的化学知识，增强对促进身心健康、树立健康新观念的认识	掌握材料是人类赖以生存和发展的重要物质基础，了解生活中的相关材料如合金、金属的腐蚀和防护，玻璃、陶瓷和水泥等的构成和发展，以及塑料、纤维和橡胶的成分、性能与用途	1. 了解自然资源的过度开发和消耗，污染物的大量排放，导致了全球性的资源短缺、环境污染和生态恶化 2. 明确环境问题的最终解决要依靠科技进步 3. 了解改善大气质量、污水处理和实现垃圾的资源化等都要依靠化学等科学的发展

---

① 资料来源：人民教育出版社、课程教材研究所、化学课程教材研究开发中心编著：义务教育教科书《化学选修1》（化学与生活），2007年。

三、教学具体案例

案例 1　合理选择饮食 ①

● 思考与交流

"中国居民平衡膳食宝塔"提供了合理选择食物的指南，图中数字指每日的用量，有的项目有两个数字，分别表示适合 15 ~ 18 岁的女生和男生。

盐 <6 克
油 25 ~ 30 克

奶及奶制品 300 克
大豆及坚果类 25 ~ 35 克

畜禽肉 40 ~ 75 克
水产品 40 ~ 75 克
蛋类 40 ~ 50 克

蔬菜类 300 ~ 500 克
水果类 200 ~ 350 克

谷薯类 250 ~ 400 克
全谷物和杂豆 50 ~ 150 克
薯类 50 ~ 100 克

水 1500 ~ 1700 毫升

（1）从图中你能获得哪些信息。

（2）请根据所学的知识和你的生活经验，谈谈合理选择饮食的重要性。

（3）请根据《2023 中国居民膳食指南》，试着制订你一天的食谱，并与同学交流。

1. 认识水在人体中的作用

---

① 资料来源：人民教育出版社、课程教材研究所、化学课程教材研究开发中心编著：义务教育教科书《化学选修 1》（化学与生活），2007 年。

● 思考与交流

查阅资料，就以下问题或你所关心的其他有关水的问题进行交流：

（1）自然界存在绝对纯净的水吗？为什么？

（2）天然水为人体提供了哪些营养成分？

（3）天然水都可以直接饮用吗？为什么？

（4）自来水、矿泉水、纯净水等，选择哪一种饮用好呢？

2. 食物的酸碱性

将 100g 食品烧成灰分的水溶液用 0.1mol/L 的酸或碱进行中和，所需酸或碱的体积（单位：mL）定为该食品的碱度或酸度。碱度用正值表示，酸度用负值表示。

表 7-4　食物的酸碱度

食物	碱度	食物	酸度
豆腐	2.00	鸡肉	-7.60
菜豆	5.20	蛋黄	-18.80
菠菜	12.00	猪肉	-5.60
萝卜	9.28	鱿鱼干	-48.00
胡萝卜	8.32	大米	-11.67
海带	14.60	面粉	-6.50
西瓜	9.40	面包	-0.80
苹果	8.20	花生	-3.00

● 思考与交流

选择食物时，为什么要注意食物的酸性和碱性呢？

3. 安全使用食品添加剂

收集几种食品标签，了解其中的营养成分和所含的食品添加剂，并按食品添加剂的作用进行分类。

食品添加剂的品种很多，作用各不相同，概括起来，主要包括以下几类：

（1）着色剂——改善食品的外观。

（2）增味剂——增添食品的味道。

（3）防腐剂——防止食品腐烂、变质。

（4）营养强化剂——增强食品的营养价值。

● 思考与交流

以"我们是否应该禁止使用食品添加剂"为题进行小组辩论。

参考论点：

（1）哪种添加剂在过量使用时对人体有害。

（2）有些人营养过剩与大部分食品添加剂能增进食欲有关。

（3）防腐剂能延长食品的保存期，减少食品的浪费和变质。

（4）食用新鲜食物比使用防腐剂储存的食物有益。

（5）人们有选择色、香、味俱全的食物的权利。

案例2　垃圾资源化 ①

1. 实践活动

调查当地生活垃圾处理情况，与同学讨论并提出改进意见。

2. 小组辩论

题目：废弃塑料是否应该回收利用

参考论点：

（1）塑料是由石油炼制的产品制成的，而石油资源是有限的。

（2）废弃塑料如果不进行回收利用，会引起"白色污染"。

（3）回收利用废弃塑料，分类十分困难。

（4）回收废弃塑料会浪费大量的人力、物力，经济上不合算。

（5）可以利用其他物质代替塑料。

（6）将废弃塑料回收再利用有哪些方法。

（7）你能为垃圾资源化做些什么，请付诸行动。

---

① 资料来源：人民教育出版社、课程教材研究所、化学课程教材研究开发中心编著：义务教育教科书《化学选修1》（化学与生活），2007年。

3. 归纳整理

（1）减少大气污染物。

大气主要污染物	主要来源	对人体的危害和环境的影响	减少大气污染物的原理和方法

（2）减少室内空气污染物。

主要的室内空气污染物	对人体的危害	减少室内空气污染物的方法

（3）认识水污染物造成的危害。

	主要污染物	危害
重金属污染		
植物营养物质污染		
原油污染		

（4）污水处理。

污水处理中的主要化学方法	原理

（5）垃圾资源化。

①垃圾处理有哪些常用的方法？如何处理垃圾才符合可持续发展的要求？

②"白色污染"有哪些危害？如何减少"白色污染"？

（6）你能为保护我们的生存环境做些什么？写出你的想法，与同学交流，并从自己做起，从小事做起。

第四节　高中教育阶段社会实践主题活动中的家庭学科

由于真实的社会与书本是有距离的，因此许多高中学生在毕业选择大学专业时，对社会、对自己都缺乏比较准确的了解和综合评估。要填补主观认识与真实世界之间的距离，就需要在完全真实的社会任务中去感受和体验。对世界感知越全面、越深刻，对自我的认同和理解就会越透彻、越完整，生涯的规划也会越接近实际。在面向我们生活的世界——高中选修课程系列教材 2017 年版《高中生社会实践主题活动方法实训》一书中提倡将高中青少年个人的成长与社会责任的培养融入真实的社会实践中，以"践行志愿精神""模拟参与社会""参与改进公共政策"三个特色主题为主线，从学生活动视角出发来设计案例，帮助学生在学习中思考，在思考中实践，在实践中验证，以开放、创新的精神和务实、探究的态度去体验社会实践所带来的成长。

一、教学主题要点

表 7-5　社会实践主题活动教学主题要点

学习主题	践行志愿精神	模拟参与社会	参与改进公共服务政策
学习要点	1. 了解志愿服务 2. 志愿服务规程 3. 亲历志愿服务	1. 模拟联合国 2. 模拟商赛 3. 模拟法庭	1. 关注公共政策研究 2. 开展公共政策研究 3. 参与改进公共政策实践
学习目标	1. 认识志愿者与志愿服务 2. 了解志愿服务规程 3. 开展志愿服务活动 4. 感悟志愿服务活动	1. 了解三种以上的模拟社会实践活动形式 2. 参与一种以上的模拟社会实践活动 3. 学习一些人际沟通技能 4. 提升调查、探究、分析、报告的能力 5. 思考自己的社会责任	1. 了解公共政策的基本知识。如住房、医疗、交通、教育、食品安全、就业、养老和生育等政策，都影响着我们的学习和生活 2. 参与一项完善公共政策的实践 3. 获得改进公共政策的经验与体验 4. 提升自己的公民责任意识

二、教学具体案例

案例 1　敬老服务活动[①]

一、学习聚焦

1. 关注志愿活动服务对象的需求和权益

2. 学习志愿服务的有关技能

3. 增强活动过程中的安全和权利意识

4. 了解志愿服务活动开展的常规流程

二、思考与讨论

1. 如果有机会，你愿意参加志愿服务活动吗，你喜欢参加哪一类志愿服务活动

---

① 资料来源：高中生社会实践主题活动方法实训编写组编著：《高中生社会实践主题活动方法实训》，浙江科学技术出版社，2017年。

2.有媒体报道《重阳节那一天，某敬老院老人们被洗了8次头》，对于这种现象你怎么看

3.你怎么看待"一日雷锋"现象

4.你认为可以通过哪些方式了解服务对象的实际需求

三、教师指导

1.如何确定合适的敬老服务活动形式

①基于服务对象的真实需求，可联系敬老院的负责人或跟老人们聊天来获得相关信息。

②根据自己的特长与技能，确定能够开展的活动形式。

③考虑现实条件和可操作性，尤其是活动场所的具体情况，如场地大小、设备工具等。

④常见的敬老服务形式：打扫敬老院的卫生，日常探望陪聊、读报，为老人理发、剪指甲，组织开展敬老院演出。

2.活动中的安全事项

①填写活动人员的信息登记表，确定每小组的安全责任人，负责联系小组成员并点到。

②中学生志愿服务应遵循就近原则，尽量避免交通安全隐患。

③准备一些必需药品，如创可贴、碘伏等，外出实践活动过程中最好配备一个小型急救包。

④将活动方案告知家长和老师。

⑤避免单独行动。

3.为老人剪指甲需准备的工具

①指甲钳、指甲铲、甲皮镊、指甲锉：老人的指甲比较厚，尤其是脚指甲，指甲钳不能太钝，否则剪不断更容易造成伤害；其余小工具能帮助清理指甲及其附近的死皮。

②一次性手套：一般情况下一只手握住老人的手或者脚时应戴上手套，避免相互感染。

③护手霜、护脚霜：很多老人有皮肤皲裂的现象，可准备护手霜、护脚霜。

④创可贴、碘伏、棉球：遇到出血现象可以紧急处理。

4.敬老活动注意事项

①一对一服务类型的敬老活动，参加人数与老人人数相等。

②送文化类的敬老活动，参加人数根据表演场地和节目形式确定。

③尽量不要出现因人手不足而冷落部分老人，或者因人数过多而无事可做的现象。

④老人通常爱聊天，对老人要有足够的耐心，学会倾听。

⑤不少老人听力欠佳，还有普通话不标准的情况，对老人要有足够的包容。

四、实施总结

通过敬老行动，学习"老吾老，以及人之老"的中华民族传统美德，体会从身边的小事做起，关心身边需要帮助的人，积极参与志愿服务活动，在收获实现自我价值的幸福和快乐的同时，能为和谐美好社会的建设发展添砖加瓦。

案例 2 关注公共政策现状 [①]

一、学习聚焦

1. 了解公共政策的内涵

2. 收集公共政策的相关信息

3. 认识公共政策对社会的影响

二、在线搜索热门话题

公共政策就在我们身边，如果感兴趣，你可以上网搜索下列关键词句来具体了解政府部门有关的政策规定。

①高速公路节假日免费。

②老旧小区危房。

③大城市交通车牌限号。

④网络谣言整治。

⑤医院药品零差价。

⑥高考改革方案。

---

① 资料来源：高中生社会实践主题活动方法实训编写组编著：《高中生社会实践主题活动方法实训》，浙江科学技术出版社，2017 年。

⑦双减"政策"。

⑧楼市限购令。

三、思考与讨论

关于公共政策，圈出和你想法相近的表述，然后与同伴交流。

1. 学习那么紧张，还要做这些事情，老妈肯定要唠叨的

2. 研究改进公共政策对我有好处吗

3. 人家会说小孩子管大人的事情干吗

4. 社会很乱的，有危险

5. 有的官员可能不会理睬小孩子的想法

6. 经常看到生活中有很多问题、矛盾都是因为公共政策不合理引起的

四、教师指导的注意点

认识公共政策的影响

对于周边的社会问题，没有积累一定的关注，同学们不一定有足够的热情和决心去开展调研并寻求解决方案。

公共政策对于社会生活的影响是巨大的，我们在观察某些公共政策的不足之时，应当首先了解这一政策的影响面、存在问题的客观因素，然后再根据其实际价值来确定实践活动的目标、内容和方式。

①指导教师在前期的作用重大，既不能束缚学生的思维，也不能让学生漫无目标、仅凭自己的经验来把握尺度。

②不能事先限定选题范围，即使出现问题也应个别解决。

③尽可能鼓励学生按自己的愿望去做，但应提供一般性的进程指导。

④能大致判断题材价值，但要尊重现实的生成性。

⑤应敏锐地发现新题材的价值，及时深入挖掘。

五、活动与任务

1. 请参考下面步骤开始项目选题

①星期天，拿起你的相机，到周围拍下你感兴趣的场景。

②参与公园、小区或其他公众活动场所的一次谈话。

③与小组同学交流，看看有没有可以挖掘的社会现象。

④在小组意见趋于一致后，拟出社会调查初步意向稿，转入小组活动。

表7-6 改进公共政策选题初步意向表

我所想到的题目		
为什么我会想到这个题目		
小组意见		
指导老师意见		
填表人	班级	组名

表7-7 公共政策研究问题设计表

班级	组名	负责人	日期
研究主题			
问卷对象		采访对象	
问卷问题设计			
访谈提问设计			
事前预估与应对措施			

2. 项目实践活动——与政府部门的实质性接触

①在前期活动的基础上，向政府有关部门提出正式建议。

②根据政府答复，商定下一步行动计划。

③努力向媒体反映，争取自己的项目能够在媒体上报道。

④运用力所能及的手段，合情合理、有章有法地促使政府接纳并实施同学们的建议。

3. 课堂主题活动——总结与展评

经过一个学期的小组活动，在初步成果已经呈现的基础上，教师可以组织优秀项目进行总结汇报。先通过班级内展示，选出班级优胜项目和项目核心人物。然后通过校内展示，评选出优胜项目。

每个参与的同学都要完成个人课程记录与总结。任课教师可完成学分登记和奖励发放。

①组内任务：填写项目总结表，根据一个多学期来的活动，由组长负责对小组活动过程和成果做一个简要总结，对成员作出评价。任课教师需要将此作为课程考核的主要依据。

表7-8　改进公共政策项目实践总结表

项目名称			
参加人员任务分工			
活动过程记录			
第一次	时间	地点	
	活动内容		
	收获		
第二次	时间	地点	
	活动内容		
	收获		
第三次	时间	地点	
	活动内容		
	收获		
（根据情况自行添加）			
总结	主要收获		
	心得体会		
对各成员的评价			
	填表日期　　年　月　日		

②班内任务：各小组汇报展示项目成果。给个小组项目打分，打分可以分为3轮，第一轮淘汰一半，第二轮只剩下两名，第三轮选出班级优胜项目。全班同学协助获胜小组深加工：补充材料，补

做欠缺的活动，设计展板，制作幻灯片。

③校内任务：评选校级优秀项目。每班选定一定数量同学参加全校观摩，并对各班项目作出评价。

表7-9　学生评价表

比赛序号	班级	项目名称	分值	排名

第三篇
中日两国家庭学科教师
培养及发展趋势

第八章

日本家庭学科的教师培养

第一节　家庭学科教师的素养

一、日本教师的资质

1978 年，日本中央教育审议会议中提到：教师的素质能力提高以来，在教师教育实习、在职教师进修等问题基础上，关注度更高的则是注重教师实践指导能力的提高。在 1985 年的临时教育审议会议第一次答复中提到：教师应对学生满怀教育的爱、具有高度的专业知识及熟练的实践指导技术，三者缺一不可。与此同时，为保证学校教育充满活力，教师还应不断提高自身的思想觉悟和专业素养。

在 1987 年的临时教育审议会议答复中提到了教师的一般素养：作为学校教育直接实施者，教师的活动关系到人的身心发展，对幼儿、儿童、学生的人格发展有着重要的影响；鉴于教师的岗位职责，必须具有较强的使命感，要对人的成长、发展有着深刻的理解，对幼儿、儿童、学生满怀教育的爱，具备与教科相关的专业知识，具备广泛而丰富的教养，具备实践教学的指导能力。1997 年 7 月，教育职员培养审议会议第一次答复中提到，关于新时代教师培养的改善方案对于教师的素养能力，仍然将1987 年临时教育审议会议答复中提到的相关要求作为标准，这是作为教师在任何时代都需要具备的素养能力。

2007 年，作为教育再生会议的紧急应对措施会议，提出了对"教育三法"的修改建议，也就是，学校教育法的修正、地方教育行政组织与运营相关法律的修正、教育职员资格证法和教育公务员特别法的修正。这就要求教师为保持较高的教学素养与能力，必须定期掌握学习最新的知识技能。教师要以能够自信、自豪地站在讲台上，获得社会的尊敬和信赖为目标而努力。会议还提出教师资格证更新制度从 2009 年 4 月开始引入实施。教师资格证（2009 年 4 月 1 日以后获得的证书）有效期限为 10 年，期满后可申请进行更新。教师资格证更新制度之前（截至 2009 年 3 月 31 日）获得资格证的教师，必须接受每 10 年一次的教师资格证更新学习，如果不能修完 30 个小时以上的专业学习，教师资格证将自动失效。

在当今飞速发展变化的时代，教师应在教学中注重培养学生的生存能力。而教师要培养学生具备良好的经营生活、创造生活的能力，首先教师自身要能积极主动地思考地球与人类发展的关系，愿意参加各类教育培训活动，开阔教育视野。其次，教师的职业本身要求从业者必须具备高尚的人格、广博的见识。教师在具备与教职相关资格的基础上，更要具备能应对当代社会生活发展变化的能力与素养。

因此在探讨未来教师应具备的资质时，要避免为教师画上统一画像。尤其强调，教师要在职业生涯中不断提高自身素养与能力，不仅要确保全体教师都能达到教育教学所需的基本素养，更重要的是激励教师通过不断的自我提升学习，努力开拓出自身擅长的专业领域，挖掘出自身的教育教学特点。只有这样才能给学校教育带来活力，提高学校的教育质量。

二、家庭学科教师的资格

根据修订后的日本教育职员资格证法（1989 年施行）规定，教师普通资格证的种类修改为三类：专修教师资格证、一类教师资格证和二类教师资格证。专修资格要求申请者具备硕士学位，可担任幼儿园至高中的教师、校长、教学主任。一类资格要求申请者具备大学本科学历，可担任幼儿园至高中的教师，以及幼儿园至初中的校长、教学主任。二类资格要求申请者具备大专学历，可担任幼儿园至初中的教师。2007 年 4 月开始实施教育职员资格证修正法，此时教师资格证的种类分为：小学教师、中学校（初中）教师、高等学校（高中）教师、特别支援学校教师、保健教师、幼儿园教师、营养教师等。此外，家庭实习教师资格证是专为高等学校，即高中学校认定的具备良好家庭学科技能的优秀人才，是作为家庭实习教师为目标而设置的。小学校的教师资格证是不进行教学科目区分的，但初中、高中学校的教师资格证则有教学科目的区分。所以原则上没有家庭学科教师资格证的老师是不能负责家庭学科教学的。下表列出了日本初中、高中学校的教师在普通教师资格证获取时应取得的与教学科目相关的专业学科的最低学分。

表 8-1　初中学校教师普通资格证 [1]

教学科目相关课程	学分单位修的方法	
	一种	二种
家庭经营学（含家族关系学与家庭经济学）	各1个单位以上，共计20个单位	各1个单位以上，共计10个单位
被服学（含被服制作实习）		
食物学（含营养学、食品学、烹饪实习）		
住居学		
保育学（含实习）		

表 8-2　高中学校教师普通资格证 [2]

教学科目相关的课程	学分单位修的方法
家庭经营学（含家族关系学与家庭经济学）	各1个单位以上，共计20个单位
被服学（含被服制作实习）	
食物学（含营养学、食品学、烹饪实习）	
住居学（含制图）	
保育学（含实习与家庭护理）	
家电·机械、信息处理	

　　日本小学家庭学科采取班主任负责制，开展专业科目学习、外出学习、交换学习等多种指导形式。从重视课程专业性的角度来看，应采取专业科目学习方式。但从家庭学科的特性来看，由于在熟知学生各自特点的情况下进行指导，能够更好地提高教学效果，因此班主任负责的学习方式

[1][2]　资料来源：日本《教育职员资格法修正案》，2007年。

有很大优势。在初中或高中阶段的家庭学科，由于教师构成的实际情况，没有家庭学科教师资格证却在进行家庭学科指导的教师也不在少数，这也成为日本目前教育中存在的一种普遍现象。

三、理想的家庭学科教师

正如人们所说"教育是为培养人的"，教师的人性对于儿童、学生的影响是巨大的。以家庭学科教育的特点为基础，从人格素养和专业指导力来分析，家庭学科教师的资质素养可归纳为以下几点：

- 教师自身要具有高尚的人格、丰富的情感、良好的教养。
- 瑞士教育家裴斯泰洛齐曾经说过："因为热爱孩子，所以热爱教育。因为热爱教育，所以进行教育研究。"教师要对儿童、学生怀有深刻的热爱之情。
- 掌握了解儿童、学生的身心发展与生活环境的实际情况。
- 具有对家庭学科教育指导的热情和使命感。
- 能适应时代的变化发展要求，掌握衣、食、住及与家庭生活相关的丰富知识和丰富生活经验。
- 具备较强的教学指导技术，能深入浅出地剖析讲解问题。
- 专业教师的学术背景要求能够掌握家政学原理、被服学、食物学、住居学、家族关系学、家庭经营学等相关的专业知识和技术，必须获得过教育学、教育心理学等教育学科相关课程的学分。
- 能与其他科目教师进行良好的协调与积极的交流合作。
- 能以家庭生活对象和家庭学科的教学为目标，积极研究新事物，努力提高教学指导能力。

由于家庭学科是以生活为主体的学习，教学上要求教师最好采取实践体验的方式来指导学生进行学习，也有观点认为女性教师更适合担任家庭学科的指导教师。只是，现今的生活问题已经不是在家庭内部就能完全解决处理的，家庭中的生活问题变得更加复杂且多变。因此为营造健康安全的生活，在处理家庭问题时，能掌握如何科学结合各类学科知识进行问题综合处理的能力是非常重要的。这就要求专业教师不仅要取得相应的职业资格证，更要具备家庭学科的实践教学指导能力。同时，由于家庭学科的学习已经不分男女，所有学生都必须学习，这就要求教师要根据教育对象的变化和社会的发展需求，对家庭学科的指导内容和指导方法进行细致的研究，并在不断钻研中提高自身的专业性。过去，提到家庭学科的指导教师一般女性居多，而现在活跃在学习现场进行指导的男性教师人数也有了大幅度的增加。

随着社会的发展，双职工家庭的增加，家庭学科教师作为职业人首先要做到能合理地兼顾家庭和工作，掌握良好的家庭经营和家庭管理能力，具备较强的实践指导能力。其次，亲自实践示范家庭经营的家庭学科教师，能更有效地引导帮助学生树立良好、科学的生活观念和生活态度。最后，要成为一位有魅力的家庭学科教师，就应为学生树立良好的榜样，让学生能够以教师的生活方式为目标去努力，这也是家庭学科教师的重要责任。以上是对家庭学科教师的理想化要求，要想掌握与生活相关的全部内容是非常困难的，需要教师在教育过程中通过不断的努力、实践来获得。

第二节　家庭学科教师的教育实习

一、教育实习的意义和目标

教育实习可以说是对教育的实际研究，是在总结专业教育课程学习成果的基础上，对教育对象进行实践教学的指导学习，各专业学校也都通过教育实习来推进学校教育的培养质量。实习教师通过实践教学对取得的成果与发现的课题进行深入的研究学习，可以提高作为教育工作者的判断能力，促进专业教学技术的提升。因此，教育实习在教师培养课程体系中占有重要的地位。由于教育实习是要将大学课堂中所学的专业知识和技术运用在教育教学的实践中，这就要求实习教师在课前充分了解学生实际情况的同时，还应认真观察、学习一线教师在教学中的指导方法和指导技巧的使用，通过学习来提升自己的实践教学水平和能力。

虽然教师教育实习的时间是短暂的，但实习者能从教育实习的工作体会中确认自己是否有作为家庭学科教师的基本素养、是否有成为合格教师的自觉性，这些收获和体会才是教育实习的重要意义所在。

根据修订后的日本教育职员资格证法，教育实习过程中，不管是教育实习前还是教育实习后，实习者在大学都将获得 1 个单位的实践学习指导学分。而要取得小学、中学教师资格证，则要求有教育实践学习指导 5 个单位的学分，高中学校教师资格证要求有实践学习指导 3 个单位的学分。

教育实习的主要目的在于帮助实习者了解学校教育的实际状态，让实习者能充分运用自己所掌握的教育教学技术，在验证专业学习成果的基础上，提高作为专业教师的实践教学指导力，培养作为教师的自觉性、积极性和责任感。因此，如果把教育实习的目标归纳起来，可分为与学校教育整体相关的目标和与家庭学科教育相关的目标。

（一）与学校教育整体相关的目标

（1）能积极参与班级活动、社团活动、班级经营管理、学校活动、校务分担等教育活动，能较好地掌握班级实际情况。

（2）了解把握学生的特点与需求，并能根据实际情况进行相应的指导。

（3）具有作为教师的自觉性与使命感，能较好地适应完成教师岗位所承担的工作任务。

（二）与家庭学科相关的目标

（1）将专业知识、技术与家庭学科的学习相结合。

（2）对家庭学科的指导方法进行研究，在教学指导中采用实验、实践、实习、制作等方法体现教科特点，对设施、设备的整理、运营等进行学习思考。

二、教育实习的内容

教育实习的内容主要是由新人教育、观察认知、配班学习、实践教学等环节构成。新人教育主要是对教育实习的意义、思想准备、注意事项、实习的整体计划等相关内容进行讲解。观察认知的过程中要求实习教师能把握学生及学校的全面情况，对指导教师的授课过程进行观察学习。配班学习指实习教师要参与指导教师组织的教育活动，如参与学生指导及教学指导（实验、实习、制作教学材料等）。实践教学指实习教师根据自己拟定的教学计划和教学方案进行授课、评价、反思。

在课外的实习内容中，实习教师要做到准确把握学生的实际发展水平，积极参与班级各项工作的开展，包括各类社团活动、学生会活动的组织与开展。同时作为家庭学科的实习，还可以进行以下相关内容的教学研究、教学指导方案的制订、实践授课等一系列的学习提升：

- 家庭学科的特点与实践教学中存在的问题。
- 指导计划在教学指导中的位置。
- 教科书研究。
- 家庭学科指导内容的研究（包括资料、标本、教具等的制作）。
- 家庭学科的教学观察与分析。
- 家庭学科的学习过程。
- 家庭学科的学习指导方法（包括技能操作）。
- 家庭学科的学习评价方法与问题点。
- 家庭学科教材、教具、设施、设备的管理与运营。

实习教师在充分了解教育实习目的与意义的基础上，应积极参加教育实习，尤其要关注以下问题。

- 教育实习是获取教学实践体验的关键，所以在全部教育环节，包括家庭学科的教学指导方面，要能够做到积极主动地参与学习、实践。
- 理解实习教师在面对指导教师时是一名学生，而在面对学生时则是一名教师，实习教师在实习过程中，要根据需要注意自身角色的切换。
- 要对家庭学科的特点、学校教育、教育价值的认识有着清晰准确的把握，能合理地制订教学计划，科学地进行教学指导。

- 要充分地进行教材研究，提高对课堂教学研究的自信心和能力。
- 要以高质量的课堂教学为目标进行教学指导，指导中还应注意以下几点。

（1）要让学生理解课程学习内容，首先要明确指导目标。

（2）要根据学生的能力发展水平，进行学习内容、学习方式的设计。

（3）学习资料、学习用具要准备齐全，根据教学实际需要灵活使用。

（4）明确教学不能仅凭教师一人努力，要培养激发学生学习的主动性和热情。

- 能注意观察家庭学科的设施、设备管理和运营状况。
- 能及时总结教育实习的经验，从教学实践出发对家庭学科教育中存在的问题进行归纳，并在实习结束后，将问题发现作为今后学习的课题，进行深入的研究。

家庭学科专业的学生应在明确上述实习内容、实习要求、实习意义的基础上，积极参加教育实习，提高自身作为家庭学科教师的专业性、自觉性、责任感、使命感。

第三节　日本家庭学科教师的进修

一、家庭学科教师进修的内容

日本地方公务员法第 39 条规定："必须为教师提供学习进修的机会。"《教育公务员》法第 19 条规定："为履行教师职务，教师应该持续不断地进行教学研究、积极地提升教师素养。"1996 年，联合国教科文组织公布的《关于教师地位的建议》中，进一步强调了教师作为专门职业的重要性。与此同时，社会对教师专业性的提高也充满了期待。教师的进修学习，满足了社会发展对不断提升教师专业性的需求，进修的首要目标也是为促进教师能更好地学习掌握适应社会发展，履行教师职责应具备的专业知识和技术。

日本临时教育审议会议将提高教员素质作为重要的议题，在 1986 年的第二次答复会中建立了初聘者进修制度，进修内容包括指导教师的示范性授课、对新任教师的授课培训、对新任教师公开课的实践指导等多方面的综合培训。包括国家水平（由独立行政法人教员培训中心实施）的进修以及各省、市、地方实施开展的进修学习。在国家层面开展的新产业技术培训和指导者培养方面的进修学习，主要目的还是为提高教师的实践指导能力、开阔教师的视野，构建良好的教育体系。因此，为更好地提高进修效果，根据学校、教师的不同需求，还安排了多种专项教育进修，包括有关教育理念、教师服务等内容的一般进修；为提高教师技术指导能力的专业技能培训；以提高教师综合素养为目标，培养具有国际视野教师的海外留学进修；以及面向新招聘教师为对象的新任教师进修和资深教职经验者进修（教学经验 5 年、10 年、20 年的资深教师）等。此外，具有 3 年教学经验的现职教员可以获得在研究生院进修学习的机会。

作为家庭学科教师，首先自身要具备良好的教养，其次要有不断提高专业技能、潜心钻研专业知识的自觉性。因此在自我提升的学习中，可通过以下方法进行学习提高。

- 定期阅读与家政学和家庭学科教育学相关的图书、杂志，掌握最新的专业知识。
- 向烹饪与服装制作领域的专家或技术能手学习掌握操作性较强的专业技术。
- 积极参加专业研讨会、培训会，提升家政学和家庭学科教育学方面的素养。
- 积极参加学术团体，提高自身在家庭学科教育方面的研究水平。
- 关注社会和教育的发展，能多角度、全方位地思考家庭学科教育的发展方向。
- 加强与其他学校家庭学科教师或相关学科教师的联系，密切相互间的交流合作。

● 积极参观学习，灵活借鉴其他学校家庭学科设施、设备的配备及家庭学科教学的运营开展。

二、家庭学科教育相关的研究机构

作为家庭学科代表性的研究机构，有以下几个研究团体。

（一）日本家庭学科教育学会

日本家庭学科教育学会成立于 1958 年，目的是推进与家庭教育相关领域的研究，促进学会成员之间的密切交流。学会成员由对家庭学科感兴趣的研究者、教师、学生组成。

《日本家庭学科教育学会》杂志每年发行 4 期，大会、例会及研讨会每年举行一次，进行相关研究发言和演讲等活动。另外，各地区分别设有 9 场分会活动。

（二）日本家政学会

日本家政学会成立于 1949 年，目的是推进和普及家政学及其教育研究。学会成员由家政学各领域的研究者、教师、学生以及在民间企业就职的对家政学感兴趣的人士组成。

《日本家政学会》杂志每年发行 12 期，一年举行一次大会，设有主题研究发言、演讲和专题研讨会等活动。而每个专业小组和地区分别设立分部，定期举行研究发表和研讨会。

（三）日本消费者教育学会

日本消费者教育学会成立于 1981 年，是为促进对消费者教育的相关研究和密切专业领域学术人员之间的交流而成立的学会。成员由对消费者教育充满兴趣的研究者、教育者、一线从业者和相关社会活动的人士组成。

《消费者教育》和《会报》每年发行一期。大会一年举行一次，进行相关的研究发言和主题演讲。

（四）日本教科教育学会

日本教科教育学会成立于 1975 年，成立该协会的目的是进行与教科教育相关的科学研究，为推进教科教育学和教科教育实践的发展作出贡献。成员由对各个教学科目感兴趣的研究者、教师、学生组成。《日本教育科学学会》杂志每年发行 4 期。

（五）全国家庭教育协会

全国家庭教育协会成立于 1950 年，由日本小学、初中、高中、大学的家庭学科教师、家庭学科的指导主管以及关心、热爱家庭学科的人士组成。会刊《家庭学科》杂志每年发行 5 期，研究大会一年举办一次。

（六）其他团体

日本关于家庭学科教育的相关研究机构还包括全国小学家庭学科教育研究会、全日本初中技术·家庭研究会、全国高中校长协会家庭分会、家庭学科教育研究者联盟以及产业教育研究联盟等。除此之外，日本文部科学省和教育委员会等主办的讲习会、大学院（研究生院）的研究会等相关交流学习也可为家庭学科研究人员提供学习、实习的机会，这些都为适应新时代家庭教育创造了良好的环境。

三、大学院（研究生院）

日本国立大学中的教师培养学部，自 1966 年设立研究生院硕士课程以来，已有 48 所具有教师培养课程的大学设立了研究生院，培养出了各类教育人才。硕士课程以培养具有开阔的教育视野、深厚的学识、理论与应用研究能力并存，能在教育实践中成为教育研究推进者为目标。硕士课程教育教学中开设了短期特别课程、昼夜课程、夜间大学院等各种类型的学习课程。与此同时，为了照顾在职教师外出学习时的交通便利，还设置了利于听课的集体学习场所和卫星教室等。在评价方式上也制订了相应制度，设立了对进修满一年并在学习中取得优异成绩的现职教师，可由教育委员会推荐参加脱产进修学习的制度。

此外，日本国立大学的教育学部在 1996 年设立了联合大学院博士课程。目的是为研究者提供教育理论、教育实践和开展各领域的相关研究活动，培养教师从事专业教育工作所需要的研究能力。目前，日本国立大学教育学部正在推进培养一大批能以践行学校教育为目标的教育科学研究者和能对教科教育学进行深入研究的教师。

在教师培养方面，面对目前教育中存在的学生学习欲望下降，社会意识、自立意识薄弱，校园霸凌现象增加，拒绝入校等问题的出现，学校的教育问题正在向复杂化、多样化转变。这就要求在教师培养过程中，必须重视对教师高度的专业性、丰富的社会性、良好的情绪情感等方面的培养。因此，为丰富、完善对教师的教育培养，作为专门培养高级专业教育人才的研究生院，特别设立了"教职研究生院"制度。至 2008 年，日本全国 19 所国立、私立大学设立了教职大学院，约有 700 名学生开始就学。与本科阶段学习相比，研究生院的学习更强化了对实践的指导力培养。同时在教师培养中，不论对学校新任教师还是资深教师，最终培养目标都是要求在具有扎实的专业理论基础上，形成优秀的实践指导能力和应用能力，能够成为学校发展的优秀领军人。

随着社会变化的发展，家庭学科的教学在指导过程中，应帮助学生不断获取新的发展信息。尤其是研究生院的学习，不仅要帮助学生获得专业知识，更应让学生在学习中能就某一问题进行深入的研究，并能够将研究发现运用于实践教学。家庭学科在职教师可以利用夜间大学或申请攻读在职研究生来完成进修学习，提升专业水平。

对于家庭学科专业的任职教师，进修的机会和场合有很多，教师们应积极参加，努力掌握教育发展的新方向与教育研究的新课题。然而由于日常教学工作的繁忙，在职教师很难抽出进修学习的时间。因此即便要践行终身学习的理念，教师也要结合现状，充分考虑自身的发展需要，选择适合自己的进修方式和学习方法。

第九章

中国家庭学科的指导教师

第一节　中国家庭学科的建设与发展

一、中国家庭学科的建设起源

从晚清维新派以救国为目标提倡兴女学开始，到 1922 年北洋政府提出壬戌学制规定男女单轨教育，中国女子由无学变为有学，其主要内容就是家政学。民国时期，曾从美国引入家政学教学体系，并培养中小学"家事课"师资。

1923 年，燕京大学设立了家政系。它强调家事教育是高等教育中的一部分，并不再是以前人们所看待的一种较为简单实效的职业技能；强调毕业生为社会服务而非进入家庭，既是能够当老师的家事教员，也是能够进入医院当营养师的护理医生；强调的是掌握现代科学技术，而不是一种单纯的技能。燕京大学的家事教育采用的是学分制和选科制。

1940 年，金陵女子大学家政教育专业成立，该专业一是注重家庭管理与家庭经济，二是注重食物营养与卫生。家政专业广受欢迎，成为金陵女子大学的第三大专业，学生修读人数仅次于社会学系和英文系。

1952 年，中华人民共和国在高校院系和专业调整中，家政学作为一个整体被拆解，儿童教育和营养学分别归口到其他相关学科。改革开放以后，家政学开始恢复，20 世纪 80 年代，我国家政学在中断 30 年之后又开始重建。2010 年，国务院办公厅印发了《关于发展家庭服务业的指导意见》，在这种发展机遇下，高校开始创办家政学专业，为家庭服务业提供理论指导。2012 年，家政学被正式列入《普通高等学校本科专业目录》，分属法学门类——社会学下的二级学科（特设）。目前，我国的家政学与家庭服务产业化紧密捆绑在一起，作为改进民生和促进就业的手段，发展方向逐渐产业化。经过近 30 年的发展，约有 30 多所普通高校和职业院校开设家政学专业，进行家政人才的专科、本科教育及研究生学历的培养。

"家政学"和"家庭学"同属于家庭学科，其理论关注点都是家庭，着力解决人们在家庭日常生活中遇到的重要问题。二者都具有鲜明的交叉性和实践性，从学科背景上而言也具有典型的跨学科属性，心理学、社会学、教育学、人类学、文学、艺术等都是这两个专业的基础。但二者也有着显著的区别。当前，我国的家政学主要立足在传统的家庭服务领域，培养的是家政企业管理人员和家政服务人员。家庭学则作为学科形态被引进教育领域，继而是本科专业，家庭学在大学阶段培养的是未来的家庭福祉工作者、研究人员、教员和具备生活常识的公民。

当前，我国有关家庭学科研究的成果主要是家庭教育和家庭服务，同时家政学的制度化建设和发展为我国家庭学科的成立和发展提供了丰富的经验，并奠定了良好的师资、课程和社会需求的基础。

二、家庭学科的发展

建立在家庭学科基础上的家庭生活指导服务，将家庭学科工作纳入家庭建设的范畴，融入了家庭育儿、衣食住行、家庭关系和生活技术在内的综合知识。家庭学科最鲜明的特征是交叉性和实践性，通过学科交叉融合，着力解决人们在家庭日常生活中遇到的重要问题。各方面的家庭理论必须有家庭学科的基本理论做支撑，家庭学科的发展在各国和地区时间长短不同、教学内容不同，产生的影响也不同。

家庭学作为一门家庭科学，是阐述有关人类在家庭生活中的一切必要知识，从家庭基础、食、住、行和环境等方面讲授生活与科学的内在联系，目的是通过提升家庭生活质量的方式来提高家庭成员的素质。家庭学是研究家庭中人与人、家庭与社会之间的相互关系，解决家庭结构、功能、发展演化的历史规律，改善家庭福祉，帮助家庭成员掌握科学的现代化的家庭生活方式，提升家庭发展潜能的社会科学。

家庭学科以家庭作为研究对象：（1）满足现代家庭的需求与发展，培养具备服务于家庭管理与服务、婚姻家庭咨询、家庭教育和生活指导等相关领域的人才。（2）家庭学需要从多个相关学科汲取营养，分析儿童的保育方法与安全事项、家庭营养与健康、家庭消费与理财、家庭环境布置、家庭的权益与福利保护等。（3）家庭学科关注家庭面临的重要问题，如留守儿童、困境儿童、独生子女、儿童保护、妇幼保健、失独家庭和家庭暴力等，运用学科交叉的方法，形成以家庭生活为中心的多学科交叉知识体系。

在我国家庭学科相关的教育中，除了注重家庭成员的吃、穿、住、行、健康和学习，还将"富强、民主、文明、和谐，自由、平等、公正、法治，爱国、敬业、诚信、友善"等社会主义核心价值观渗透在家庭教养过程中，教育家庭成员学会"尊老爱幼、妻贤夫安、母慈子孝、兄友弟恭，耕读传家、勤俭持家、知书达礼、遵纪守法、家和万事兴"等中华民族传统美德。学生在学校学习家庭教养的正确知识，长大后就能培育和践行社会主义核心价值观、传递民族传统美德，引导家庭成员热爱党、热爱祖国、热爱人民、热爱中华民族。这也是我国家庭学科教育的不同之处。

第二节　中国家庭学科指导教师的培养

一、家庭学科指导教师的培养现状

当前，我国缺乏专门培养家庭教育人才的相关专业，家庭教育的课程与开发、课程设置及标准、人才需求调查等工作均落后于现实发展需要。2012年，中华女子学院孙晓梅教授向全国人大提出在义务教育阶段开设家庭学科课程，得到教育部和北京教委的答复，指出"开设家庭学科课程关键是缺少教师和教材"，在此背景下在高校开设家庭学专业，为家庭全体成员提供科学的指引，符合我国社会主义现代化建设的现实需要。2016 年 11 月 2 日，全国妇联、教育部、中央文明办、民政部、文化部、国家卫生计划和生育委员会、国家新闻出版广电总局、中国科协、中国关工委联合印发《关于指导推进家庭教育的五年规划（2016—2020 年）》，深化家庭教育科学研究，推动高校在相关专业开设家庭教育课程，有条件的高校设置家庭教育相关专业，为家庭学专业开设和课程建设提供了政策依据。2022 年，全国妇联牵头教育部等 11 部门联合印发的《关于指导推进家庭教育的五年规划（2021—2025 年）》中强调：家庭教育制度体系要更加完善，要基本建立稳定规范专业的指导服务队伍，探索设立家庭教育指导机构，推动县级以上人民政府因地制宜设立家庭教育指导机构，及时向有需求的家庭提供服务，形成有地方特色、有群体适应性的家庭教育指导服务模式。培养高素质的家庭教育服务专业人才已成为社会发展的必然需求。2021 年，《家庭教育促进法》实施，其中第十一条明确规定：国家鼓励开展家庭教育研究、鼓励高等学校开设家庭教育专业课程、支持师范院校和有条件的高等学校加强家庭教育学科建设，培养家庭教育服务专业人才，开展家庭教育服务人员培训。《家庭教育促进法》从法律层面为家庭服务专业人才培养提供了有力的保障。

目前我国专业化的家庭教育指导服务十分欠缺，各级各类学校开设家庭教育课程的师资紧缺；已有的师资队伍专业性较差，缺乏科学系统的专业训练，影响了家庭教育课程的实施效果。2019 年，在全国妇联有关家庭教育的调研中，发现 227 所师范院校和所有师范性质的高校，只有 12 所院校开设与家庭有关的课程，占全部被调查学校的 5.2%；对市场化的家庭教育指导服务机构从业人员的调查显示，只有不到 25% 的人员取得了教育学和其他学科教师资格证书，家庭教育指导者的相关专业资格认证及考评机制处于缺失状态。现有的家庭教育研究分散在心理学、社会学、文化学、历史学和教育学等多个领域，并没有形成系统地体现家庭教育特点的理论表达和理论体系。在高校开设家庭学专业，系统整合家庭教育理论体系，切实将家庭教育指导服务体系建构纳入家庭学科的交叉视角下，将改变我国家庭教育指导人员学科背景单一的局限，有助于从多方位和多样化的角度构建高质量家庭教育指导服务体系。同时，我国家庭学科教育相较于许多西方国家起步较晚，从家庭学专业的建立发展入手，构建比较完整的家庭学科体系，培养壮大家庭教育专业师资队伍，可以弥补我国各级各类学生在家庭生活理念、思维方式与科学知识传递的缺位状态。在高校开设家庭学专业，培养服务于各级学校、社区和公共文化机构的家庭教育指导人员，帮助国民形成科学且健康的家庭生活观念，树立正确的家庭责任观，有助于培养国家合格公民和提升生活质量。

二、家庭学科的专业人才培养

目前，美国、加拿大、德国、芬兰、挪威、澳大利亚、日本、韩国、新加坡等国家，还有我国香港和台湾地区都开设了家庭相关学科和专业。家庭学科以不同的名称出现，如美国的"家庭与消费科学"、"人类科学"，加拿大的"人类生态学"，英国的"消费科学"，均聚焦于当前各国人民家庭生活的各种现象、问题、需求和期盼，涵盖人类发展、消费经济、健康与食品营养、住房和人类环境、服装和纺织品、工作和家庭研究等内容，均表现出跨学科的属性。家庭学科旨在培养学生掌握与家庭生活相关的基础知识和基本技能，理解家庭在社会发展中的意义和作用，具备提升生活质量和提高社会发展的创造能力，养成积极的创造生活、实践生活、热爱生活的态度。在高校设立家庭学科专业，是对家庭学科发展的探索和创新，有利于将过去分散于各个学科中的家庭知识整合到一个专业知识体系中，进而实现专业的独立发展，满足国家和社会对家庭专业高层次人才的需求。家庭学研究以家庭中心的生活方式及其表现形式，提高人们的家庭生活质量，为家庭全体成员提供科学的指引，服务于我国当前的家庭建设，也符合国际学科发展趋势。

当前，我国与家庭相关的专业设置有两个倾向。一是家庭伦理学、家庭社会学等为代表的专业分支，侧重理论和方法，并没有形成独立专业并进行人才培养，难以解决日常家庭生活的复杂问题。二是以家政学为代表的新兴专业，旨在培养家庭服务产业发展和经营管理人才，培养方向相对单一。据调查显示，我国家政学发展层次相对较低，当前开设家政学本科专业的高校仅有 8 所。家政学的培养主要停留在传统的家事服务领域，难以满足当前不断增长的家庭需求。开设家庭学专业，专门研究家庭发展规律、处理家庭问题、提升家庭生活质量、协调家庭与社会的关系，是满足社会发展需求的必然选择。

以北京市为例。当前，北京市的家庭结构、家庭关系和家庭功能都发生着巨大的变化，居民对家庭生活的内容和质量提出了更高的要求。开设家庭学专业，对居民进行科学的生活指导，是将首都建设成为国际一流的和谐宜居之都的重要手段。以家庭教育为例，按照《北京市学习型城市建设行动计划（2016—2020 年）》要求，北京市有超过 50 万中小学幼儿园的学生都需要接受家庭教育指导服务。据调查显示，55.11% 被调查教师认为"北京市中小学没有专门人员负责家庭教育指导活动"，55.9%的专职从事社区管理和服务的工作人员认为社区提供的家庭教育指导"不能满足本地居民的需要"。因此，现有人才在数量和质量上都很难满足市场对家庭建设类人才的需求。而在《北京市学习型城市建设行动计划（2021—2025 年）》中进一步提出鼓励各级各类学校、社会公共文化机构提供家庭教育指导服务。所以，在有条件的高校开设家庭学的本科专业，培养专门的家庭学科建设人才十分必要。

第十章

中日家庭学科教育的发展趋势

第一节　中国家庭学科相关教育的发展

一、教育目标的要求

当前，我国有4亿多个家庭[1]。长期以来，我国将家庭文明建设作为社会主义精神文明建设的重要内容，作为培育和践行社会主义核心价值观的重要抓手，采取了一系列行之有效的措施，有力地促进了广大城乡家庭道德素质和文明程度的提升。党的二十大报告明确提出，要提高全社会文明程度。实施公民道德建设工程，弘扬中华传统美德，加强家庭家教家风建设，加强和改进未成年人思想道德建设，推动明大德、守公德、严私德，提高人民道德水准和文明素养。全社会文明程度的提高，公民道德建设与每个家庭有着直接关系，推动家庭学科发展，建立家庭学科的知识体系，倡导积极向上的家风家教，是形成良好的家庭文明理念，是解决家庭问题的有效途径。对培育时代新风新貌、培养国家合格公民、提高国民生活质量起着积极作用。

与学校教育和社会教育不同，家庭知识的教育是在生活中进行，是日常生活的一部分，包括衣食住行，是一种实践意识教育。家庭建设是提升家庭成员对生活的经营和创造，体验生命的丰富性和主体性，实现对美好生活的追求。目前，我国从小学至大学的学科教育体系中，将与家庭学科相关的学习内容，渗透到了小学至高中多门学科的学习内容中，并通过相关教育活动的开展来引导学生树立理想的家庭意识观念，传承优良家风，形成对家庭和社会生活的科学理解。培养学生能够在认识生活、热爱生活

---

[1] 《中国统计年鉴2023》，中国统计出版社，2023年。显示2023年中国的总家庭数约为4.86亿户。

的基础上，具备服务自我、服务家庭、服务社会的基本能力，为学会生活、学会做人奠定基础。

二、教育内容的改进与发展

2019 年，《中共中央　国务院关于深化教育教学改革全面提高义务教育质量的意见》中提到，义务教育质量事关亿万少年儿童健康成长，事关国家发展，事关民族未来。要坚持立德树人，着力培养担当民族复兴大任的时代新人。要坚持"五育"并举，全面发展素质教育。坚持德育为先，教育引导学生爱党爱国爱人民爱社会主义；坚持全面发展，为学生终身发展奠基；坚持面向全体，办好每所学校、教好每名学生；坚持知行合一，让学生成为生活和学习的主人。

"五育"并举，注重德育实效、加强劳动教育，让学生成为生活和学习的主人，成为深化义务教育改革的重要内容。教育部在 2011 年版义务教育《品德与生活课程标准》中就曾提到：要以正确的价值观引导儿童更好地适应学校生活，形成良好的品德和行为习惯，在充满探究与创造乐趣的童年生活中，为学会生活、学会做人打下基础。

2020 年，教育部印发《大中小学劳动教育指导纲要（试行）》（以下简称《纲要》）提到，劳动教育是新时代党对教育的新要求，是中国特色社会主义教育制度的重要内容，是全面发展教育体系的重要组成部分，是大中小学必须开展的教育活动。它具有鲜明的思想性，必须将马克思主义劳动观贯彻始终，强调劳动是一切财富、价值的源泉，劳动者是国家的主人，一切劳动和劳动者都应该得到鼓励和尊重；倡导通过诚实劳动创造美好生活、实现人生的梦想，反对一切不劳而获、崇尚暴富、贪图享乐的错误思想。具有突出的社会性，必须加强学校教育与社会生活、生产实践的直接联系，发挥劳动在个人与社会之间的纽带作用，引导学生认识社会，增强社会责任感；同时注重让学生学会分工合作，体会社会主义社会平等、和谐的新型劳动关系。具有显著的实践性，必须面向真实的生活世界和职业世界，引导学生以动手实践为主要方式，在认识世界的基础上，获得有积极意义的价值体验，学会建设世界，塑造自己，实现树德、增智、强体、育美的目的。

《纲要》中指出劳动教育的基本理念强调身心参与，注重手脑并用。把握劳动教育的根本特征，让学生面对真实的个人生活、生产和社会性服务任务情境，亲历实际的劳动过程，善于观察思考，注重运用所学知识解决实际问题，提高劳动质量和效率。要创新劳动教育的内容、途径、方式，增强劳动教育的时代性。劳动教育的主要内容包括日常生活劳动、生产劳动和服务性劳动中的知识、技能与价值观。其中，日常生活劳动教育立足个人生活事物处理，结合开展新时代校园爱国卫生运动，注重生活能力和良好卫生习惯培养，树立自立自强意识。

《纲要》的发布为劳动教育指明了方向，也为家庭学科学习内容在教育活动中的开展拓展了思路。家庭学科的教育强调对学生基本生活能力、生活创造能力、适应社会生活能力的培养，在教学方法中强调结合学生的实际生活开展实践学习的方式，让学生面对真实的生活场景，通过实践操作，提升作为一名家庭、社会的构成成员应具备的素养与能力。家庭生活与劳动密切相关，家庭学科的学习也包含对生活劳动、家庭劳动、社会劳动的学习实践。

目前，我国在小学至高中与家庭学科相关的教学活动开展中，较为注重的是对学生生活观、价值观、人生观的培养，学习目标聚焦在帮助学生树立良好的公民意识、道德意识、家庭意识、生活态度。对学生生活动手实践能力的培养和要求日益提升，劳动教育的提出将会有效地促进学生的生活实践能力，更好地帮助学生认识生活、热爱生活、创造生活，全面提高人才培养的质量。今后，家庭学科的教育内容也可以紧密围绕着劳动教育活动的开展来实施。

三、《纲要》中家庭学科相关学习目标、内容的设置

（一）小学

1. 低年级

（1）目标。

家庭学科的教学已有 400 多年的历史。近代家政学起源于 19 世纪

60 年代的美国。20 世纪初，美国在城市化、工业化以及大量移民涌入的背景下，众多中产阶级家庭破裂，旧的生活方式已经不能满足新的社会要求。在此背景下，一个关注"家庭生活质量"的学科——"家政学"在美国高等学府应运而生，并从学前教育到大学教育各个阶段初步形成了由初级到高级、由简单到复杂、形式比较完善的教育组织体系。日本在第二次世界大战后，在大学中设立家政学和生活科学系，并在教育中规定从小学到大学的学生都必须学习家庭学科。开设家庭管理、房屋布置、家庭关系、婚姻教育、家庭卫生、婴儿教育、食物营养、园艺、家庭工艺、饲养等课程。

（2）内容。

①完成个人物品整理、清洗，进行简单的家庭清扫和垃圾分类等，树立自己的事情自己做的意识，提高生活自理能力。

②参与适当的班级集体劳动，主动维护教室内外环境卫生等，培养集体荣誉感。

③进行简单手工制作，照顾身边的动植物，关爱生命，热爱自然。

2. 中高年级

（1）目标。

以校园劳动和家庭劳动为主要内容开展劳动教育，体会劳动光荣，尊重普通劳动者，初步养成热爱劳动、热爱生活的态度。

（2）内容。

①参与家居清洁、收纳整理、制作简单的家常餐等，每年学会 1 ～ 2 项生活技能，增强生活自理能力和勤俭节约意识，培养家庭责任感。

②参加校园卫生保洁、垃圾分类处理、绿化美化等，适当参加社区环境保护、公共卫生等力所能及的公益劳动，增强公共服务意识。

③初步体验种植、养殖、手工制作等简单的生产劳动，初步学会与他人合作劳动，懂得生活用品、食品来之不易，珍惜劳动成果。

（二）初中

1. 目标

兼顾家政学习、校内外生产活动、服务性劳动，安排劳动教育内容，开展职业启蒙教育，体会劳动创造美好生活，养成认真负责，吃苦耐劳的劳动品质和安全意识，增强公共服务意识和担当精神。

2. 内容

（1）承担一定的家庭日常清洁、烹饪、家居美化等劳动，进一步培养生活自理能力和习惯，增强学生的家庭责任意识。

（2）定期开展校园包干区域保洁和美化，以及助残、敬老、扶弱等服务性活动，初步形成对学校、社区负责任的态度和社会公德意识。

（3）适当体验包括金工、木工、电工、陶艺、布艺等项目在内的劳动及传统工艺制作过程，尝试家用器具、家具、电器的简单修理，参与种植、养殖等生产活动，学习相关技术，初步获得职业体验，形成初步的生涯规划意识。

（三）高中

1. 目标

注重围绕丰富的职业体验，开展服务性劳动和生产劳动，理解劳动创造价值，接受锻炼、磨炼意志，具有劳动自立意识和主动服务他人、服务社会的情怀。

2. 内容

（1）持续开展日常生活劳动，增强生活自理能力，固化良好劳动习惯。

（2）选择服务性岗位，经历真实的岗位工作过程，获得真切的职业体验，培养职业兴趣；积极参加大型赛事、社区建设、环境保护等公益活动、志愿服务，强化社会责任意识和奉献精神。

（3）统筹劳动教育与通用技术课程相关内容，从工业、农业、现代服务业以及中华优秀传统文化特色项目中，自主选择 1～2 项生产劳动，经历完整的实践过程，提高创意物化能力，养成吃苦耐劳、精益求精的品质，增强生涯规划的意识和能力。

第二节　日本家庭学科发展的当前目标

一、家庭学科在日本的发展

家庭学科的设立已有 200 多年的历史，日本在第二次世界大战后，在大学中设立家政学和生活科学系，并在教育中规定从小学到大学的学生都必须学习家庭学科。

1977 年，日本家庭学科教育学会，把家庭学科教育的目标设为：涵盖一切以家庭生活为中心的人的生活学习，进而培养人追求生活、创造生活的实践能力。由于人的生活，不仅包含以家庭为单位生活共同体中每个人的生活，更是以各个家庭为单位组织形成的人类生活，其中也包含单身家庭生活的人群。生活是人与物、环境的互相作用，其中人的资源、物的资源要灵活科学地相互作用、全面设计。因此，家庭学科教育也是对人生活综合经营能力的培养。它关注学生对家庭生活的思考创意，立足培养并提高学生改善生活、热爱生活、创造生活的能力。

二、学习目标的改进

日本的家庭学科专业在不断发展成熟的基础上，为更好地适应当代社会生产生活的需要，在学习目标中提出，今后的家庭学科教育专业将继续立足于帮助学生学习、掌握与家庭生活相关产业的基础知识和基本技能，帮助学生在理解生活产业在社会发展中意义和作用的基础上，能科学、合理地解决围绕生活产业出现的各类问题，提高改善生活质量、适应社会发展的生活创造能力，形成积极地创造生活、实践生活、热爱生活的态度。

三、主要学习科目内容的设置

（一）生活产业基础

1. 目标

提高学生对衣、食、住、行，人文服务等相关产业和相关职业的理解，提高学生的学习态度和对所学知识技能的运用能力。

2. 内容

（1）生活的变化与生活产业。

①产业构造的变化。

②社会的变化和价值观的多样化。

③生活产业的发展。

（2）掌握适应生活变化的商品和服务。

①把握消费者需求。

②商品、服务的开发与销售。

③相关的法律法规。

（3）生活产业与职业。

①饮食生活相关知识。

②服装生活相关知识。

③住生活相关知识。

④社会服务相关知识。

⑤职业生活与自我实现。

（二）课题研究

1. 目标

学生能积极发现生活产业相关的课题，并能通过对课题的研究和问题的解决，提高自身对专业知识和技术的掌握，提升问题解决的能力，提高对创造性学习思维的培养。

2. 内容

（1）调查、研究、实验。

（2）作品制作。

（3）产业基地的实习。

（4）职业资格的获得。

（5）家庭社团的活动。

（三）生活产业信息

1. 目标

帮助学生理解信息在生活产业中的意义和作用，掌握信息处理的相关知识和技术，培养学生在生活产业各领域中主动、灵活使用信息与信息手段的能力和态度。

2. 内容

（1）信息化的发展和生活产业。

①信息化社会的发展。

②生活产业信息化的发展。

（2）信息道德与安全。

①信息道德。

②信息的安全管理。

（3）信息设备和信息通信网络。

①信息机器的结构。

②信息通信网络的结构。

（4）生活产业中信息及信息手段的活用。

①信息的收集、处理、分析、发送。

②生活产业中信息及信息活用的意义与实践。

（四）消费生活

1. 目标

培养学生掌握经济社会的变化与消费生活的关系，理解消费者的权利和责任，掌握消费者与企业、地方行政之间相互关联的知识和技术，在推动社会可持续性发展中的同时，提高学生作为消费者应具备的知识和能力。

2. 内容

（1）经济社会的变化与消费生活。

①国民经济与家庭生活。

②社会的变化与消费生活。

③多样化的流通销售方法与消费者的生活。

④对生活中的经济计划和管理。

（2）消费者的权利和责任。

①消费者问题。

②消费者的权利和相关法规。

③合同与消费生活。

④结算手段的多样化与消费者的信用。

（3）消费者与企业、行政。

①商品信息与消费者的协商。

②消费者的自主支持与行政。

③消费者教育。

（4）以可持续发展为目标的生活消费方式与环境。

①消费生活与环境。

②社会可持续发展的形成与消费行动。

（5）消费生活演习。

①商品研究。

②消费者的支援研究。

（五）儿童的发展与保育

1. 目标

学习儿童发展的特点与发展过程，帮助学生掌握儿童保育的相关知识和技能，具备儿童教育、育儿支援、亲子教育等相关专业能力。

2. 内容

（1）儿童的发展与特点。

①人生发展中婴幼期的意义。

②发展与环境。

③发展观、儿童观的变迁。

（2）儿童的发展过程。

①身体的发育与运动技能的发展。

②认知水平的发展。

③情绪的发展。

④人际关系的发展。

（3）儿童的生活。

①婴幼儿的生活特点与养护。

②生活习惯的形成。

③婴幼儿的健康管理和事故预防。

（4）儿童的保育。

①保育的意义和目标。

②保育的方法。

③保育的环境。

（5）儿童福祉与育儿支援。

①儿童福祉的理念与相关的法规、制度。

②育儿支援。

（六）儿童文化

1. 目标

帮助学生理解掌握与儿童文化、儿童游戏、儿童活动相关的知识和技术，提高学生对儿童文化理解的能力和参加服务儿童活动的积极态度。

2. 内容

（1）儿童文化的重要性。

（2）儿童文化与游戏。

①游戏与发展。

②游戏与游戏器具。

（3）儿童表现活动与儿童文化。

①造型表现活动。

②语言表现活动。

③音乐、身体表现活动。

④信息化利用的活动。

（4）儿童文化活动场所的设置。

①儿童文化设施。

②为儿童活动设置的专门场所。

（5）儿童文化实习。

（七）生活与福利

1. 目标

帮助学生掌握有关老年人健康、生活、护理等方面的基础知识和基本技术，能在提高老年人生活质量的同时，具备为促进老年人自立生活、维护老年人福利进行服务工作的能力和积极态度。

2. 内容

（1）健康与生活。

①健康的概念。

②生活阶段与健康管理。

③家庭看护的基础。

（2）对老年人自立生活的支援与照护。

①老年人的身心特点。

②自立生活支援的思考。

③老年人的护理基础。

（3）老年人的福利制度与服务。

①老龄化的进展与社会福利。

②老年人的福利法规和制度。

③保健、医疗、福利服务。

④生活援助和护理实习。

⑤生活援助的实习。

⑥护理实习。

⑦娱乐活动的实习（老年律动）。

（八）起居室的设计

1. 目标

学习有关居住生活与文化，居住空间的构成和规划，室内装饰设计等方面的知识和技术，提高学生规划和设计舒适居住空间的能力。

2. 内容

（1）居住生活与文化。

①日本居住生活与文化。

②世界居住生活与文化。

（2）居住空间的构成和规划。

①居住生活与居住生活空间。

②居住空间的构造与材料。

③居住空间的环境和设备。

④居住空间的平面规划实习。

（3）室内设计。

①室内设计的构成要素。

②室内设计的表现技法。

③室内设计实习。

（4）生活环境与福利。

①生活与环境。

②生活与福利。

③居住空间的改造计划实习。

（九）服饰文化

1. 目标

学习服饰的变迁与文化、着装礼仪等相关的知识和技术，培养学生对服饰文化的传承和创造能力。

2. 内容

（1）服饰的变迁与文化。

①服装的起源和基本样式。

②日本服饰。

③世界服饰。

（2）着装。

①着装的基本。

②西服的着装。

③和服的着装。

（3）服饰文化的传承和创造。

（十）饮食文化

1. 目标

学习饮食文化的相关知识和技能，培养学生对饮食文化的传承和创造能力。

2. 内容

（1）饮食文化的构成。

（2）日本的饮食文化。

①饮食生活的变迁。

②日常饮食、仪式饮食、乡土料理。

③料理形式的发展。

（3）世界饮食文化。

①世界各国料理的特点与文化。

②饮食生活的国际化。

（4）饮食文化的传承和创造。

（5）烹饪师的工作与社会任务。

（十一）烹饪

1. 目标

学习烹饪的相关知识和技能，在掌握维持和增进健康的饮食生活的同时，培养学生对烹饪技术的传承和创造能力。

2、内容

（1）烹饪的基础。

①烹饪的目的。

②食品的性质。

③烹饪的种类与基本操作。

（2）烹饪用的场所、设备、热源以及烹饪器具。

（3）食谱的制作。

①食谱制作的意义。

②营养的计算。

（4）不同国家的饮食与烹饪技术。

①日本饮食。

②西方饮食。

③中国饮食。

③其他国家饮食。

（5）目的、对象不同的食谱与烹饪。

①日常饮食。

②仪式饮食。

③生病时的饮食。

④幼儿与老年人的饮食。

（6）大规模的烹饪制作。

①大规模烹饪的种类和特点。

②大规模烹饪的组织和管理。

③食谱的作成和烹饪。

（7）饮食环境与服务。

（十二）营养

1. 目标

通过学习营养素的功能与代谢、人体发展各阶段所需营养等方面的知识，帮助学生掌握劳动、运动与营养的相互关系，提升具备保持身体健康、促进身体机能发展的基本能力。

2. 内容

（1）人体与营养。

①营养与营养素。

②人体的构成成分与营养素。

③食物的消化与吸收。

（2）营养素的机能与代谢。

①碳水化合物。

②脂质。

③蛋白质。

④无机质。

⑤维生素。

⑥其他成分。

（3）饮食摄取基准与营养状态评价。

①能量代谢。

②饮食摄取基准。

③营养状态的评价。

（4）人生各阶段与营养。

（5）生理与营养。

①劳动、运动与营养。

②妊娠、哺乳期的营养。

（6）病期与营养。

①营养障碍与饮食。

②病期的营养。

（十三）食品

1.目标

学习食品的分类与特征，食品的标识、掌握食品的加工与贮藏等相关知识和技术，帮助学生掌握食品的选择技巧，提高学生在生活中创造丰富的饮食生活的基本能力。

2.内容

（1）食品的分类与特征。

①食品的成分与分类。

②植物性食品与其加工品。

③动物性食品与其加工品。

④油脂。

⑤调味料、甜味料、香料以及添加剂。

（2）食品的标识。

①食品的标识制度。

②各种食品的标识。

（3）食品的加工与贮藏。

①食品的加工。

②食品的贮藏。

（4）食品的生产与流通。

①食品的流通与食料的补给。

②食品的流通机构。

（十四）食品卫生

1.目标

学习饮食生活安全与食品卫生的对策，帮助学生掌握食品卫生的相关知识和技术，培养学生具备开展安全、卫生饮食生活的基本能力。

2.内容

（1）饮食生活的安全与食品安全行政。

（2）饮食中毒的预防。

①细菌性饮食中毒的预防。

②病毒性中毒的预防。

③化学物质引发的中毒和预防。

④自然毒物引发的饮食中毒与预防。

（3）食品的污染与寄生虫。

①有害物质对食品的污染与预防。

②寄生虫病的预防。

（4）食品的变质与预防。

①微生物变质的预防。

②化学作用引发变质的预防。

（5）食品的添加剂。

①食品添加剂使用的目的和用途。

②食品添加剂使用的基础与表示方法。

（6）食品卫生对策。

①卫生管理的方法。

②食品卫生关系法规。

（十五）公共卫生

1.目标

学习掌握环境卫生、保健、学校保健等集体健康与公共卫生方面的相关知识，培养学生具备疾病预防与健康生活的能力，形成促进公共卫生发展、保持健康生活的良好行为态度。

2.内容

（1）集体健康与公共卫生。

①公共卫生的意义。

②保健卫生统计。

（2）公共卫生关系法规。

（3）环境卫生。

①现代环境问题。

②生活环境的保护。

（4）疾病的预防与健康管理。

①生活习惯病与健康管理。

②传染病的预防。

③精神保健。

（5）哺乳期保健。

①母亲的保健与保护指导。

②婴幼儿的保健指导。

（6）学校保健。

①学校保健管理。

②健康教育。

（7）产业保健。

①劳动环境的完善。

②劳动者的健康管理。

（8）老年人的保健。

①老年人保健的现状。

②健康管理。

第三节　中日两国家庭学科教育中的共通课题

科技变革极大地改变了家庭构造，科技的进步极大地丰富提升了人们的生活水准和生活质量。家庭作为人基本存在的形式，正在以新样态持续和发展变化。家庭学科是典型的交叉学科，涉及各个领域，它也是提高国民基本素质的途径之一，为家庭生活提供科学的指引。

中国人一向重视家庭在个人成长过程中的作用，素有"天下之本在家"之说。重视家庭、强调家风，深刻地烙印在习近平总书记的治国理政思想中。习近平总书记多次在讲话中强调，"家庭是社会的基本细胞，是人生的第一所学校。""要重视家庭建设，注重家庭、注重家教、注重家风，紧密结合培育和弘扬社会主义核心价值观。"要从促进家庭思想道德建设、家庭教育、家庭服务入手，探索把家庭工作和社会管理创新结合起来。

中日两国在家庭学科相关知识的学习中，都注重对学生家庭意识、家庭观念、衣食住行等方面知识和技能的培养。我国的家庭学科学习更是以社会主义核心价值观和中华民族传统美德为核心指导思想，提升家庭成员素养，帮助家庭成员掌握科学的现代化的家庭生活方式，以培育积极向上的家庭价值取向为目标来开展教学。家庭学科属于一门跨越国界的学科，中国特色的家庭学科建设完善是对世界教育史的巨大贡献。随着全球化进程的加速、科技的发展、家庭格局的变化，中日两国在家庭学科建设发展中均存在消费教育、环境教育、社会福利与养老育儿等共同的研究课题。

一、家庭学科教育与消费教育、环境教育

随着消费生活的发展，消费问题日益突出。消费矛盾产生的原因、涉及的问题也日趋复杂多样，如与物品的安全性和标识相关的消费者纠纷、购买合同签订中的纠纷、销售过程中的欺诈等问题层出不穷，而这些矛盾的产生通常也聚焦在年轻群体中。家庭学科教育要求培养学生能够作为生活的主体自主作出决定，这对于学生来说也是未来社会生活和家庭生活不可或缺的能力。

由于商品、服务合同、购买过程、使用消费、废弃而产生的多样、复杂的问题，使得年轻的消费者出现了应对困难的状态。同时由于追求方便、舒适的生活，也造成了日趋严重的环境问题。环境问题的产生已经成为全球性的问题。

如何有效地将消费教育、环境教育相关联，进行有机结合，需要立足

日常生活现象，帮助学生树立并养成环保的生活意识理念，这是今后家庭学科教育研究重要方向。

对于消费问题、环境问题的教育，教师在相关教学内容的选择上应注意实用性，在指导方法的使用上应注意调动学生的积极性、参与度，避免活动设计的主观片面，造成教师感兴趣、学生不执行的结果。

在指导学生作为消费者采取购买行动时，可引导学生从自身的家庭经济情况、商品的使用频率、销售的方法、商品对环境的影响等方面进行判断，在综合判断的基础上，进一步决定是否采取购买行动。避免盲目消费、过度消费给自身生活、社会环境造成不良的影响。

二、社会福利与老年人问题

少子化、老龄化社会的到来，养老照护、社会福利、医疗保险等问题成了社会发展的焦点问题。家庭学科教育在今后的教学中应强调充实相关内容的学习，如家庭生活与老年人的关系、老年人的住所、养老居家生活设计等。

此外，从平等参与社会生活、共享社会发展、打造温馨家园的角度出发，要求学生学会积极关注残疾人的生活，并在学习实践中具备创造美好生活，营造充满人文关爱的环境意识。为此，今后的家庭学科教育也将聚焦帮助儿童、学生着眼未来，掌握更多能够在生活中实践运用的技能。

三、家庭学科教育与生活技术

正如家庭学科的目标，学习技术、技能对于以日常生活为主体的人来说是必要的。对于开展实践性、体验性学习的家庭学科来说，技术、技能的学习是一项重大课题。但随着科学技术的发展和生活的合理化，必要的生活技术和技能也在发生变化。如一直以来，日本的家庭学科在教育中为了落实学习者对技术的掌握，开展了丰富的实习指导。因为，曾经的日本社会，学习生活技术是家庭成员生活中必不可少的，可以说是必备的生活能力。但是，在现代社会，由于正在向消费型社会转变，一些基本的生活技术已经变得不再那么必要，家庭学科中提到的基本的、必要的技术本身发生了质的变化。

在今后的教育中，与生活相关的技术应是与生活场景相关的技术，是面向未来社会的应用性技术，是儿童、学生自己需要的技术，是对生活技能的准备。这就要求家庭学科教育中体系化的技能从关注现代社会生活和家庭生活需求的技能出发，把技术作为可拓展、可运用的能力，把学到的知识、技术、技能综合起来，并使三者间相互关联。

四、家庭学科教育和饮食教育

近年来，随着青少年健康饮食问题的突出，营养摄取的不均衡、饮食不规律等原因，造成中小学生及年轻人肥胖、偏瘦、营养不良等问题严重化。一直以来，家庭学科教育都将饮食生活相关的内容作为重要的学习内容进行指导，我国也在中小学生活实践课程中，开展了相关的饮食教育。饮食教育中的饮食生活是与人自身健康状态密切结合的。在学校教育、社会、家庭中推进饮食教育的同时，不应该忽视饮食教育推广中的专业性、指向性与可操作性。

家庭学科的饮食教育，应具有独立的学习体系，应帮助学习者对饮食生活进行深入的探索，让儿童、学生通过对饮食生活进行观察、调研、实践、小组讨论等多方面综合的把握与分析，获得对饮食生活的正确认识与掌握。在组织学生学习的过程中要尊重学生多样化的想法与见解。在教学中要积极邀请专业营养师对学习内容、学习方法进行专业指导。

五、家庭教育与信息化、国际化

信息化时代的到来、信息技术的开发，让家庭生活发生了巨大变化。信息量的增加、生活便利化程度的提高，也造成了诸多新问题的产生，如网络游戏沉迷、食物中毒、网络消费受害等，这些问题在学生身边或自身产生并影响着他们的生活。

与此同时，全球化、国际化合作的发展，人际交流、物品交流、金钱流通、信息共享等方面的频繁往来，进口商品、外来人口的大量涌入，要求今后的家庭学科教育中要加深学生对多元文化的理解，要面向未来生活的世界，了解社会政治、经济、生活的方方面面，学习按照程序和规则去参与社会事物，掌握正确获取和判断各种信息，合理使用数码、通信和网络技术的能力。

六、家庭教育与男女共同参与社会

男女共同参与社会，在政治、经济、社会等所有领域应享有同等奋斗的权利，然而在现实生活中，受"男主外、女主内"的思想影响，性别分工意识依然存在。很多女性为如何能够做到工作和育儿两不误而烦恼。

以家庭生活为学习内容的家庭学科教育，今后仍要通过对家族与家庭生活、保育、家务劳动、家庭经营、高龄者照护等方面的学习，帮助学生明确男女平等、男女共同合作经营创造家庭生活的重要性。应重视培养作为人在生活中自立的素养与能力。教师要注意指导启发学生进行学习活动，能让学生在今后的生活中，更加清晰地明确男女共同创造家庭生活、参与社会生活的意义。

第四节　家庭学科教育的展望

家庭学科教育聚焦人与生活，以培养人的生存能力、培养合格的社会人为目标。在教学中要求学生在养成自立的基础上，能够熟悉掌握家庭情况、加深对家庭中人际关系的理解、明确育儿的重要性以及父母在家庭中的重要作用。进而帮助学生树立良好的生活理念，形成基本的生活设计能力，以及继承发扬衣、食、住、行中优秀传统文化和传统习俗的意识。

此外，从中日两国对家庭学科教育内容的设计学习中，可发现在今后的家庭学科教育中，将更加强调对衣食住、生活、生命、环境保护等相关知识的学习掌握，而不仅停留在对生活技能的学习上。当今社会以"自立"为目标的学习要求，就更加需要在学习中渗透物品制作的技能学习；对婴幼儿和老年人的理解教育；提高学习者社区生活参与度的积极性；增强爱护环境、保护环境的意识等与生活发展密切相关的学习内容。为满足未来的家庭生活需要，教育内容的实用性、教育方法的真实性将会更加显著地体现在家庭学科的教育教学活动中。

家庭学科教育对于学习者来说是对一切与"家庭"相关内容的学习。因此，对教学资源的选择、设计与使用尤为重要。而作为学习者，对今后未来的生活有所思考设计，男女合作、共创美好社会，对多样化家庭形态的认识等也是家庭学科教育中需要关注的问题。

在全球化发展的今天，人、金钱、物、信息等各种各样的物品、新鲜事物越过国境，在世界各地流通，这也导致仅凭现有的对规范或事物的认识无法捕捉到事物发展的动态。世界发展的多元化、价值走向的多样化使得不同的人有不同的想法；生活在不同的国家、不同环境中，想要很好地生活，想要加深国际合作、合理分配有限的资源，保护地球的环境，就必须学会智慧生活。

智慧生活的基础是要引导学生正确认识自己，认识个人与家庭生活，与他人、社会、国家和人类文明的关系，养成良好的道德品格，具有家国情怀，能掌握家庭生活所需的知识、态度与技能。明确家庭生活不仅是为了人类繁衍接续下一代，更是为传承优秀民族文化、提升家庭文明和家庭生活品质，从社会最小细胞——家庭着手构建社会的和谐，要为家庭幸福美满、国家的繁荣发展作出贡献。智慧生活的学习强调社会的接触教育，强调民众教育，强调对人的生活教育，这不仅是为"实现美好的生活"，更是为了"不断地创造美好的生活"，也是在瞬息万变的社会中，能够让学生在将来充分发挥社会接班人的作用而进行的必要教育。随着当前全球化经济的发展，对学生进行社会接触教育、促进家庭教育资源均衡配置，为家庭提供普惠性和常态化的家庭教育公共服务是家庭学科教育发展的重要目标方向。

附录1　日本《小学学习指导要领》（节选）

（2017 年 3 月 31 日实施）

第 2 章　各教科

第 8 节　《家庭》

第 1 条

通过开展对生活经营方面的学习、思考，以及对衣、食、住等相关实践性活动的开展，培养具备经营生活的良好素养与能力。

（1）初步理解家族、家庭、衣食住、消费、环境等日常生活基础知识，掌握生活所需的基本技能。

（2）能从日常生活中发现问题，设定课题，思考问题解决的方法，并能在实践、评价、改进、反思、完善的过程中，提升分析问题、解决问题的能力。

（3）培养重视家庭生活的情感，能思考家庭与地区成员之间的关系，理解作为家庭中的一员积极地热爱生活、创造生活、参加生活实践的重要性。

第 2 条　各年级的内容（小学五六年级）

1.内容

● 家族·家庭生活

以下（1）至（4）项目作为学习课题，包含家族与地区成员合作，创造美好的家庭生活，可通过以下内容进行指导学习。

（1）自我的成长与家族、家庭生活。

反思自我的成长，认识到家庭生活与家族的重要性，明确家庭生活是通过家族的成员的共同协作完成的。

（2）家庭生活与工作。

①家庭，需要有支撑家庭生活的工作，需要家庭成员间的相互协作，需要掌握有效利用生活时间的方法。

②思考制订家庭工作计划。

（3）家族与地区成员之间的关系。

①掌握以下知识：理解与家人交流、团聚的重要性；了解家庭生活是建立在与地区成员相互联系的基础上，掌握地区成员之间相互合作的重要性。

②思考家庭成员与地区成员间如何建立起良好的关系。

（4）关于家族、家庭生活的课题与实践。

从日常生活中寻找问题、设定课题，从创造美好生活的视角制订计划并付诸实践。

- 衣食住生活

以下（1）至（6）项目作为学习课题，要求从健康、舒适、安全丰富的饮食生活、衣生活、居住生活的学习视角出发，通过一系列活动的开展，指导学生掌握如下事项。

（1）饮食的作用。

①了解一日三餐的作用，理解日常饮食的重要性和饮食的方法。

②花时间去思考学习，为了能够愉快地饮食，如何进行日常饮食设计。

（2）烹饪的基础。

①熟练掌握下列知识和技能。

a.了解烹饪所需材料的分量和步骤，掌握烹饪计划。

b.对烹饪时所需用具及餐具的安全、卫生处理，以及烹饪器具的安全使用方法，能正确理解并恰当操作。

c.对原材料的清洗方法、适合烹饪的切法、味道的调适、烹饪后的装盘、配菜的选择以及餐后的清洁、整理等环节，能很好地理解掌握并实施操作。

　　d.能理解烹饪方法中煮法、炒法的不同，会根据原材料的特点选择适合的烹饪方法。

　　e.了解传统的日常饮食，能制作出美味可口的米饭及酱汤。

　　②为了能够吃到美味的食物要学会制作烹饪计划、掌握烹饪方法。

　　（3）营养健康的饮食。

　　①熟练掌握下列知识。

　　a.理解身体必需营养素的种类和主要作用。

　　b.了解食品的营养特点，懂得食品的简单烹饪及组合搭配食用方法。

　　c.掌握菜单的构成要素，理解一人份菜单的制作方法。

　　②从一人份菜单所需营养均衡的角度考虑，进行菜单的制作。

　　（4）衣服的穿着和保养。

　　①熟练掌握下列知识和技能。

　　a.了解衣服的主要功能和作用，能根据季节和场合选择合适的服装，理解日常穿着要舒适得体。

　　b.掌握服装的日常保养方法，理解不同材质服装的正确洗涤方法和纽扣的缝法等。

　　②思考日常舒适的穿着方法以及服装保养的方法。

　　（5）学习用布制作的生活小物品。

　　①熟练掌握下列知识和技能。

　　a.了解制作所需的材料和步骤，了解制作计划。

　　b.理解手工缝制和缝纫机缝制的不同，掌握对应的缝纫方法及所需用具的安全使用方法。

　　②为丰富生活，思考用布制作生活小物品的计划，能在制作上花费心思。

　　（6）舒适的居住。

　　①熟练掌握下列知识与技能。

　　a.掌握住所的作用，理解适应季节变化的生活的重要性和正确的居住方式。

　　b.掌握住所的整理、整顿和清洁方法，并能按照所掌握的方法整理房间。

②思考适合不同季节的居住方法与住所的清洁、整理，能在打造舒适的居住环境上下功夫。

● 消费生活与环境

以下（1）至（2）项目作为学习课题，要求进行如下内容的指导：针对建立可持续发展的社会，学会思考身边的消费生活与环境，并能通过相关活动的开展，掌握以下具体事项。

（1）物品、金钱的使用方法与购物。

①熟练掌握下列知识与技能。

a.了解购物方法和消费者的作用，理解物品、金钱的重要性，掌握计划性的使用方法。

b.理解身边所需物品的选择、购买方法，学会为购买商品收集整理所需的信息。

②能灵活使用商品购买信息，懂得思考选择、购买的方法。

（2）生活中对环境保护的关注。

①理解自己与周围生活环境的关系，在日常生活中能关注到对环境的保护。

②环境保护意识下的生活物品使用方法。

2. 内容的说明

（1）对于《家族、家庭生活》方面的学习内容，需要注意以下事项

①《自我的成长与家族、家庭生活》的内容学习部分，要明确各学习模块之间是相互关联的，对日常生活中出现的各种问题要从创造健康、安全、舒适的可持续性社会发展的角度来思考解决。能注重家庭成员与地区成员之间的合作，能够意识到花费时间精力去解决问题的重要性。

②《家庭生活与工作》的学习内容与《衣食住的生活》学习模块中涉及的衣、食、住等方面的具体学习任务，可通过实践课程学习来理解掌握。

③对于《家族与地区成员之间的关系》学习，要关注到与幼儿或低年级儿童、老年人等不同年龄段人之间的关系处理。同时要兼顾与其他科目之间学习内容的相互关联性。

（2）对于《衣食住的生活》方面的学习内容，需要注意以下事项。

①《饮食的作用》的学习，要能了解日本的传统生活，重视掌握日本的生活文化。

②《烹饪的基础》了解不同食材的做法（煮、炒），如适合煮制的蔬菜有青菜、土豆等，掌握烹饪中汤汁、调料的使用方法。

③《营养健康的饮食》主要围绕五大营养素与食物在人体内的消化吸收开展学习，理解食谱的构成要素在于主食、主菜、副菜等的搭配。

④饮食指导，要根据家庭学科的特质，充分考虑饮食教育的丰富性。在内容选择上也要与四年级学习的饮食知识相互衔接。

⑤《用布制作生活小物品》的学习内容，可以练习制作日常生活中用来装物品的各种布袋或相关的布艺产品。

⑥《舒适的居住》学习中，要了解酷暑、严寒、通风、换气、采光、隔音等，与居住息息相关的问题，掌握在酷暑或寒冷的季节到来时如何提高居住环境的舒适度。日常生活中如何进行舒适的穿着等。

（3）对于《消费生活与环境》方面的学习内容，需要注意以下事项。

①《消费生活与环境》的学习内容，可以与《家族、家庭生活》《衣食住的生活》中的部分单元内容进行整合学习，充分利用实习材料及实习用具。

②《物品、金钱的使用方法与购物》的学习，可涉及交易、契约等方面的基础性知识。

③《生活中对环境的保护》学习内容要与《衣食住的生活》学习内容相结合，尽可能开展实践性的课程学习。

第 3 条　指导计划的制订与内容指导的建议

1. 指导计划的制订，要注意以下事项

（1）学习题材、内容、时间的预设安排要科学合理，要注重培养学生的素养与能力。要能以学生为主体，进行对话性、深入性学习活动的开展。要把对生活的正确理解、认识等相关知识的学习与学生的生活体验相结合。注重启发学生积极思考日常生活中常见问题的解决方法，鼓励学生在解决问题的过程中与同伴进行积极的交流、实践、反思、改进。因此，指导计划的制订既要关注学生对生活新课题的发现，也要重视对学生发现

问题、讨论问题、解决问题这一能力培养的指导设计。

（2）从《家族、家庭生活》至《消费生活与环境》的学习，各项目所分配的授课时间以及学习年级，要根据学生、学校、所在地区的实际情况等因素，由各学校灵活制订。对于《家族、家庭生活》中第一部分《自我成长与家族、家庭生活》的学习，要在四年级学习的基础上，使四五年级的学习内容连续贯通，需要在五年级的第一学期开设相关的选修课，并将各项目模块的学习内容进行整合。

（3）《家族、家庭生活》中家庭课题的实践学习，可在第二学年的学习中设定一个或两个课题来完成家庭、地区的实践性活动学习，课题内容可以与《家族、家庭生活》《衣食住的生活》《消费生活与环境》等学习内容相互联系。

（4）对于《衣食住的生活》中第（2）点和第（5）点学习，为提高学习效果，要在两年的学习中，采用由浅入深的方式进行阶段性的计划学习。

（5）在选题方面，既要准确把握学生、学校、地区的实际情况，又要增进内容间的相互关联，提高指导效果。只有这样，才能在明确与其他科目相互联系的同时，以今后中学的学习为导向，实现系统性、科学性的学习指导。

（6）对于特殊儿童，要针对学习中可能遇到的困难进行指导内容、指导方法的系统设计。

（7）在以道德教育目标为基础的学习过程中，在考虑与道德相关的同时，要根据家庭学科的特点，进行恰当的指导。

2. 内容的指导应考虑以下事项

（1）由于在指导过程中，会频繁使用与衣食住等生活相关的专业用语，学生通过学习活动可以更好地掌握生活语言，尤其在解决自我发现的生活课题时，可以鼓励学生运用语言和图表来描述解决方案。因此，在学习中可将说明类的学习活动进行适当的丰富完善。

（2）指导中要积极利用计算机和信息通信技术，如实习过程中资料信息的收集、整理，或实践成果的发言总结等，可指导学生利用计算机信息技术处理完成。

（3）为了学习生活自立所必需的基础知识和基本技能，必须充实丰富实践、体验类的活动，以利于帮助学生能更好地掌握烹饪和制作等步骤，体会实践的喜悦。

（4）要落实学习内容，尊重个人的性格差异，就应把握好学生的特性和生活体验，根据学生的技能学习情况，进行分组指导，同时也要在教材和教具上进行充分的选择和设计。

（5）学习过程中要注重加强与家庭、社区的合作，让学生能将学习掌握的知识和技能在日常生活中进行充分的实践运用。

3. 在实习指导时应注意以下事项

（1）在重视设施、设备安全管理，维护学习环境的同时，要注意热源、用具、机器等的安全操作使用，认真做好预防事故发生的指导工作。

（2）整理服装、注意卫生、妥善保管工具。

（3）对于烹饪时使用的食品，不要用生鱼和肉等，应充分考虑到安全、卫生。另外，要特别注意避免食物过敏。

附录2 日本《中学校学习指导要领》（节选）

（2017 年 3 月 31 日实施）

第 2 章 各教科

第 8 节 《技术·家庭》的《家庭》领域

第 1 条

通过对生活经营理念的学习、认识及对生活与技术相关实践性、体验性活动的开展，培养热爱生活、创造生活的资质与能力，为创造生活、建立可持续发展的社会奠定基础。

（1）理解生活与技术所包含的基础知识，并掌握相关的基本技术。

（2）能从社会生活中发现问题，设定课题，构思解决方案，并进行实践、评价、完善、表现等，逐步养成解决问题的良好能力。

（3）为创造美好生活，构建可持续发展的社会，养成在生活中积极实践的态度。

第 2 条 各领域的目标和内容（家庭领域）

1. 目标

通过对生活经营的认识、思考，对衣食住等实践性、体验性活动的开展，培养热爱生活、创造生活的资质与能力。

（1）加深对家族、家庭功能的理解，对家族、家庭、衣食住、消费、环境等，在谋求对生活必要的基础理解的同时，掌握与之相关的技能。

（2）能从家族、家庭和地区生活中发现问题、设定课题，构思解决方案，进行实践、评价、完善，并能逻辑清晰地表述考察内容，提升热爱生活、解决问题的能力。

（3）能积极思考自己与家族、家庭生活、地区的关系，能与家人、地区成员相互合作，养成热爱生活、创造生活的实践态度。

2. 内容

● 家族、家庭生活

以下（1）至（4）的项目作为学习课题，包含家族与地区成员的合作，从创造美好家庭生活的角度出发，要做好以下内容的指导。

（1）自我成长与家族、家庭生活。

了解自我成长与家族、家庭生活的关系，在理解家族、家庭基本功能的同时，能够意识到要与家庭或地区的人相互合作才能很好地经营家庭生活。

（2）幼儿的生活与家庭。

①需要掌握以下知识。

a. 了解幼儿的成长与生活特点，理解为幼儿提供成长环境的家庭作用。

b. 理解游戏对幼儿成长的意义及相关的游戏活动方法。

②学习掌握如何与幼儿建立良好的关系。

（3）家族、家庭与地区之间的联系。

①需要掌握以下知识。

a. 理解家人之间的立场和作用，懂得只有通过相互合作才能使家庭关系变得更好。

b. 懂得家庭生活是通过与社区的相互联系而建立的，了解与老年人等社区居民合作的重要性，掌握对老年人照护的相关方法。

②思考、学习如何更好地改善家庭关系，以及与老年人等社区居民互动合作的方法。

（4）关于家族、家庭生活的课题实践。

从家族、幼儿的生活，或者地区生活中发现问题，设定课题，从解决问题、创造更好生活的角度出发，制订计划并付诸实践。

● 衣食住的生活

以下（1）至（7）的项目作为学习课题，包含健康、舒适、安全、丰富的饮食生活、衣生活、居住生活等内容，要指导学生认真思考，通过具体活动，掌握以下知识点。

（1）饮食的作用与中学生的营养特点。

①需要掌握以下知识。

a.理解生活中饮食的作用。

b.了解中学生必要的营养特点，以及对健康有益的饮食习惯。

②学习实践掌握对健康有益的饮食习惯。

（2）满足中学生所需营养的饮食。

①需要掌握以下知识。

a.了解营养素的种类和作用，理解食品的营养特点。

b.了解中学生一天所必需的食品种类和分量，以及一日食谱的制作。

②学习实践制作适合中学生的一日食谱。

（3）日常饮食的制作与地域饮食文化。

①需要掌握以下知识和技能。

a.在日常生活中，能根据不同需要选择适合的食品。

b.理解并重视对食品或烹饪用具等的安全卫生管理。

c.了解不同食材适合的烹饪方法，能进行简单的日常饮食制作。

d.了解地域饮食文化，能利用地方特色食材进行传统美食的制作。

②学习实践制作日常生活中的一顿饭，能从食品的选择、烹饪的方法、烹饪计划的制订等方面进行全面规划。

（4）服装的选择和保养。

①需要掌握以下知识和技能。

a.了解服装与社会生活的关系、懂得配合不同场合需要的服饰搭配，日常生活中能在突出个性的基础上，选择得体的服饰。

b.能有计划地合理搭配使用服装，对服装的材质和日常洗涤保养方法有一定的掌握。

②学会选择适合自己的服装，并能根据服装的材质和状态选择正确的洗涤保养方法。

（5）丰富生活的布艺制作。

①掌握制作所需要的合适材料及缝制方法，能安全地使用制作工具，制作得当。

②能在考虑到资源利用与环境保护的前提下，为丰富生活进行布艺制作设计，并掌握制作方法。

（6）居住功能与安全居住方法。

①需要掌握以下知识。

a.掌握家庭生活与居住空间的关系，了解住房的基本功能。

b.掌握防止家庭事故发生的方法，能从家庭安全的角度出发，思考居住空间的整理方法。

②思考学习掌握家庭安全居住空间的设计方法。

（7）衣食住生活中的课题与实践。

在饮食生活、衣生活、住生活中发现问题，设置课题，拟定解决方案并进行实践。

● 消费生活与环境

以下（1）至（3）的项目作为学习课题，从构建可持续发展社会的角度出发，通过具体活动，掌握以下知识点。

（1）金钱的管理与消费。

①需要掌握以下知识。

a.了解购买方法和支付方法的特点，掌握计划性管理使用金钱的重要性。

b.能够理解买卖合同的结构，常见的消费者受害原因及对应解决措施，能对商品、服务等必要信息进行正确的收集、整理。

②能从商品信息及服务信息等方面综合考虑，进行选择购买。

（2）消费者的权利与责任。

①理解消费者的基本权利与责任，理解自己与家庭的消费生活对环境和社会的影响。

②对日常的消费生活，作为独立的消费者应认真思考并实践负责任的消费行动。

（3）消费生活与环境的课题与实践。

①能从自己和家族的消费生活中发现问题、设定课题，并从实现环保的消费生活角度出发，思考解决问题的方法，制订计划、付诸实践。

3. 内容的说明

（1）各内容学习，要以对生活的科学理解为目标，充实丰富实践性、体验性学习活动。

（2）对于《家族、家庭生活》方面的学习内容，应注意以下事项。

①《自我成长与家族、家庭生活》内容学习中，关于家族和家庭基本功能方面的知识学习可渗透到各模块学习中。对家族、家庭、地区方面的学习要侧重学习思考解决家族、家庭、地区生活中的问题，如良好的协作，健康、安全、舒适的生活环境创建，生活文化的传承及可持续的社会发展等方面。

②《自我成长与家族、家庭生活》《幼儿的生活与家庭》《家族、家庭与地区之间的联系》等内容的学习，要注意学习内容间的相互关联，注重以实习、观察、角色扮演等方式为中心开展学习。

③《幼儿的生活与家庭》的学习，要注重前往幼儿园、保育所等机构进行实践学习，注意观察幼儿，与幼儿形成良好的互动。关于幼儿的发展方面学习，还应深入探讨学习幼儿期与周围环境基本信赖关系及生活习惯养成的重要性。

④《家族、家庭与地区之间的联系》学习内容中有关家庭生活与地区的联系，高龄老年人的照护的相关学习内容，应涵盖有关高龄老年人的身体特征方面的知识。另外，还应注意能够进行与老年人看护相关的基础体验活动。关于地区的公益活动或传统活动，要注意与其他科目的学习相互联系。

（3）对于《衣食住的生活》方面的学习内容，应注意以下事项。

①在对传统的日本生活学习中，应注意强调传承传统生活文化的重要性。

②对生活中饮食作用的理解，应注重对饮食的意义与饮食文化传承方面内容的学习。

③对营养素种类与作用、食品的营养特点等内容的学习时，要注意帮助学生掌握水的作用和食物纤维等方面的知识。

④日常生活中食品选择的学习，主要指用于烹饪实习的生鲜食品和加工食品。日常的烹饪制作方法学习包括煮制、烧制、蒸制等，食材可选择鱼、肉、蔬菜等日常生活常见的基础性食品。对日常传统的调料、汤料的使用方法，可学习酱汤、炖菜等家乡传统特色美食的做法。

⑤饮食的指导，要根据技术和家庭学科的特点，充实丰富饮食教育的学习内容。

⑥服装与日常生活的内容学习中，可对日本的传统服装——和服进行介绍，内容包括和服的基本穿法和清理方法。此外，日常服饰的选择、购买、清洗的注意事项也要列入学习内容。在日常服装的保养学习中，主要需要掌握洗涤和修补的基本方法。

⑦从丰富生活环境保护、资源利用的角度，可以讲授日常生活中衣物再利用的方法。

⑧关于家庭生活与居住空间的关系，了解住房的基本功能，可学习掌握用简单的图形来构思住房空间。此外，学习内容除可结合《家族、家庭生活》中的部分内容外，还应涉及应对自然灾害时住宅空间的调整方案学习。

（4）对于《消费生活与环境》方面的学习内容，应注意以下事项。

①对金钱的管理与消费，消费者的权利与责任的学习，可结合《家族、家庭生活》《衣食住生活》两大模块中的相关学习内容，选择操作性较强的学习单元，以实践的方式完成对金钱与消费的初步理解。

②对于商品及消费服务信息选择的学习内容，要了解中学生的日常消费生活，消费服务信息，以及如何进行消费者的自我权益保护，尤其是信用卡办理、契约签订等方面的知识一定要涵盖在学习内容中。

第 3 条　指导计划的制订与内容指导的建议

1. 指导计划的制订，要注意以下事项

（1）学习题材、内容、时间的预设安排要科学合理，要注重培养儿童的素养与能力。要实现儿童为主体的、对话的、深入的学习。能把对经营生活的看法、想法等相关知识的学习与生活体验相结合，能思考日常生活中常见问题的解决方法，并与人进行交流、实践、反思、完善，重视新课题的发现及学习的过程性。

（2）对于技术领域及家庭领域的授课时间，要根据初中三年学习的整体指导计划，不能偏科分配学时，各学年均要学习技术领域和家庭领域的课程。

另外，对家庭领域内容的学习，可从《家族、家庭生活》中的第（4）项，《衣食住的生活》中的第（7）项、《消费生活与环境》中的第（3）项，这三项内容中选择并学习一项以上内容。这样才能更好地与其他学习内容相关联，实践活动也才能更好地在家庭和地区中进行开展。

（3）技术领域的学习内容从《材料的加工与技术》至《信息与技术》，以及家庭领域的学习内容从《家族、家庭生活》至《消费生活与环境》中各项目的学时数、开课学年，要根据学生、学校、所在地区的实际情况，由学校进行科学、灵活的设计规划。与此同时，由于家庭领域《家族、家庭生活》中第（1）项《自我成长与家族、家庭生活》内容的学习，要在小学家庭学科学习的基础上，确定初中的学习方向，因此必须在初中第一学年进行开课学习。

（4）对于各项目及项目所包含的具体学习事项，要进行密切关联，综合选择适宜的学习内容，进行学习计划的制订。此外，还应明确学生、学校及地区的实际情况，提高指导效率。要在小学学习的基础上，以高中学习为目标，厘清各科目间的相互关系，以系统性、发展性的方式进行指导。从可持续开发、推进教育发展的视角，促进各学科的整体发展。

（5）对于特殊儿童、学生，在学习活动中遇到的困难，要有计划、有步骤地对问题产生的指导内容、指导方法进行细致的调整。

（6）根据道德教育的目标，在处理与道德相关的学习内容时，应根据技术与家庭学科的特点，对学习内容进行适当的指导，突出学科特点。

2.内容的指导，应注意以下事项

（1）在指导过程中，应充实丰富学习活动，如整理和统计有关衣食住行等实习结果时，在描述生活和社会课题的解决方案时，可采用语言、图表、概念等多种方式进行详细说明。

（2）应积极利用计算机、信息通信网络，对实习所需资料进行全面收集和整理，能认真准备实践成果的总结汇报。

（3）能在学习基础知识、基本技能，加深对基本概念理解的同时，感受实践、体验活动带来的乐趣，尤其是能体会活动完成带来的喜悦。另外，还应根据学生的职业发展规划处理学习内容同将来职业的选择、生活方式的关系。

（4）资质与能力的培养，应重视每位学生的个性都能得到充分发挥，学习课题应建立在学生学习兴趣与关心的基础上，对技能学习的掌握要根据实际情况在分组学习、教材、教具、个别指导等方面进行充分准备。

（5）学生能将从学习中学到的知识和技能在生活中灵活运用，在面对生活和社会的发展变化时，能将生活中发现的问题进行归纳，在考虑到家庭、地区、社会、企业之间的相互联结的基础上，思考制订解决方案。

3. 实习指导的注意事项

实习指导时，在关注设施、设备安全管理，完善学习环境的同时，应注意用火、用具、材料等的处理，切实做好事故的防范指导和安全、卫生的相关工作。

技术领域要在对设备操作及操作环境进行正确指导的同时，要注意根据实际操作需要穿着适当的服装、戴好防护眼镜及防尘口罩，实施作业后的清洗等安全保障措施。

家庭领域对有关幼儿、老年人的校外学习活动，要提前制订好周密的事故防止，以及事故发生的应对策略，活动要充分体现出对幼儿与老年人的关怀。在烹饪实习中，要注意食物过敏的问题。

附录3 日本《高中学校学习指导要领》（节选）

（2009 年 3 月 9 日实施）

第 2 章 普通教育中的各教科

第 9 节 《家庭》

第 1 条 目标

综合地捕捉人一生的发展与对生活的经营，在理解家族、家庭的意义，理解家族、家庭与社会关系的基础上，学习掌握生活必要的知识和技术，培养以男女合作为主体，创造家庭和地区生活的能力与实践生活的态度。

第 2 条 各科目

一、家庭基础

1. 目标

学习掌握人的一生与家族、家庭、社会福利、衣食住、消费生活等方面相关的基础知识和基本技能，并在自主解决家庭和地区生活课题的同时，培养充实提高生活水平的能力与积极实践生活的态度。

2. 内容

（1）人的一生与家族、家庭和福利。

从发展的视角来看待人的一生，要在理解人生各阶段的特点与所面临问题的同时，懂得思考家族、家庭生活的现状，以及儿童、老年人的生活与福利问题，能够认识到共同支撑生活的重要性。

①青年期的自立与家族、家庭。青年期的课题要从人生发展的视角来认识、理解，要能在学会思考、认识男女共同合作，二者作为家庭成员在建设家庭中所承担的重要作用的同时，能为创造家庭和地区生活作出决策，并懂得负责任的重要性。

②儿童期的发展与保育。掌握婴幼儿的身心发展特点与生活、父母的责任与保育、儿童的成长环境等，能深入思考育儿的意义，能认识到在儿童的成长过程中，父母、家庭、社区、社会所应承担的作用。

③高龄期的生活。掌握高龄期的特征、生活以及高龄社会的现状和课题。能意识到只有家庭、社区、社会相互联结，共同努力才能帮助高龄者安全、自立的生活。

④共生社会与福利。理解在人的一生中，支撑家族、家庭生活的社会福利、社会支援的相关制度和政策，具有作为家庭、社区、社会一员的自觉性，能够认识到共同努力创造生活的重要性。

（2）自立的生活与消费、环境。

学习自立经营生活所需的衣、食、住、消费生活和经济规划相关的基础知识、基本技能，并能在思考环境保护生活方式的同时，自主地设计生活。

①饮食与健康。学习健康安全的饮食生活所必需的营养、食品、烹饪及食品卫生等方面的基础知识、基本技能，能够在人生发展中很好地经营自己的饮食生活。

②服装管理与着装。掌握服装管理所涉及的服装材料与构成的基本知识、技术，能根据不同场合正确地搭配着装，能够经营健康、舒适的服装生活。

③居住与环境。通过学习住房功能、住所与社区关系等居住所必需的基础知识、基本技能，能够创造安全、环境保护的居住生活。

④消费生活与生活发展的经济计划。理解消费生活的现状、课题，了解消费者的权利与责任，能作出正确的消费决策，能思考对未来生活的经济规划和经济管理。

⑤生活方式与环境。通过了解生活与环境之间的关系，以建立可持续发展的社会为目标，能够积极主动地创造良好的生活方式。

⑥人生的生活设计。预测并思考自己一生可能经历的生活状态，并在此基础上进行主体性的生活设计。

（3）家庭项目与学校家庭俱乐部活动。

把自己的家庭生活和社区生活联系起来，设定生活课题，思考解决方案、制订计划并付诸实践，在此过程中学习掌握科学探究生活的方法，提高解决问题的能力。

3. 内容说明

（1）内容的构成与指导时，应注意以下事项。

①内容（1）中有关儿童的发展与保育、高龄期的生活等内容的学习，应根据学校、地区的实际情况，利用学校家庭俱乐部活动，尽可能地组织、提供多与婴幼儿、老年人进行接触交流的实践学习活动。

②内容（2）的学习，应采取以实验、实习为中心的指导方式，对于饮食与健康部分的学习，要注重对营养、食品、烹饪及食品卫生等方面的内容选择。

另外，关于人的一生、生活设计的学习，可将内容（1）与内容（2）中①至⑤部分的学习要点进行整合，促进在学习中形成对《家庭基础》的全面理解与认识。

③内容（3）的学习，要注重理解家庭项目与学校家庭俱乐部活动的意义，指导中要兼顾内容（1）与内容（2）的学习进度、掌握程度的配合。

（2）内容的范围与程度，应考虑以下事项。

①内容（1）中②儿童发展与保育的学习，重点应放在学习掌握父母在儿童成长中的作用及如何进行育儿良好环境的创建。第②点至第④点的学习，应将重点放在掌握与家族、家庭生活相关的社会福利政策的制订与实施。

②内容（2）的学习，应掌握处理关于合同、消费、消费者信用等相关方面的问题。对生活方式与环境的学习，重点应放在如何养成低碳、环

境保护的衣食住生活上。

二、家庭综合

1. 目标

学习掌握人的一生与家族、家庭、儿童、老年人的关系以及社会福利、消费生活、衣食住行等相关的知识和技术，在能自主解决家庭与地区生活课题的同时，养成热爱生活，积极创造生活的实践生活态度。

2. 内容

（1）人的一生与家族、家庭。

从终身发展的角度看待人的一生，在思考青年期生活方式的同时，认真理解家族、家庭的意义，理解家族、家庭与社会的关系，能明确认识到男女共同组建家庭，相互合作经营生活、创造生活的重要性。

①人生与青年期的自立。从终身发展的角度去理解人生各个阶段的特点与所面临的课题，能认识到青年期的课题主要围绕自立与男女平等、相互合作。能思考、学习人生发展中，适合青年期的科学生活方式。

②家族、家庭与社会。理解家庭的功能与家族的关系，思考家族、家庭与法律，家庭生活与社会福利等方面的内容。在思考家族、家庭的意义，家族、家庭与社会关系的同时，能认识到作为家庭成员的作用及男女合作组建家庭、经营创造生活的重要性。

（2）与儿童、老年人相关的及社会福利。在理解儿童发展与保育、老年人的生活及相关社会福利政策的基础上，加深对不同人群的理解，能认识到人生发展中相互扶持经营生活的重要，包括家族、家庭、社区、社会在生活发展中所应承担的作用。

①儿童的发展、保育和社会福利。理解儿童的发展与生活、儿童福利等内容，能认识到社区、社会及父母在育儿过程中所起的重要作用，懂得思考育儿的意义以及与儿童成长发展相关的重要问题。

②老年人的生活与福利。理解老年人的身心发展特点以及老龄化社会的现状与社会福利。学习认识老年人所面临的生活问题及家庭、社区、社会所应承担的责任与义务。积极思考帮助老年人安享生活的方法，以及影

响老年人生活发展的重要因素。

③关于共生社会中的家庭与地区。

了解家庭与地区的关系，能认识到老年人、残疾人等各类人士共同携手创造生活的重要性，能作为家庭、地区、社会的一员，主动思考行动建设美好家园的意义。

（3）生活中的经济计划与消费。

了解生活中的经济计划、消费者问题、消费者的权利与责任等，能认识到现代消费生活所面临的课题，作为消费者能作出适当决策，能负责任地行动。

①生活中的经济计划。理解与生活、社会相关的具体内容，能认识到生活中对经济的管理和计划的重要性。

②消费者的行为与决策。掌握作为消费者能够自主地判断消费行动，作出适当决策的重要性。

③消费者的权利和责任。在掌握消费生活的现状与课题，理解消费问题、消费者的权利和责任等内容的基础上，能合理运用消费者的权益。

（4）生活中的科学与环境。

在科学地理解人生不同阶段对衣、食、住等方面的生活需要，认识前人智慧和文化的同时，兼顾可持续发展的社会对环境、资源的保护，做出适当决策，自主地经营消费生活。

①饮食生活的科学与文化。科学地理解营养、食品、烹饪以及卫生要求等方面的内容，在关注饮食文化的基础上，掌握相应的知识和技术，理解食品的安全与环境的关系，能自主地经营饮食生活。

②衣生活的科学与文化。科学地掌握着装礼仪、服装的材料、服装构成、服装制作、服装管理等，在了解服装文化的同时，学习必要的知识和技术，能在关心安全与环境的基础上，自主地经营管理服装生活。

③住生活的科学与文化。科学地理解居住的功能、居住空间的设计以及居住环境等，在对生活文化产生关心的同时，学习必要的知识和技术，能在兼顾安全与环境的前提下，自主地经营居住生活。

④确立可持续发展社会的生活方式。思考安全、安心的生活与消费，

理解对生活文化的传承和创造，在兼顾资源利用与环境保护的基础上，掌握科学的生活方式，积极主动地设计、规划生活。

（5）人生的生活设计。

通过制订生活计划，积极主动地规划并思考自己未来的人生发展方向。

①生活资源与使用方法。加深对金钱、时间等生活资源的认识理解，学习掌握科学合理的使用方法。

②生活方式与生活设计。在思考自己的生活方式及将来的家庭生活与职业生活的基础上，能灵活利用生活资源来设计生活。

（6）家庭项目与家庭俱乐部活动。

设计与自己的家庭生活和地区生活相关联的生活课题，思考解决方法，制订计划并付诸实践。在实践学习中感知、探索生活的科学方法，提高自身对问题解决的能力。

3. 内容的说明

（1）内容的构成与使用，应注意以下事项。

①内容（2）中的①，要根据学校和地区的实际情况，采取与学校家庭俱乐部活动等相结合的措施，增加同幼儿园、保育园的婴幼儿或附近小学低年级学生接触交流的机会。内容（2）中的②，也要根据学校和地区的实际情况，积极利用学校家庭俱乐部等方面的活动，不仅要参观福利设施，还应积极组织参加志愿服务活动，努力获得与身边老年人交流沟通的机会。

②内容（4），应注意以实验、实习为主进行指导。

③内容（5），可将内容（1）至（4）的学习成果进行阶段性的综合梳理，或者作为《家庭综合》的内容进行总结性的学习指导。

④内容（6），主要应理解家庭项目和家庭俱乐部活动的意义与实施方法。此外，在指导时要将此内容作为从内容（1）至（5）的学习发展来处理。

（2）关于内容的范围与程度，应注意以下事项。

①内容（2）中的①，要以保育所至小学低学年的幼儿、儿童为中心，

将学习重点放在促进儿童成长发展中父母应承担的作用，以及养育支援和育儿环境的创建。另外，关于儿童福利的学习，应将重点放在儿童福利的基本理念及地区、社会所承担的作用上。内容（2）中的②，作为日常生活看护基础的学习，可体验性地学习关于吃饭、穿脱衣物、移动等内容。

对于老年人的福利，可重点关注老年人福利的基本理念及地区、社会所应发挥的重要作用上。

②内容（3）中的①，强调对家庭经济生活中各种问题的具体处理。内容（3）中的③，可将重点放在对合同、消费者信用及其相关的问题进行具体处理的方法上。

③内容（4）中①，关于服装的制作学习，要以服装为中心，并根据学生的技术、兴趣和关注点，选择学习缝纫技术与缝纫题材。内容（4）中④，应把重点放在具体理解生活与环境的相互关系上。

三、生活设计

1.目标

学习人的一生与家族、家庭及社会福利，消费生活、衣食住等相关的知识和技术，在能主动地解决家庭和地区生活课题的同时，培养热爱生活、积极生活的能力与生活实践的态度。

2.内容

（1）人的一生与家族、家庭及社会福利

从终身发展的视角来看待人的一生，在理解人生发展不同阶段的特点及所面临的人生课题的同时，思考学习家族和家庭生活的理想状态，儿童、老年人的生活与社会福利，明确共同努力创造生活的重要性。

①青年期的自立与家族、家庭。从一生发展的角度去理解青年期所面临的课题，思考学习男女合作、作为家庭成员在家庭建设中的重要作用，明确为创造家庭和地区生活在自我决策的基础上，负责任行动的重要性。

②儿童的发展与保育。理解婴幼儿的身心发展与家庭、父母的责任与保育、育儿的环境，思考学习育儿的重要意义，明确儿童成长发展过程

中，父母、家庭及社会所应承担的重要作用。

③老龄期的生活。理解老龄期的特点、生活以及老龄化社会的现状、课题，明确为帮助老年人安度晚年的生活，家族、社区、社会所应承担的义务与责任。

④共生的社会与福利。从终身发展的视角去理解社会福利、社会支援对家族、家庭生活的重要支撑作用，懂得作为家庭、地区、社会的一员应具备自觉性和觉悟性，明确互相扶持、共同生活的重要性。

⑤与儿童的交往。在与儿童交往过程中，理解儿童的生活与游戏、儿童的发展与环境之间的相互关系，掌握与儿童沟通交流的正确方法。

⑥与老年人的交流。通过与老年人的交流和对老年人日常生活照护的体验学习，能够理解、支持、帮助老年人安度晚年生活的意义，懂得老年人沟通交流的重要性。

（2）注重消费与环境的生活方式的确立。

通过学习独立经营生活所必需的关于消费生活以及生活中经济计划相关基础知识和基本技术，在兼顾环境保护生活方式的同时，能自主地进行生活设计。

①消费生活与生涯发展的经济计划。理解消费生活的现状、课题及消费者的权利与责任，能作出合理的决策并付诸行动，能对预期生活的经济管理和规划进行思考。

②生活方式与环境。通过了解生活与环境之间的关系，掌握可持续发展的社会生活方式，并能积极进行主体性的行动。

③终身的生活设计。从终身发展的角度思考自己生活的同时，能主动地设计生活。

（3）饮食生活的设计与创造。

学习饮食与健康的关系，以及营养、食品、烹饪、美味的食物等与饮食生活相关的知识和技术，在关注饮食文化的同时，能从健康发展的角度出发兼顾饮食安全与环境，自主地经营好饮食生活。

①家庭的健康与饮食。理解饮食的意义，在学习掌握关于家庭的健康与营养、烹饪等饮食方面的知识与技术的同时，能够营造健康的家庭饮食

生活。

②美味的科学与烹饪。科学地理解食物美味的要素、食品的营养特质及烹饪的要求，学习掌握制作营养和美味的食物所必需的知识和技术。

③饮食生活与环境。理解饮食生活的安全与卫生，学习食品的生产、流通与饮食生活和环境的关系，在掌握饮食生活现状的同时，能够自主地经营家庭的饮食生活。

④饮食生活的设计与实践。在日常饮食和传统饮食中，了解饮食的历史和文化等，在学习相应的知识和技术的同时，能够传承饮食文化，创造性地实践饮食生活。

（4）服装生活的设计与创造。

通过学习关于服装的着装、制作、管理等与服装生活相关的知识和技术，在关心服装文化的基础上，能够自主地经营创造舒适、得体的服装生活。

①服装的科学与表现。科学地理解服装的功能，学习掌握满足不同场合需要的着装及能够适合自己、表现自己的着装方式。

②服装的构成与制作。理解服装的构成与人体的形态、动作以及服装材料之间的相互关系，学习掌握服装制作所必需的知识和技术，并能灵活运用所学，发挥想象力制作服装。

③衣生活的管理与环境。科学地理解服装的管理方法、服装材料的性能、服装的构成等相关内容，能在综合考虑健康、安全、资源和环境等因素的基础上良好的经营服装生活。

④衣生活的设计与实践。了解有关服装生活的历史和文化，在学习掌握经营衣生活所需知识技术的同时，能够传承服装文化，创造性地将服装生活中的知识技术运用与生活实践。

（5）住生活的设计与创造。

在学习健康、安全的居住生活所应具备的住宅功能、环境要求、室内装饰设计等相关知识和技术的同时，能够从发展的角度，去实践并创造设计环保的居住生活。

①家族的生活与居所。理解住宅的功能与管理，以及家庭生活和生活

不同阶段所需要的居住空间，掌握安全、健康的居住生活。

②舒适科学的居住空间设计。科学地理解舒适的居住环境，在学习关于室内装饰、园艺等方面的基础知识和基本技术的同时，能够为营造舒适性、功能性较强的居住生活进行平面设计和室内装饰设计。

③住所与居住环境。学习理解住所及住所周围的相关环境，能够在考虑到资源、环境等因素的基础上，自主地经营好居住生活。

④住生活的设计与实践。了解居住有关的历史和文化，在学会经营生活所需的知识和技术的同时，能够继承居住文化并创造性地经营实践居住生活。

（6）家庭项目与学校家庭俱乐部活动。

设定与自己的家庭生活和地区生活相关联的课题，并能在思考解决方法、制订计划、付诸实践的过程中，掌握科学探索生活的方法，提升解决问题的能力。

3. 内容的说明

（1）内容的构成与使用，应注意以下事项。

①内容（1）中的⑤、⑥，内容（3）中的④，内容（5）中的④，要根据儿童的关心与兴趣，选择适当的项目进行学习。

②内容（1）中的②、③，应根据学校、地区的实际情况，结合学校家庭俱乐部的活动开展，增加与婴幼儿、老年人接触、交流的实践性学习活动。

③内容（2）中的③，在与内容（1）、（2）中①、②的学习内容相互关联的同时，要将（1）至（5）的学习内容进行阶段性的整合，做好《生活设计》学习的总结归纳。

④内容（3）、（4）、（5）的学习，要注意进行以实验、实习为中心的指导。

⑤内容（6）的学习，首先应理解家庭项目与家庭俱乐部活动的意义和实施方法。此外，在指导时要将其作为学习内容（1）至（5）的学习发展延伸。

（2）内容的范围与程度，应注意以下事项。

①内容（1）中的②学习，重点应放在对儿童成长过程中父母的作用及育儿环境创建的学习，②至④的学习，重点应放在对支撑家族、家庭生活的社会福利基本理念的学习。

②内容（2），是对合同、消费者信用及其相关的问题进行具体学习。内容（2）中的②，要重点掌握改善环境负荷的生活方式。

③内容（4）中②关于服装制作的学习，要以服装为中心，从学生的技术水平、兴趣、爱好为出发点，选择合适的学习题材进行缝纫技术的学习。

第3条　各科目指导计划的制订与内容的实施

1. 制订指导计划应注意的事项

（1）分配给家庭基础、家庭综合、生活设计各科目的总授课时数中，要求10分中有5分以上要用于实验、实习。

（2）家庭基础原则上要求，每年选修一次。

（3）家庭综合、生活设计分为多个年度进行选修时，原则上要求必需2学期连排。

（4）中学校技术·家庭学科、公民科、数学科、理科以及保健体育科等学科在相互关联的基础上，还应注意符合教学目标的协调指导。

2. 内容的实施应注意的事项

（1）帮助学生结合自己的生活进行学习，提高问题解决的能力。

（2）提高与老年人、儿童等人群的接触，增加与他人交往能力的活动。在用语言和概念对衣、食、住等生活中的各种现象进行考察的活动时，应判断需要准备的场景、充实论述的理由和依据，深入探究问题的解决方法。

（3）对于饮食的指导，应充分发挥家庭学科教育的特点，充实丰富饮食教育。

（4）在各科目的指导过程中，应注意灵活运用计算机和信息网络通信等技术，提高学习效率。

3. 其他注意事项

在进行实验、实习时，应严格遵循相关的法律法规，在对相关设施、设备进行安全管理，对学习环境进行整顿的同时，也要注意对用火、用具、材料等使用时的事故预防安全指导，充分保证学习过程中安全和卫生的实现。

参 考 文 献

中文文献

1. 马忠虎. 对家校合作中几个问题的认识 [J]. 教育理论与实践，1999（3）：26-28.

2. 李红，李辉. 关于家庭教育与亲职教育得实践与思考 [J]. 学术探索，2001（5）：110.

3. 人民教育出版社，课程教材研究所，化学课程教材研究开发中心. 化学选修 1（化学与生活）[M]. 北京：人民教育出版社，2007：28-35.

4. 张德伟. 日本新教育基本法 [J]. 外国教育研究，2009（3）：71.

5. 徐建华. 从家校合作的视角关注学校改进 [J]. 教育科学研究，2010（2）：33-35.

6. 徐安琪. 家庭价值观得变迁特征探析 [J]. 中州学刊，2013（4）：196.

7. 杨雄，刘程. 关于学校、家庭、社会"三位一体"教育合作 [J]. 社会科学，2013（1）：99-100.

8. 人民教育出版社，课程教材研究所，生物课程教材研究开发中心. 生物学（八年级）[M]. 北京：人民教育出版社，2013：84-88.

9. 翟博. 树立新时代得家庭教育价值观 [J]. 教育研究，2016（3）：92.

10. 陈昕. 小学生自卫自救安全读本 [M]. 北京：中国水利水电出版社，2016：7-11.

11. 邓泽元. 食品营养学 [M]. 北京：中国农业出版社，2016：86-90.

12. 人民教育出版社，课程教材研究所，中学德育课程教材研究开发中心. 道德与法治：教师教学用书（七至九年级）[M]. 北京：人民教育出版社，

2016.

13. 中华人民共和国教育部 . 道德与法治（一至九年级）[M]. 北京：人民教育出版社，2016.

14. 赵忠心 . 家庭教育学 [M]. 北京：人民教育出版社，2017：22–26.

15. 张燕 . 浅议现代家庭文化建设 [J]. 长江丛刊，2017（9）：68.

16. 中华人民共和国教育部 . 中小学综合实践活动课程指导纲要 [M]. 北京：北京师范大学出版社，2017：32.

17. 高中生社会实践主题活动方法实训编写组 . 高中生社会实践主题活动方法实训 [M]. 杭州：浙江科学技术出版社，2017：110–112.

18. 习近平 . 习近平谈治国理政（第一卷）[M]. 北京，外文出版社，2018：183.

19. 邵诗桓 . 教育回归生活——"生活引领教育，教育推动生活"[J]. 教研资料，2019（26）：236.

20. 郑亚君 . 劳动教育，中小学校的应为与可为 [J]. 基础教育课程，2019（22）：6–10.

21. 教育部课题组 . 深入学习习近平关于教育的重要论述 [M]. 北京：人民出版社，2019：233–240.

22. 全国妇联 . 儿童家庭德育指导手册（12~15岁）[M]. 北京：中国妇女出版社，2019.

23. 全国妇联人才开发培训中心，中华女子学院 . 家庭教育专业指导简明教程 [M]. 北京：海洋出版社，2019：3–13.

24. 中华人民共和国教育部 . 普通高中课程方案（2017年版2020年修订）[M]. 北京：人民教育出版社，2020：5–6.

25. 全国妇联 . 家庭劳动教育指导手册 [M]. 北京：中国妇女出版社，2021.

26. 中共中央党史和文献研究院 . 习近平关于注重家庭家教家风建设论述摘编 [M]. 北京：中央文献出版社，2021：19.

27. 中华人民共和国教育部 . 义务教育课程方案（2022年版）[M]. 北京：北京师范大学出版社，2022：8–20.

28. 中华人民共和国教育部 . 义务教育道德与法治课程标准（2022年版）

[M].北京：北京师范大学出版社，2022：10–33.

29．中华人民共和国教育部．义务教育劳动课程标准（2022 年版）[M]．北京：北京师范大学出版社，2022：12–40.

日文文献

1．冈村喜美，武井洋子，田部井恵美子．新版家庭学科教育法 [M]．东京：学文社，1982：21–23.

2．村上淑子，武井洋子．家庭学科教育学概説 [M]．东京：一ッ橋書店，1985：75.

3．家政教育社．家庭学科における学習指導法 [J]．家庭学科教育（11 月臨時増刊号）第 65 号，1991（14）：55.

4．奥田真丈，水越敏行．教科指導新学校教育全集 [M]．东京：ぎょうせい，1994：91–95.

5．熱海則夫，奥田真丈．教育課程の編成（新学校教育全集 2）[M]．东京：ぎょうせい，1994：7.

6．角間陽子．家庭学科教育における意志決定能力育成のための教材開発 [J]．日本家庭学科教育学会誌，1999（42）：37–44.

7．佐藤文子，川上雅子．家庭学科教育法 [M]．东京：高陵社書店，2001：14–18.

8．渡邉真由美．高等学校家庭学科における生活時間設計に関する授業実践 [J]．日本教科教育学会誌，2002（3）：7–10.

9．柴田義松，山崎準二．教育の方法と技術 [M]．东京：学文社，2005：169–170.

10．平沢茂．教育の方法と技術図書文化 [M]．东京：明治図書，2006：40–42.

11．高橋伸充．自然との共生をめざし，科学地素養を育む理科教育 [J]．日本科学教育学年会論文集，2007（31）：21–22.

12．全国家庭学科教育協会．小・中・高等学校の関連における教育課程の展開―生活を創造する力の育成．[M]．东京：教育図書，2007：151.

13．長澤由喜子，鈴木明子．小学校教育課程講座（家庭）[M].东京：ぎょうせい，2008：21-32.

14．日本文部科学省．中学校学习指导要领解说（技术·家庭编）[M].东京：教育图书，2008：75-80.

15．日本文部科学省．小学校学习指导要领解说（家庭编）[M]．东京：东洋馆，2008：4-10.

16．全国家庭学科教育協会．小・中・高等学校の関連における新しい家庭学科教育の展開 [M].东京：教育图書，2008：55-57.

17．全国家庭学科教育協会．新しい家庭科教育の展開（第60回研究大会、研究収録）[M].东京：教育图書，2008：192.

18．内野紀子，藤原孝子．小学校新学習指導要領の展開 [M].东京：明治図書館，2009：63.

19．佐藤文子．中学校新学習指導要領の展開技術·家庭学科家庭分野[M].东京：明治図書，2009：98-105.

20．筑波大学附属小学校．公开研究会资料 [C].筑波大学，2009（16）：22.

21．东京学芸大学附属世田谷中学校．公开研究会资料 [C].东京学芸大学，2009（25）：25.

22．佐藤文子，田口浩継，竹野英敏．平成20年が改訂中学校課程講座（技術·家庭）[M].东京：ぎょうせい，2009：112-116.

23．日本文部科学省．高等学校学习指导要领解说（家庭编）[M].东京：开隆堂，2010：5-12.

24．日本文部科学省．高等学校学习指导要领 [M].东京：东山书房，2010.38-40.

25．河村美穂．家庭学科教育における効果的な調理実習とは [J].日本家庭学科教育学会誌，2014（4）：183-193.

26．伊深祥子．家庭学科教育法における実践的授業力の育成 [J].日本家庭学科教育学会大会·例会·セミナー研究発表要旨集，2014（58）：132.

27．田中由美子．調理の生活実践を促すための要因分析 [J].日本家庭学科教育学会大会·例会·セミナー研究発表要旨集，2014（8）：93.

28．阿部睦子．小・中・高等学校の家庭学科教育における生活文化に関する授業の現状と課題 [J]．日本家庭学科教育学会大会・例会・セミナー研究発表要旨集，2015（58）：105．

29．葭内ありさ．高校家庭学科における消費者市民教育の授業実践 [J]．日本家庭学科教育学大会・例会・セミナー研究発表要旨集，2016（1）：35．

30．佐藤ゆかり．科学地素養育成のための家庭学科教育の課題 [J]．一般社団法人日本家政学会研究発表要旨集，2018（12）：286．

書にみる防災に関する内容の変遷 [J]．日本家庭学科教育学会大会・例会・セミナー研究発表要旨集，2018（1）：3–12．

31．末川和代．中学校家庭学科の教科 49．田中由美子．調理の生活実践を促すための要因分析 [J]．日本家庭学科教育学会大会・例会・セミナー研究発表要旨集，2019（10）：93．

32．岡陽子．小学校新学習指導要領の授業：家庭学科実践事例集 [M]．東京：小学館，2020：187–189．

33．伊深祥子．日本家庭学科教育学会誌における授業研究の動向：2010 年から 2019 年 [J]．日本家庭学科教育学会誌，2020（2）：69–77．

34．野中美津枝．高校生の家庭形成意識と家庭学科教育 [J]．日本家庭学科教育学会大会・例会・セミナー研究発表要旨集，2021（3）：58．

35．福田典子．環境配慮への行動力と生活文化の継承・創造力を育てる家庭学科教育の試み [J]．日本家庭学科教育学会大会・例会・セミナー研究発表要旨集，2022（60）：76．